本书的研究与出版得到以下项目资助：

教育部人文社会科学重点研究基地重大项目“语言变异和接触机制研究”
（项目号19JJD740001）

北京大学中国语言文学系尔雅学科发展基金

“基于中国语言及方言的语言接触类型和演化建模研究”系列丛书　主编　陈保亚

理论照亮材料

汪　锋　宋作艳　李子鹤　主编

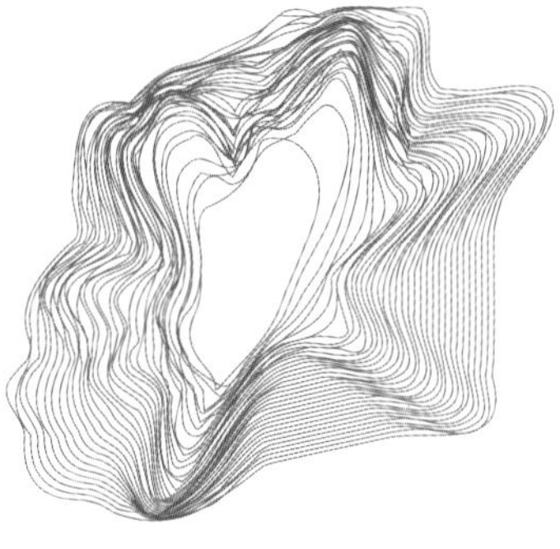

云南大学出版社
YUNNAN UNIVERSITY PRESS

图书在版编目(CIP)数据

理论照亮材料 / 汪锋，宋作艳，李子鹤主编. -- 昆明 : 云南大学出版社，2021
（“基于中国语言及方言的语言接触类型和演化建模研究”系列丛书 / 陈保亚主编）
ISBN 978-7-5482-4348-9

Ⅰ. ①理… Ⅱ. ①汪… ②宋… ③李… Ⅲ. ①汉语－语言学－研究 Ⅳ. ①H1

中国版本图书馆CIP数据核字(2021)第181297号

策划组稿： 徐　曼
责任编辑： 刘浩君
封面题笺： 沈钟伟
封面设计： 刘　雨

“基于中国语言及方言的语言接触类型和演化建模研究”系列丛书　主编　陈保亚

理论照亮材料

汪　锋　宋作艳　李子鹤　主编

出版发行： 云南大学出版社
印　　装： 昆明理煋印务有限公司
开　　本： 787mm×1092mm　1/16
印　　张： 18.75
字　　数： 300千
版　　次： 2021年9月第1版
印　　次： 2021年9月第1次印刷
书　　号： ISBN 978-7-5482-4348-9
定　　价： 68.00元

社　　址： 昆明市一二一大街182号（云南大学东陆校区英华园内）
邮　　编： 650091
电　　话：（0871）65033244　65031071
网　　址： http://www. ynup. com
E-mail： market@ynup. com

若发现本书有印装质量问题，请与印厂联系调换，联系电话：0871-64167045。

目　录

多元冲突的前文本与文化“真实性”的迷思

——《花木兰》（1998）、《木兰从军》（1939）与木兰传说的千年演进

王卓异

提　要： 迪士尼1998年发行动画片《花木兰》（Mulan）之后，学者多有比较该片与中国的木兰传说之间的差异，并在此基础上批评迪士尼东方主义的文化挪用（cultural appropriation）。这些批评尽管有其重要的意义，却常常遗憾地将木兰传说简化为单一、静止、“真实的”东方文化客体，反而落入了东方主义的窠臼。本文认为，作为迪士尼《花木兰》的前文本（hypotext），中国的木兰传说并没有一个清晰的“真实”原型，且在千年演进中衍生出了一个个多元冲突的木兰形象，包括疑似游牧民族的女战士、儒家忠孝观的道德典范、华夷对立中的华族神祇、男性欲望的投射对象、宋明理学的贞洁烈女，以及为彼此敌对的政治目的而树立的各种现代女性榜样，等等。本文深度分析的中国电影《木兰从军》（1939）就是将这些截然不同的形象杂糅在一起的文化羊皮纸（cultural palimpsest）样本，而迪士尼的《花木兰》只是在这张文化羊皮纸上又增加了一层新的书写，其带来的变化也远不如之前中国文化内部的那些木兰改编剧烈。因此，要对东方主义文化挪用做有效的批评，首先应该摒弃东方主义想象中静止的东方与带来变动的西方之间的二元对立，超越单元的文化“真实性”迷思，进而以多元流动的视角分析文化产品。

关键词： 花木兰　改编　迪士尼　东方主义　文化真实性　文化羊皮纸　中国电影

引　文

1993年，迪士尼启动了一个动画短片项目《中国娃娃》（China Doll），

想讲述一个命运悲惨的中国女孩被英俊的英国王子救下，然后坠入爱河的故事。然而，因为故事实在太过老套，创作很快遇到瓶颈。经过一番周折，他们丢掉了原来的故事，转而在中国的木兰传说中找到了灵感（Whipp 1998）。五年后，在西方娱乐界“女孩力量”（girl power）运动的浪潮中，《花木兰》发行。从这部电影开始，迪士尼抛弃了那些被动等待王子拯救的公主，以有勇有谋、独立自主的全新女主人公取而代之，在一定程度上推动了进步的性别观（Labi 1998；Chan 2002；Nguyen 2008）。

然而，正如不少批评家指出的，《花木兰》的西方中心主义深深限制了它的进步性。整部电影中，木兰其实是以个人主义为中心的当代西方主流价值观的代言人，在现代式的“找寻自我”的过程中，以一己之力与西方想象中亘古不变的东方男权厌女文化斗争——这恰恰符合斯皮瓦克批判过的将有色人种女性从有色人种男性手中救出的白人救世主心态（Spivak 1993）。在这部电影中，尽管没有了拯救中国公主的英国王子，西方与东方之间拯救与被拯救的关系却依然鲜明。一些批评家尖锐地指出，《花木兰》中的女权主义其实徒有其表，因为它将本来在各个文化中普遍存在的性别不公问题转化成了非西方文化的“落后”与“愚昧”的问题。结果，它对西方白人男性观众毫无挑战，反而迎合了他们的文化优越感（Maio 1998；Ma 2003；Limbach 2013；Yin 2014）。

与这种种族文化偏见对抗，不少学者希望凸显中国木兰传说的原貌，从而揭示出迪士尼是如何将其改头换面，强行嵌入西方刻板印象的框架中的（Mo and Shen 2000；Djao 2002；Sun 2003；Wang and Yeh 2005；Peng 2005；Yin 2014）。这些努力诚然可敬，但常常由于低估木兰传说历史演进的复杂性而陷入误区，把过于简单的、去历史化的木兰传说当作“真实”中国文化的样本。例如：

> [迪斯尼《花木兰》] 强行将原故事嵌入好莱坞的模式中，体现了他们对一个民族的文化传统的不尊重。[改编] 过程中的修饰和省略扭曲了这个民间故事原有的被中国人珍视了上千年的情节。在传统故事中木兰是为了孝道而替父从军，她知道她年迈体衰的父亲尽管军功卓著，但绝对已经无法再次从军。然而，在迪斯尼的版本里，她男装从军的原因被设置成因为她太男孩子气，媒人无法帮她找到合适的丈夫。在传说

> 中，花木兰的父亲教给了她武艺和韬略。……她不是电影中的那个几乎不能通过基本训练的没希望的弱女子。（Djao 2002）

这样的批评反而抬高了迪士尼及其代表的西方文化，把它们当成了似乎“上千年”停滞不变的中国“文化传统”的唯一改造者，而这恰恰是东方主义的逻辑。实际上，仅仅在上面这段对“传统故事”的简短总结中，中国木兰传说千年演进的复杂性已经可见一斑。首先，木兰“为了孝道”替“年迈体衰”的父亲从军的描写并不见于木兰传说的最早文字记录《木兰诗》，而是直到唐代韦元甫的诗作《木兰歌》中才出现。如果我们按照目前学界的主流观点，认定《木兰诗》产生于北魏年间的话，那么《木兰诗》与《木兰歌》之间相隔长达数百年。第二，《木兰诗》中的木兰也没有姓，她被冠上各种不同的汉姓大约是元代以后的事情，而要像上文所说的那样姓“花”，则要一直等到明代徐渭的杂剧《雌木兰替父从军》出现。最后，所谓“花木兰的父亲教给了她武艺和韬略”也是徐渭的演绎。

像这样被错误地想象成“珍视了上千年的情节”的历史变动还有很多。作为迪士尼《花木兰》的前文本，中国的木兰传说其实并没有一个清晰的“真实”原型——如下文会进一步论证的，即使是《木兰诗》，也不一定是木兰传说真正的源头，而可能是一个原本非汉语的口头传说转译和改写的结果。《木兰诗》之后的千年演进又衍生出了一个个多元冲突的木兰形象，包括疑似游牧民族的女战士、儒家忠孝观的道德典范、华夷对立中的华族神祇、男性欲望的投射对象、宋明理学的贞洁烈女，以及为彼此敌对的政治目的而树立的各种现代女性榜样，等等。本文将深度分析一个将这些截然不同的形象杂糅在一起的文化羊皮纸样本——1939年由欧阳予倩编剧、卜万苍导演、陈云裳主演的《木兰从军》。[1]

1 进入男性空间

1939年2月，上海的新华影业公司（以美商中国联合影业公司华成制片厂的名义）发行了新片《木兰从军》。在此之前，以该片主演陈云裳为核心的造势活动已经引起了公众广泛的兴趣。这位来自香港，首次在国语片中亮相的演员被包装成了好莱坞的明日之星，其公众形象也相应地被塑造为大胆开放的摩登女性，钟爱网球、保龄球和马术等西式运动（Fu 2003；Harris 2011）。

《木兰从军》的开场一幕与陈云裳的公众形象高度契合。在这一幕中，她所饰演的木兰一身中性装扮，在林中射猎。几个大全景镜头凸显出她纵马驰骋的广阔空间。当她带着丰厚的猎物回到家中的时候，父母都责备她没有女孩子的样子，父亲还为此罚她在家中织绢。不情愿的木兰正好看到来送征兵文书的信使暗中索要父亲的财物，于是抬手一箭射落了信使的帽子。

陈云裳这样一个带着现代魅力的形象与观众们当时熟知的木兰形象有很大不同——木兰传说的已有各版本尽管千差万别，却都不忘为木兰涂抹闺中本分少女的底色，从未将其描绘成不事女红的性别角色叛逆。例如,《木兰诗》和《木兰歌》都是以“当户织”或“抱杼（织布的梭子）”的情景开头，清代爱新觉罗·永恩的《双兔记》也特别让木兰唱出“这机杼原是闺中本要”。在清代小说《忠孝勇烈木兰传》和《北魏奇史闺孝烈传》中，木兰不但勤于纺织，而且精通刺绣等各种其他女红。

在古代中国，热爱女红的品质是木兰能够成为道德典范的关键之一。汉代以来，由于父权结构将土地归于男性，形成了男性在外耕作、女性在家纺织的劳动分工,《礼记》《女诫》等儒家经典进而将这种劳动分工道德化，变成了性别关系的规范。宋代之后，男耕女织的分工随着生产方式和经济体系的变迁而失去了实际意义，但统治意识形态的宋明理学仍将其奉为万世不可更易的教条，强化男外女内的空间区隔，要求女性从事女红，认为这是公序良俗之本（Bray 1997）。

《木兰从军》的开头却反其道而行之，让木兰一出场就抛弃“闺中本要”，如男性一般在外部空间自由骑射。这一重要变化凝聚了晚清民国知识分子在“文明我女子”的语境中改写木兰传说的努力。这些知识分子大多为男性，倾向于将中国其时的积弱积弊归咎于女性，认为裹着小脚、局限在室内的女性，在身体和见识上都无力培养出强健智慧的下一代，所以“欲文明中国，必先文明我女子”（金一 1904）。因应这种建立西式的、“文明”的、爱国的新女性典范的需求，当时出版了大量中外女英豪传记（Judge 2007）。其中，木兰是最受瞩目的人物之一。早在 1904 年的晚清，柳亚子就以“亚（洲）卢（梭）”为笔名写出了第一篇现代化的木兰故事《中国第一女豪杰女军人家花木兰传》（亚卢 1904）。

到了民国时期，木兰传说更有了包括文学（传记、诗歌、小说、杂文和演讲）、戏剧、音乐、绘画和电影在内各种形式的大量改编。在 1939 年的电影《木兰从军》之前，木兰故事已经被两次搬上银幕，改编成《花木兰从军》（导演：李萍倩 1927）和《木兰从军》（导演：侯曜 1928），只可惜这两部影片均已失传。

来自古老传说的木兰成为现代中国女性的重要楷模并非偶然。一方面，木兰是个在传统中国家喻户晓的女性道德典范。用她来承载来自西方的新观念，可以降低那些观念的陌生感，激发民族自豪感。另一方面，在柳亚子等启蒙知识分子看来，木兰又与绝大多数其他“弱虫”般的传统女性典范截然不同（亚卢 1904：25）。这两方面的原因都与木兰传奇特有的一道叙事裂缝有关：在裂缝的一边，木兰是一位恪守儒家“妇道”，在家本分纺织的闺秀；而裂缝的另一边，木兰却又是一位能够轻易穿越性别界限，戎装驰骋，到属于男性的外部世界建功立业的女英雄。

对于这道裂缝，《木兰诗》并未做任何缝合。诗中，“当户织”的木兰在得知家中面临的征兵困境后（昨夜见军帖，可汗大点兵。军书十二卷，卷卷有爷名。阿爷无大儿，木兰无长兄），在一天之内就决定替父从军（愿为市鞍马，从此替爷征）。她因何愿意这样做，怎么会有能力这样做，为什么能驾轻就熟地准备坐骑（东市买骏马，西市买鞍鞯。南市买辔头，北市买长鞭），家人又何以放心让她从军 —— 这一切都不着一墨，向各种解读开放。

从这道裂缝可以看出，《木兰诗》并非如通常误解的那样是宣扬“忠”“孝”等观念的儒家文本。《木兰诗》源起的北魏王朝是游牧民族鲜卑的政权，存在近一百五十年，直到灭亡前最后几十年才有了孝文帝推行的汉化和儒化的改革（北魏前期虽然也有汉化企图，但被鲜卑贵族高度压制）。据已有的学术研究推测，木兰十余年的从军（壮士十年归……同行十二年）则可能是因为北魏与柔然两个游牧民族政权之间的长期战争 —— 这是孝文汉化前数十年的事情（许可 1981；车宝仁 2000；Lan 2003；Dong 2011）。如果这个推测成立，则《木兰诗》可能源于鲜卑人口头传唱的歌诗，“木兰”也可能是一个从鲜卑语音译到汉语的名字（陈三平 1999）。《木兰诗》今存最早的几个版本见于《乐府诗集》《文苑英华》《古文苑》等，均在北魏灭亡数百年后的北宋才成书。[2] 在这数百年的翻译和传播过程中，《木兰诗》很可能被汉族文人大幅度改写 —— 一些学者就曾指出此诗掺有隋唐的名物、制度和语言风格（例见许可 1981，齐天举 1982）。由此可见，在裂缝两端并存的，有可能分别是口耳传诵的游牧民族女英雄原型和后世篡入的儒家女性典范。

木兰传说进入文字记录之前的情况，现在当然只能推测。不过，在《木兰诗》之后，木兰传说在古代中国愈来愈儒家化的进程就清晰可见了。作为现存对《木兰诗》最早的改编，韦元甫的《木兰歌》通过木兰的“戚戚”之口形容其父的“年迈体衰”：“老父隶兵籍，气力日衰耗……老父旧羸病，何以强自扶？”渲染《木兰诗》本未著一字的爱父忧父之情，并在结尾点出“孝”字，让“木兰代父去”的决定有了明确的儒家道德意义。围绕着孝的主题，《木兰歌》之后的文本又不断进一步加强对父女关系的描写。在《雌木兰替父从军》《忠孝勇烈木兰传》《北魏奇史闺孝烈传》等诸多作品中，常可见父亲传授给木兰武艺和韬略，木兰对病榻上的父亲尽心照顾等情节。于是，木兰进入男性空间从军的行为失去了对儒家性别秩序原有的挑战性，变成了闺中孝道的延伸。

1939 年的影片《木兰从军》从传统故事中继承了对紧密父女关系的书写。然而，它同时又挑战了儒家的秩序。在影片中，父亲仍然是木兰武艺的指导者，但他又自相矛盾地禁止木兰“使枪射箭”，罚她在家中织绢。木兰仍然照料病中的父亲，却并不是在家中侍奉于榻前，而是从外面带回孝敬父亲的猎物。如此，影片将木兰与父亲分别塑造成了儒家性别规范的挑战者和捍卫者，在他们的关系中注入了新的张力，让木兰从军的目的部分地变成了突破家庭局限，追寻适合其个性的自由，把儒家的孝道与民国现代女性的自我实现意识杂糅在了一起。

但是，假如故事情节只是沿着现代自由与传统约束之间的二元对立展开的话，木兰应该只能像迪士尼版本中那样逃家去从军。《木兰从军》中实际发生的恰恰相反——木兰成功地说服了双亲她应该去从军，而且先说服的正是父亲。个中原因在于，在这部电影的立意里，有比孝道与自我实现都核心的东西，下一节将就此展开讨论。

2　道德的典范

周文龙（Joseph R.Allen）曾指出，木兰传说的大多数版本最终都是木兰归家的故事（Allen 1996：346）。总共31行的《木兰诗》，只用了3行写木兰十余年的从军经历，却用了8行写木兰归家的喜庆。《木兰歌》更是着力描绘木兰归家时与父母的情感交流——在一身戎装的女儿面前，父母“喜极成悲伤”，善解人意的木兰马上“却卸巾帼理丝黄”，让父母放心地看到自己还是那个娇美的女儿（今复娇子容）。在后来的改编中，木兰归家越来越成为她回归儒家性别秩序的重头戏，常常以木兰由父母、皇帝等权威做主婚配收尾。

不过，古往今来，不以木兰归家收尾的“例外”版本也有不少。在传统版本中，“烈”有时会取代“归”或“嫁”成为木兰传说最终的主题。例如，元代侯有造的《孝烈将军祠像辨正记》中就称皇帝在得知木兰是女性后，欲纳其为妃，曾因军功被“授以尚书”的木兰说“臣无媲君礼制”，“以死誓拒之，势力加迫，遂自尽，所以追赠有‘孝烈’之谥也”。[3]在现代的“不归”版本中，木兰有时也会拒绝婚嫁，不过原因大不相同。例如，赵清阁1944年创作的戏剧《花木兰从军》就收尾在军中木兰策马回要塞的路上——此时，她刚刚坦承自己对一位知道她性别的军中同僚有爱慕之意，但又拒绝了他的求爱，原因是他已经成家，自己不想破坏他的家庭，而且，她也足够独立，不需要他也可以照顾好自己。这样的一个独特结尾反映了（也许包括作家自己在内的）现代女性可能会遇到的爱恋情感与单偶制伦理之间的冲突，以及她们勇敢地走出困境，走向独立的心路历程（赵清阁1945）。

既然以一个高度现代化的木兰开场，1939年的《木兰从军》似乎应该同样以一个不传统、不归家的木兰收尾。假如欧阳予倩能按他原本的设想完成剧本的话，这确实会是故事的走向。他最初的创作灵感正是来自一个以烈女木兰自杀为结尾的传统版本，本来是要把木兰写成一个“反封建的女性，把戏写成悲剧”（欧阳予倩1961：54），成为他之前一系列以“‘封建’家庭压迫下悲剧女性为焦点”的作品的延续（Fitzgerald 2010：47）。然而，后来完成的影片却离开了这个性别压迫的主题，以木兰归家，嫁得如意郎君收尾。影片的最后一幕洞房花烛夜中，木兰的夫君还得意洋洋地对木兰说：“今天晚上我看你还赖到哪儿去？”木兰则低头娇羞微笑，与《雌木兰替父从军》等诸多儒家版本中在夫君面前低眉顺眼的木兰别无二致。[4]

电影的故事线以及对性别议题的处理发生了这么大的变化，其原因在于创作的背景。1939年的上海，大部分已为侵华日军占领，唯有租界区因日本尚未与欧美诸国开战得以暂时幸免。其中，公共租界中区、西区与法租界涌入了大量逃难的人口和资金，形成了一个被日军四面合围的“孤岛”。在这个“孤岛”上，最早恢复电影生产的就是出品《木兰从军》的新华影业公司。1938年，创办新华影业的张善琨到香港拜访欧阳予倩，请他写一个剧本，并提出最好是古装剧，以避免当代题材可能引来的政治上的麻烦。欧阳予倩决定写《木兰从军》，希望借一出用“英勇和智慧”抗击外敌的古装戏来“宣传抗战，鼓舞人心”（欧阳予倩 1961：54）。正是由于这种政治意图，欧阳予倩最终放弃了写封建压迫下悲剧女性的计划，转而将其写成了一位帮助封建王国（唐朝）战胜来犯的“番邦”的女英雄。影片因此承续了《木兰歌》之后另一个重要的儒家传统，将木兰塑造成了华夷对立中效忠华族政权的道德典范。

这种儒家道德观在《木兰诗》中显然还未进入叙事焦点。诗中，“可汗（天子）大点兵”的“军帖”对于木兰及其家庭来说只是个大麻烦，木兰的军旅生涯也只是一笔带过，连她为谁征战、与谁作战都未写清，只留下模糊的线索供后人大抵推断为同为游牧民族政权的北魏与柔然之战。但到了《木兰歌》中，她就明确地变成了为大唐政权征战西域番邦的勇将，“夜袭燕支虏，更携于阗羌”，还化身反向激励的道德榜样，让那些男性儒家“臣子”更没有理由不尽忠尽孝：“世有臣子心，能如木兰节，忠孝两不渝，千古之名焉可灭！”后来，作为忠孝榜样的木兰又被供奉了起来，像上文提到的《孝烈将军祠像辨正记》就是木兰祠中使用的碑文。儒家知识分子要供奉木兰，首先要给她安上一个汉姓，让她在父权秩序中有一个妥当的位置。不过，到底她该姓什么，却长期众说纷纭，有“魏”“朱”“花”等不同说法。不管姓什么，她在华夷对立中的华族立场在《木兰歌》之后的古代中国却一直是固定的。

进入近现代之后，传统的华夷对立世界观尽管备受冲击，但仍然是新兴的民族主义的底色。例如，上文提到的柳亚子就希望现代化能为中国带回“炎刘时代皇汉民族……全盛之年”的往日荣光，他笔下的木兰于是成了为汉朝剿灭“不道”匈奴的英雄（亚卢 1904：4）。与此相似，在影片《木兰从军》中，“番邦”之敌都是愚蠢、邪恶和野蛮的。用木兰双亲的话讲，他们是“无缘无故地要来打我们”的“强盗”。对于1939年在“孤岛”上的中国观众来说，这些异族强盗的当代所指是不言而喻的。

影片《木兰从军》不但继承了传统木兰故事中“忠”的主题，还做了进一步的发展，尤其是在木兰父亲的角色塑造上。在传统的各版本木兰故事里，木兰尽管忠勇，她的父亲却常常不愿从军。在《雌木兰替父从军》和《北魏奇史闺孝烈传》等作品中，他甚至宁可自杀也不要上战场。影片《木兰从军》中的父亲却截然不同，他说：

> 国家养兵千日，用兵一时。如今国家有事，每一个老百姓都应当去打仗，何况我是吃着国家的粮，躲在家里，也不像话。——好在爸爸年纪还不很老，还可以替国家出点力，死在战场上是要比死在家里光荣得多呢！

欧阳予倩在这段台词中有意错位使用现代的“国家”概念，明显是在号召20世纪30年代的中国民众人人奋起抗日。与此呼应，木兰在影片中多次表达民族主义精神，包括讲出一番女性也应为国家光荣尽忠，哪怕战死沙场也心甘情愿的道理，很快就说服了父亲允许她去从军。作为同样爱国的父女，这两个角色好像民族主义的理想师生，给解决当时的国家危机提供了一个代际传承的希望。作为病弱的老人和年轻的女子，他们又像传统文本中的木兰那样，是反向激励那些更有力量和权力的男性尽忠的道德榜样。如此，影片将这对父女都变成了现代爱国者与传统儒家忠烈的混合体，在此基础上化解了他们在影片开头的矛盾，将叙事焦点从性别转为民族。

不过，在男性常常视女性为情色幻想对象的性别文化中，木兰却并没有因为变装男性或身为男性道德榜样就得以幸免。宋明理学强调女性贞洁的语境反而更加强了这种幻想。到了现代，视听媒体在这一方向上又推波助澜。

3 情色的魅力

如同所有团队创作的影片一样，《木兰从军》更多时候不是单纯反映某个主创的个人意图，而是各种不同意见妥协的结果。夏衍就曾说，欧阳予倩的剧本

“很多地方是经过导演改篡过的，这经改篡后变了形且变了质的画面表演和内容意识，剧作人是不能代人责任的”（郑健健 2011：170）。欧阳予倩自己也抱怨电影没有充分反映其意图，因为“导演卜万苍更多的注重了噱头，剧本好几处都曾经他修改过”（欧阳予倩 1961：55）。由于未经修改过的原剧本未曾发表，现在已经很难精确比对原剧本与最后的影片究竟有哪些不同。不过欧阳予倩在1942 年又创作过一出桂剧《木兰从军》（欧阳予倩 1982）。确实，一些可能被看作“噱头”的戏只存在于电影版中，而不见于桂剧版。

在电影《木兰从军》的一场戏中，木兰和一群同样去从军的男性士兵在一家客栈过夜。男兵们都忙着洗脚，还互相帮忙捏脚。木兰则与众不同，静静坐在一边，也不脱掉靴子。三个男兵感到好奇，走到木兰身边，很夸张地围着她打转，还弯腰作势要查看她的脚。直到木兰慌张地提着洗脚水躲进另外一个房间，这出闹剧才最终结束。

这场戏的“噱头”里其实有不少与脚相关的性暗示，它承接的是自《雌木兰替父从军》起情色化木兰的传统。《雌木兰替父从军》尽管明确将木兰设定为北魏人物，却还是将南宋后才兴起的缠足传统强加到她身上。戏一开场，木兰为了要去从军，先要放大她的小脚。与此同时，她又想出了一个退伍归家之后重新缠足，再让自己宜室宜家并且宜嫁的计划：

> （白）要演武艺，先要放掉了这双脚，换上那双鞋儿，才中用哩。（换鞋作痛楚状）【油葫芦】生脱下半折凌波袜一弯，好些难。几年价才收拾得凤头尖，急忙的改抹做航儿泛。怎生就凑得满帮儿楦？（白）回来俺还要嫁人，却怎生？这也不愁他，俺家有个漱金莲方子，只用一味硝煮汤一洗，比偌咱还小些哩。把生硝提得似雪花白，可不霎时间漱瘪了金莲瓣。

在这段戏文中，徐渭使用了一系列常见隐喻来神秘化和情色化木兰的小脚。例如“凌波”“金莲”，就是指缠足女子的摇摆步态宛如在水面浮莲上起舞。在中国传统文化中，莲花既因其洁白成了女性贞节的象征，又因其多子与性和生育紧密相连。与莲花相似，在对小脚的形容中，超凡的神秘感也与物化的情欲并存

（Blake 1994）。

在《雌木兰替父从军》出现的宋明理学时代，小脚是女性最大的隐私——即使是春宫图中的女性，也往往是不除鞋袜或裹脚布的（Franzblau 1977；Gulik 1961：218）。因此，木兰连唱带比划地在台上放脚换鞋，对于当时的男性观众来说是一种强烈的满足窥视欲的情色表演。这种窥视欲并未随着民国禁止缠足而消失。影片《木兰从军》的洗脚一幕，就还是挑逗性地把木兰的脚暗示为她的神秘隐私，并将其与木兰的女性性别与羞耻感连接在一起。在片中军人和银幕前观众交织的男性凝视下，木兰的双脚被做成了十足的“噱头”，这确实是与欧阳予倩原本要将木兰塑造成反封建女性的初衷背道而驰的。

影片《木兰从军》中还有其他一些源于《雌木兰替父从军》的场景。它们或者在桂剧中完全不存在，或者比桂剧版本情色意味重很多。例如影片中有两位男兵在初见木兰时互相说道：“你看这个家伙长得好白啊！”“不但很白，还很嫩！”这几乎是《雌木兰替父从军》中两位男兵初见木兰（化名花弧）时对话的翻版：“（二军私云）这花弧倒生得好个模样儿，倒不像个长官，倒是个秫秫，明日倒好拿来应应急。”在影片之后的情节中，这两位男兵得知木兰姓花，又去挑逗她：“你真像一朵花儿啊！”还企图摸她的手。这一场景延续了至晚从唐代就开始的以花为喻情色化木兰的长期传统。例如，白居易、徐凝互相唱和的《戏题木兰花》（紫房日照胭脂拆，素艳风吹腻粉开。怪得独饶脂粉态，木兰曾作女郎来）、《题令狐家木兰花》（腻如玉指涂朱粉，光似金刀剪紫霞。从此时时春梦里，应添一树女郎花）与《和白使君木兰花》（枝枝转势雕弓动，片片摇光玉剑斜。见说木兰征戍女，不知哪作酒边花）就把木兰物化成了可入其“春梦”，伴其宴饮，供其狎玩的妖娆脂粉。《雌木兰替父从军》特别强化了这一传统。这出戏不但大量使用莲花、桃花、梨花、荳蔻等比喻来渲染木兰的性魅力，而且是第一部给木兰冠以“花”姓的作品。

当然，《木兰从军》不是没有做出超越这一传统的努力。在影片中，企图欺侮木兰的男兵们都显得怯懦、笨拙、可笑，喜欢恃强凌弱却害怕出征杀敌。木兰先是正告这些男兵：“如今边关紧急，大家前去投军，无非是为国效劳，绝没有自己人还欺负自己人的道理！”然后又以超凡的武艺教训了他们。凭借这样的一身正气和力量，她最终升任元帅，位居所有军中男性之上——这也与传统版本经常在军队中为木兰保留一个男性上级的写法不同。

然而，在影片对木兰现代式的赋权中，依然可以看到这样一个更深层次上的传统的延续：木兰对男性的吸引总是植根在她对规范的服从中。以《雌木兰替父从军》为例，在这出戏中，木兰在放脚时“作痛楚状”，却把缠足说成是“霎时间”就可以完成的轻松勾当。弗莱德·布雷克（Fred Blake）曾指出，缠足是宋明理学家庭权力结构在女性身体上的重要反映——用缠足的剧痛规训女童的身体，可以有效地压制其对权力压迫与生俱来的反抗（Blake 1994）。而徐渭笔下的木兰却恰恰相反：服从，而非反抗，才是她的天性，所以她在身体被规范（缠足）时轻松写意，在身体离开规范（放脚）时才会感到疼痛。

与此相应，《雌木兰替父从军》所突出的也不是木兰的勇武，而是她对于理学道德要求的顺从。这些道德要求的核心之一是贞操，其重要性远高于木兰的生命。因此，临别之时，木兰的母亲对其沙场安危没有半点关切，口口声声只是说：“千乡万里，同行搭伴，朝食暮宿，你保得不露出那话儿么？这成什么勾当？”直到听见木兰保证“还你一个闺女儿回来”，才算放心。归家之时，木兰则用“都是幻”“得将来不费星儿汗”这样的片言只语就带过了所立军功和所获官衔。她反复自夸的是：“我紧牢拴”“真金烈火，倘好比浊水红莲”“巧花枝稳躲过蝴蝶恋”，最后“交还［母亲］依旧春风荳蔻函，怎肯辱爷娘面？”在这出戏与其他诸多版本中，木兰恪守道德规范的身体都既是她神奇力量的来源，也是她成为男性求偶理想对象的原因。所以，等待解甲还乡的木兰的，往往是婚配的结局。

影片《木兰从军》也是如此。木兰教训男兵的一个重要结果就是吸引到了未来婚配对象刘元度（梅熹饰）的目光。和绝大多数其他版本不同，该片中的木兰并未能完全掩饰住自己的性别，而是被刘元度渐渐发觉了真相，两人的关系也随之越来越亲密。在一场高潮戏中，木兰一边舞剑，一边歌唱：“月亮在哪里？——几时能入我的怀抱，也好诉一诉我的衷肠？”引来了刘元度对唱，两人以月为媒互诉情感。在这类浪漫镜头中，影片频繁把经典好莱坞式的女性柔光用在木兰身上，将娇美、性感的气质融入她看似去性别化的戎装中。

除了影片本身之外，《木兰从军》的宣传推广活动也大量使用了同类的“噱头”。例如，新华影业公司的《新华画报》在1939年第一期上刊登过两张陈云裳的巨幅明星照。在第一张照片（附图二）中，陈云裳一身戎装，表现木兰的忠勇英姿；在第二张照片（附图三）中，陈云裳则穿着高跟鞋（现代、西化版的规约女性双脚，提升性魅力的工具），摆出娇美舞姿，并将舞裙前摆撩开，露出双腿。在第二张照片的右上方，还配有与陈云裳姿态相似的仙女在云端衣袂翩跹的小图，以呼应“云裳”之意。这两张宣传照互文见义，彰显出古往今来的男性文化所建构的理想女性的连续性：她总是又道德、又神秘、又性感。

4 冲突的目的

《木兰从军》在“孤岛”上海发行之后不久就陷入了一系列戏剧性冲突，从而获得了进一步的复杂意义。启动这一系列冲突的是日本人川喜多长政，当时他执掌着侵华日军在上海建立的中华电影股份有限公司。日军成立这个电影公司，本来是希望借助电影“将亲日的意识形态以娱乐形式灌输给中国民众”。他们选择川喜多长政，是因为他自小受家庭影响，精通中国语言文化，也有在中国拍电影的经验。然而，也正因为这些原因，川喜多长政高度亲华，他坚持不制作“将日军所说的国策强加到电影当中的宣传性故事片”，而是要“援助中国人”，“制作反映中国人内心的电影，并进而发行”。他与张善琨秘密接触，劝说他通过中华电影公司将新华的电影发行到日占区。经过一番复杂的政治与经济考量，张善琨选择将《木兰从军》交予中华电影公司发行，以示他虽然与日本人合作，但发行的却是有抗战宣传意味的电影。川喜多长政对这部电影没有任何意见，但日本宪兵队提出了强硬反对。当时日本在上海的电影审查机构由多方组成，其中上海军报道部一方站在川喜多长政一边，引用明治天皇颁布的教育敕语中“一旦有缓急，义勇奉公”的字句，提出《木兰从军》体现的正是这种日中“相通”的爱国精神，在争论中战胜了宪兵队一方。结果，《木兰从军》不但在 1939 年 7 月开始在日占的南京等地发行，甚至在 1942 年发行到了日本本土，而且受到了影评人以及一般电影观众的好评。由于“当时的日本人在新闻电影之类的宣传中看到的都是中国的普通民众挥舞着日本国旗欢迎日军的场面”，所以，“即便《木兰从军》描写的是与异族侵略者的战争，日本人也没有意识到那个侵略者其实就是自己”（林畅 2014：196，212；佐藤忠男 2016：130，140−142，153）。更有甚者，这些侵略者后来还被进一步解读成了日本的敌人。例如，在日占广州出版的《妇女世界》就曾用木兰作榜样鼓动中国妇女参军抗击“英美侵略主义者”，争取“大东亚战争之光荣胜利”（雨田 1945：12）。

部分地由于日本人对木兰的挪用，《木兰从军》1940 年初在陪都重庆初次上映时，被一群抗议者认为是“汉奸”电影。他们冲入电影院，发表演说，焚烧了《木兰从军》的胶片。在这些抗议者口中，《木兰从军》的罪状包括“分裂汉蒙民族感情，和强调描写出征军人的悲伤和怯懦的丑态，实在是侮辱民族战士”，还有突出“木兰恋爱”动机不纯等（郑健健 2011：169–170）。

作为一系列戏剧性转折的高潮，这起焚烧事件照亮了《木兰从军》这张文化羊皮纸上沉淀下的各种复杂交织的异时、异质要素。这部影片在抗议者眼中之所以显得动机不纯，是因为这些要素在木兰传说千余年的演进中关联了一系列彼此冲突的形象，包括在儒家秩序之外驰骋的女战士、尽孝的女儿、尽忠的臣子、宜室宜家的妻子、贞洁烈女、情色想象的对象、民族主义英雄、摩登独立女性等。焚烧事件尽管很快被平息了下去，但复杂的多元冲突还会在之后大量不同文化与立场的改编中继续发展。

迪士尼的动画片《花木兰》既远不是发展的起点，也远不是发展的终点。迪士尼做出的那些改动既没有任何特异之处，也远不如之前中国文化内部的那些改编剧烈，不过是再一次证明了木兰传说总是可以在变动中获得新生命力，延续其丰富的文本史而已。因此，面对类似迪士尼的东方主义，首先要超越东方主义思维方式的窠臼，离开单一、静止的文化“真实性”的迷思，看到中国文化史里蕴含的巨大复杂性、冲突性和流动性，才能对东方主义做出有效的批评。

附　注

[1] 羊皮纸由于制造成本昂贵，一般都会反复使用，先尽量擦去之前的字迹，再写上新的内容。羊皮纸上的旧字迹是很难擦净的，总会留下痕迹。如附图一所示，同一张羊皮纸上，不同时间书写的字迹叠加在一起，会形成多层次、浓淡不一的内容混合体。文化研究中经常使用的“文化羊皮纸”概念，就是指类似的新旧文化内容的多元异质混合。旧的文化内容看似淡出了中心舞台，被新的文化内容遮盖，但实际上总会留下难以清除的痕迹。文化的复杂面貌就是由这样一层层新旧、显隐程度不同的内容在纠缠冲突中共同构成的。

[2] 盛唐吴兢的十卷本《古乐府》中的《木兰》可能是更早版本，但原书已失传，今存此书中的《木兰》为南宋时抄录。

[3]《孝烈将军祠像辨正记》原碑今存于河南省商丘市虞城县木兰镇木兰祠。

[4] 将影片的结尾设置为木兰婚嫁是欧阳予倩的原意。不过，这句“今天晚上我看你还赖到哪儿去？”以及木兰相应的表演则很可能是导演卜万苍的改动。根据欧阳予倩的回忆，在他的原剧本中，木兰的丈夫（也是她之前军中的下级军官）对她说的本来是：“在家里你是我的贤妻；再到边关，你还是我的元帅”（欧阳予倩 1961：55）。关于欧阳予倩与卜万苍的分歧，下文还会进一步谈到。

参考文献

车宝仁（2000）：木兰诗所写真实事迹初考，《西安教育学报》第 2 期，29–33 页。

陈三平（1999）：木兰诗中的“木兰”并非汉名，《历史学刊》第 134 期，98–101 页。

方舟子（1998）：《木兰诗》种种，《文史知识》第 11 期，22–27 页。

金一（1904）：女子世界发刊词，《女子世界》第 1 期，1–2 页。

林畅（2014）：编著《湮没的悲欢：中联、华影电影初探》，香港中华书局，香港。

欧阳予倩（1961）：电影半路出家记，《电影艺术》第 2 期：54–64 页。

欧阳予倩（1982）：木兰从军（桂剧），收入《欧阳予倩戏曲选》，190–268 页，湖南人民出版社，长沙。

齐天举（1982）：关于〈木兰诗〉的著录及其时代问题，《文学遗产》第 14 期，165–187 页。

韦元甫（1979）：《木兰歌》，收入郭茂倩编《乐府诗集》，374–375 页，北京中华书局，北京。

许可（1981）：关于《木兰诗》的时代，《北京师范大学学报：社会科学版》第 5 期，87–89 页。

亚卢（1904）：中国第一女豪杰女军人家花木兰传，《女子世界》第 3 期，

25–32 页。

雨田（1945）：从花木兰谈到参战妇女，《妇女世界》第 52 期，13 页。

郑健健（2011）：空间与视觉政治：<木兰从军>胶片被焚事件始末，收入陈犀禾、黄望莉主编《电影与都市：都市经验、视觉空间与电影消费》，168–176 页，中国电影出版社，北京。

［日］佐藤忠男（2016）：《炮声中的电影：中日电影前史》（中译本，岳远坤译），世界图书出版公司，北京。

Allen，J. R.（1996）Dressing and Undressing the Chinese Woman Warrior. Positions：East Asia Cultures Critique no. 4（2）：343–379.

Blake，C. F.（1994）Foot–Binding in Neo–Confucian China and the Appropriation of Female Labor. Signs no. 19（3）：676–712.

Bray，F.（1997）Technology and Gender：Fabrics of Power in Late Imperial China. Berkeley，Los Angeles，London：University of California Press.

Chan，J. M.（2002）Disneyfying and Globalizing the Chinese Legend Mulan. In Search of Boundaries：Communication，Nation–states，and Cultural Identities：A Study of Transculturation，edited by J. M. Chan and B. T. McIntyre，225–248. Westport，CT：Ablex.

Djao，W.（2002）Opinion Status as Ethnic Identity in the Chinese Diaspora. Journal of Contemporary Asia no. 32（3）：363.

Dong，L.（2011）Mulan's Legend and Legacy in China and the United States. Philadelphia：Temple University Press.

Fitz Gerald，C.（2010）Mandarin Ducks at the Battlefield：Ouyang Yuqian's Shifting Reconfigurations of Nora and Mulan. CHINOPERL Papers 29：45–104.

Franzblau，A. N.（1977）Erotic Art of China：a Unique Collection of Chinese Prints and Poems Devoted to the Art of Love. New York：Crown Publishers.

Fu，P.（2003）Between Shanghai and Hong Kong：the Politics of Chinese Cinemas. Stanford，Calif.：Stanford University Press.

Gulik，R. H. van.（1961）Sexual Life in Ancient China：a Preliminary Survey of Chinese Sex and Society from ca. 1500 B. C. till 1644 A. D. Leiden：Brill.

Harris, K. (2011) Modern Mulans: Reimagining the Mulan Legend in Chinese Film, 1920s–60s. In The New Woman International: Representations in Photography and Film from the 1870s through the 1960s, edited by E. Otto and V. Rocco. Ann Arbor: University of Michigan Press.

Judge, J. (2007) Expanding the Feminine/National Imaginary: Social and Martial Heroines in Late Qing Women's Journals. 《近代中国妇女史研究》(15): 1–34.

Labi, N. (1998) Feminism: Girl Power. Time 151, no. 25: 61–62.

Lan, F. (2003) The Female Individual and the Empire: A Historicist Approach to Mulan and Kingston's Woman Warrior. Comparative Literature no. 55 (3): 229–245.

Limbach, G. (2013) "You the Man, Well, Sorta": Gender Binaries and Liminality in Mulan. In Diversity in Disney Films: Critical Essays on Race, Ethnicity, Gender, Sexuality and Disability, edited by J. Cheu. Jefferson, North Carolina, and London: McFarland & Company, Inc., Publishers.

Ma, S. (2003) Mulan Disney, It's Like, Re–Orients: Consuming China and Animating Teen Dreams. In The Emperor's Old Groove: Decolonizing Disney's Magic Kingdom, edited by B. Ayres, 149–164. New York: P. Lang.

Maio, K. (1998) Disney's Dolls. New Internationalist (308): 12.

Mo, W. and W. Shen (2000) A Mean Wink at Authenticity: Chinese Images in Disney's Mulan. The New Advocate no. 13 (2): 129–142.

Nguyen, M. (2008) Who's Your Heroine? Negotiating Asian American superpower in Disney's Mulan. https://web.archive.org/web/20080218080321/http://www.poppolitics.com/articles/2001/01/05/Whos–Your–Heroine#mimi. Accessed June 28, 2020.

Peng, B. (2005) Reading Mulan, Viewing Mulan and Mythologizing Mulan: A Comparative Study of Chinese and American Cultures. 《中西文化研究》 no. 8: 129–141.

Spivak, G. C. (1993) Can the Subaltern Speak? In Colonial Discourse and Post-Colonial Theory: A Reader, edited by P. Williams and L. Chrisman. Harvester: Hemel Hempstead.

Sun, C. F. (2003) Ling Woo in Historical Context: The New Face of Asian American Stereotypes on Television. In Gender, Race, and Class in Media: A Text-Reader, edited by G. Dines and J. M. cMahonHumez, 656-664. Thousand Oaks: Sage Publications.

Wang, G. and E. Y. Yeh. (2005) Globalization and Hybridization in Cultural Products: The Cases of Mulan and Crouching Tiger, Hidden Dragon. International Journal of Cultural Studies No. 8 (2): 175-93.

Whipp, G. (1998) Mulan Breaks the Mold with Girl Power: Newest Heroine is Not Typical Disney Damsel Waiting for Her Prince to Come. Daily News, 06/19/1998, L7.

Yin, J. (2014) Popular Culture and Public Imaginary: Disney Vs. Chinese Stories of Mulan. In The Global Intercultural Communication Reader, edited by M. K. Asante, Y. Miike and J. Yin, 285-304. New York: Routledge.

引书目录

（清）爱新觉罗·永恩《双兔记》，收入《漪园四种》，清乾隆中礼府刊。

（明）徐渭《雌木兰替父从军》，收入《四声猿》，明万历四十二年钟人杰刻本。

（北朝）佚名《木兰诗》，收入郭茂倩编《乐府诗集》，中华书局，北京，1979。

（清）佚名《忠孝勇烈奇女传》，收入《古本小说集成》，上海古籍出版社，上海，1991。

（清）张绍贤《北魏奇史闺孝烈传》，收入《古本小说集成》，上海古籍出版社，上海，1992。

赵清阁《花木兰从军》，收入《雨打梨花（又名活）》，重庆妇女月刊社，重庆，1945。

附图一

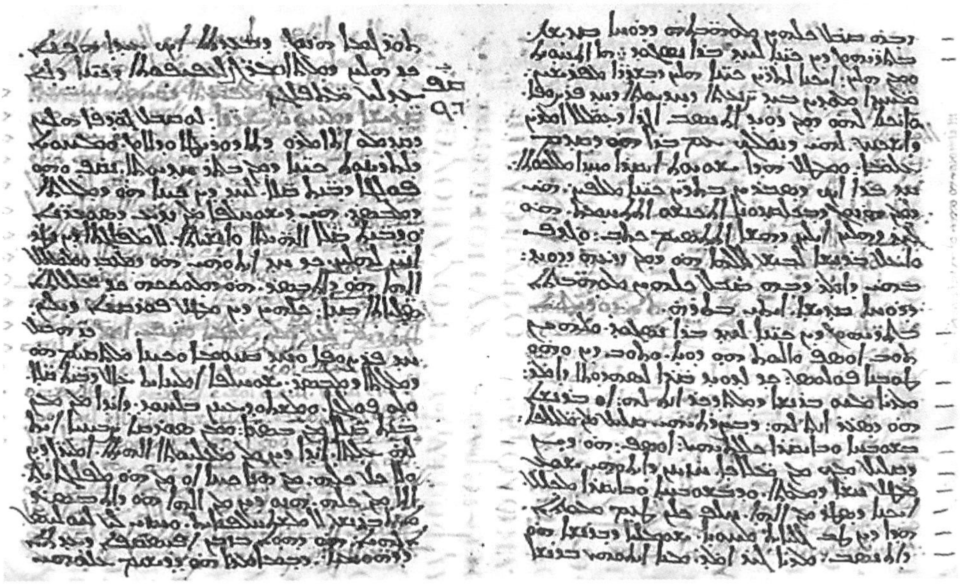

附图二

「木蘭從軍」主角——陳雲裳試裝
(許鑄攝)
Miss Y. C. Chen in "Mo-Lan joins the army."

附图三

陳雲裳翩翩起舞
Miss Y. C. Chen's dance performance.

后 记

本文英文稿曾发表于学术期刊 Arts（《艺术》），文献信息如下：Wang，Zhuoyi. “Cultural‘Authenticity’as a Conflict-Ridden Hypotext：Mulan（1998），Mulan Joins the Army（939），and a Millennium-Long Intertextual Metamorphosis.” Arts 9. 3（2020）：78. Crossref. Web。此次发表的版本除了翻译为中文外，也做了进一步的增删与修改。

本文的主题虽然是电影与文化史，其中用到的一些论证思路的基础却是在跟随陈保亚教授攻读语言学硕士时打下的，例如“文化羊皮纸”的分析实际上就是一种对共时层面上历时沉淀的研究。当年硕士毕业后，尽管由于对电影的热爱而没有留在语言学领域，转而读了比较文学的博士，但陈教授依然是对我的学术人生影响巨大的导师。陈门三年实在是我求学生涯中一段美好的从师经历，也帮我奠定了受益终生的理论思辨基础。饮水思源，师恩难忘。

（王卓异：美国，汉密尔顿学院东亚语言文学系wangzhuoyi@gmail.com）

一种评估偶然对应的概率算法

——以瑶语声调比较为例①

汪 锋 张 原

提 要： 语音对应是历史比较语言学的基石，如何确定语音对应牵涉到如何对历史分化与语言接触以及偶然对应的区分。从概率计算的角度来看，语音对应的确定首先需要考虑偶然对应的干扰。通过回顾前人的研究，结合瑶语声调比较的实践，本文构建了一种基于实际分布的概率算法来辅助评估偶然对应，加强语音对应识别的概率基础。

关键词： 语音对应 概率 算法 瑶语 声调对应

1 语音对应与概率估算

语音对应是历史比较的出发点。梅耶（1925）以梵语、拉丁语、希腊语等印欧语在数词上的对应为例，总结概括说："这些相符之点不能用各语言之间的借用来解释，可以假设它们有一个共同的来源。但是我们还要用一种系统化的方式来解释，这就是历史比较的目的。"（梅耶 1925/2008：7）但随着对语言接触问题研究的深入，陈保亚（1996）明确指出："借词和原词的对应规律并不弱于同源词之间的对应规律。我们必须承认，语言接触的另一个重要后果是产生大量的有语音对应规律的借词。"（陈保亚 1996：141）因此，汉藏语学界也经常将有语音对应的词或语素作为关系词（或关系语素）。至于关系词是同源分化造成的，还是借贷的结果，需要用其他的方法来识别。

随着研究的深入，语音对应的另一个问题被提上了日程，也就是，如何将

① 笔者（汪锋）自 1997 年在"理论语言学"课上得以聆听陈保亚老师教诲，之后追随陈老师，至今二十多年了，深感陈师学问博大精深，尤其是文理融通的高度更是令人惊叹。值此陈师六十五寿辰之际，会同数学系青年才俊张原，在陈老师开辟的大道上略有收获，谨以此文致贺。本研究得到教育部人文社会科学重点研究基地重大项目"语言变异和接触机制研究"（项目编号：19JJD740001）的支持，主持人正是陈保亚老师。

之与偶然因素造成的匹配（或相似）区分开来。Ringe（1992）试图用数学工具来检测对应是否由偶然因素造成。Baxter and Manaster Ramer（1996）虽然认同这一方向，但批评了其方法及论断，认为概率方法只能针对特定的零假设来说明当前是否有肯定的证据来否定之。Hock and Joseph（1996：493）也提到类似问题，至于究竟需要多少例证才足够下判定，他们对此问题的解决并不抱乐观态度。陈保亚（1996：205-229）专门讨论了语音对应规律的地位和概率基础，给出了计算某一特定对应规律的方法，并总结道："语音对应规律必须以任意性原则为基础，因此也必须以概率统计为判定原则。我们过去对概率算法研究不够，往往凭有限的经验寻找几个有限的实例来建立语音对应规律，得出过强的结论，似乎很多语言都有同源关系，这使得比较研究失去了原则和坚实的基础，难以进展，很多问题既不可证实，也不可证伪。……只要依据概率尺度，语音对应是否可以上升到对应规律就可以有明确的结论。"（陈保亚1996：227）

因此，语音对应可以这样定义：如果在一系列词中，语言 a 共有一个语音 x，而语言 b 相应地共有一个语音 y，则 x 与 y 构成一套匹配；如果该匹配不是偶然的，则 x 和 y 构成语言 a 和语言 b 之间的对应。确定匹配是否是偶然造成的，或者说随机匹配是否也可以达到类似结果，就要根据实际的语言情况进行概率评估。下文以两个瑶语方言的材料讨论其中的声调匹配，并通过概率评估来辅助判断。

2　瑶语方言的声调匹配与对应判断

历史比较通常从共时的声调系统出发，但《苗瑶语方言词汇集》部分利用了前人的研究成果，直接为方言声调标识了历史类别，1-8 调。不过，这种标法其实类似于现在将普通话的四声称为阴平、阳平、上声和去声，表面上有历史来源上的联系，本质上仍然是共时的类别。比如，历史上的入声类别在普通话中已经消失，浊音声母的上声归到了去声，这些都没有根据其他材料按照来源标示出来。

瑶语勉方言的八个声调如下：

调类	1	2	3	4	5	6	7	8
调值	33	31	53	132	24	12	54	21

瑶语标敏方言的六个声调如下：

调类	1	2	3	4/6/8	5	7
调值	33	31	35	42	24	53

在实际标音中，标敏瑶语只标了 4 调，而 6 调和 8 调并没有按照其历史来源分立出来。因此，按照这样的调类来比较，和依据共时的调值类别来处理，本质上并没有分别。

基于《苗瑶语方言词汇集》提取的语素，勉瑶语有 1593 个语素，标敏瑶语有 1460 个语素，根据陈保亚（1996：205–229），取最少的 1460 个语素为匹配范围，在各声调出现概率均等的假设下，P=1/8×1/6=1/48 为随机匹配的概率，M=n×P=1460/48=30. 4。如果设定 λ=30. 4，可以计算实际出现例证数目的累计泊松分布值如下（计算工具：http：//www. 99cankao. com/statistics/poisson-distribution-calculator. php）：

	31	35	39	40
累计泊松分布	0.5904	0.8239	0.9459	0.9617

在上述语料以及假设下，如果要判定某一套特定的勉瑶语和标敏瑶语的声调对应为置信水平超过 95% 的非随机匹配，可以推断为由于语言分化或者语言接触造成的语音对应，则至少需要有 40 个例证支持该套对应。

在勉瑶语和标敏瑶语中可以通过相关程序找到 10 套声调匹配供分析，各套匹配的实际支持例证如表 1。

表 1　勉瑶语和标敏瑶语的调类对应

勉瑶语调类	标敏瑶语调类	支持例证
1	1	215
3	3	112
5	5	164
7	7	88
5	1	31
6	4	74
2	2	113
2	4	31
4	4	40[1]
8	4	42

由此可以判断在显著性水平 0. 05 下其中两套匹配 5<>1 和 2<>4 的支持例证不足以确定二者为语音对应。

3　声调实际分布与对应判断

以上第 2 节的处理为简便方法处理（陈保亚 1996）。这种方法假定各个声调在各个所比较的语言中均匀分布，而实际上并不一定如此，在勉瑶语和标敏瑶语中，声调的实际分布情况如表 2。

表 2　瑶语方言声调分布

声调	勉瑶语	标敏瑶语
1	336	336
2	252	196
3	214	201
4	85	279
5	276	272
6	169	0
7	176	173
8	86	3[2]

从表 2 可见，各个声调的分布不均匀，最多的调类分布是最少的近 4 倍。

如果根据实际分布的不均匀情况来计算调类匹配的概率，由于二者语素并不完全一致，需要先做语素配整，之后再来判断其中特定的匹配是否达到概率上的置信水平。根据两个语言匹配的情况，计算每一套对应出现的例证数目是否为概率显著，也就是说，若其零假设是该套对应为随机匹配造成的，那就可以将这些语音随机打乱，不按当前的语义对应来寻找匹配，而是随机来找语音上的匹配，观察其分布情况。比如随机打乱 1 万次，观察其中某特定声调匹配比如 1<>1 得到支持的数目及频度。如果在此情况下，95% 的 1<>1 的支持数目都在 100 个例证以下，而我们观察到实际的数据中符合该套声调对应的语素超过了 100 例，也就是说，这种情形是由偶然随机造成的概率就小于 5%。通常，如果概率小于 5% 的“小概率事件”真实发生了，就可以支持推翻零假设。也就是说，以 95% 的置信度认为目前呈现的这一套 1<>1 的例证情况不是偶然因素造成的。置信度是可以调整的，可以要求更高到 99%，甚至 99.9%。至于要取哪个数值，跟研究的问题有关系。我们构建了一个算法，只要给出两个语言的语素集，可以通过 Matlab 程序很快算出给定置信度下某套匹配的随机分布上限数。

概率原理及程序如下：假设共有 N 个匹配，其中两个语言的声调 1 分别有 m 和 n 个，那么如果将这些匹配随机打乱，则得到的 1<>1 对应的数目 X 就是一个服从超几何分布 H（m，n，N）的随机变量，其概率质量函数为：

$$p(X=k)=\frac{C_m^k C_{N-m}^{n-k}}{C_N^n}$$

利用程序可以得到上述超几何分布的单侧临界值，即可将其与按语义匹配得到 1<>1 对应的数目进行比较。

理论上，勉瑶语和标敏瑶语之间有 48 种声调匹配的可能。根据上述勉瑶语和标敏瑶语中的声调分布，可以看到 4<>7 或 4<>2 应为匹配数目最少的。根据我们的算法，算出二者的 95% 随机最高值分别为 17 和 18。如果将语音对应的阈值设为 18，即，一套声调匹配必须至少有 18 个例子支持，才能作为对应候选项。在勉瑶语和标敏瑶语中可以通过对应查找程序找到 27 套声调匹配供分析。表 3 包括实际的匹配例证数目和在不同置信水平下的随机最大值。（见表 3）

（支持例证中语义完全相同而形式有差异造成的多个对应只算一次，所谓“同义归一”，其余的数目从实际例证中减去，例如“215-3”）

表 3　瑶语方言声调对应与概率计算

序号	勉瑶语	标敏瑶语	支持例证	95%	99%	99.90%
	1	1	215-3	86	90	95
	3	3	112	38	41	45
	5	5	164	60	64	68
	7	7	88-1	29	32	35
	6	4	74	34	37	41
	2	2	113-1	36	39	43
	4	4	40-3	21	24	27
	8	4	42	18	21	24
	2	4	31	46		
	5	1	31	74		
4	5	2	20-2	46		
7	5	4	22-1	59		
8	6	1	18-1	41		
10	1	3	29-1	56		
11	1	2	23-1	53		
13	6	5	19	34		
14	5	3	19	49		
15	3	5	22-5	46		
18	3	4	19-1	46		
19	3	1	23-1	57		
20	1	5	19	69		
22	7	1	22-1	50		
23	7	4	23	40		
24	7	5	19-1	41		
25	1	4	19-2	69		
26	1	7	18	48		
27	2	7	18	32		

如何解读这一概率计算的结果呢？需要注意一个问题，如果置信水平设定为 95%，意味着有 5% 的犯错可能性。相对于一套特定的匹配，5% 的出错率一般不考虑，可以很有把握地认为这套匹配为对应，是非随机的。但与生日悖论中任意生日匹配概率类似，即便在随机打乱的匹配下，上述 48 种声调匹配的可能也会平均有 2. 4 套随机匹配出现在 5% 的显著水平之上，而我们并不知道是哪几套。为此考虑 1% 为显著水平，则平均有 0. 48 套可能由随机匹配造成；考虑 0. 1% 为显著水平，则出现由随机匹配造成对应的概率小于 5%。从表 3 的分布情况来看，即使是在最严格的 0. 1% 显著水平之下，前 8 套声调匹配都可以判定为非随机对应；而其他的 19 套匹配，则在显著水平 5% 的情况下也达不到例证要求的随机匹配上限。

值得注意的是，概率显著只能说明比较有把握假定该对应的形成不是偶然匹配造成的，其原因可能是亲缘关系，也可能是接触关系，也可能是二者的混合。所以后续还需要其他的标准来区分这些非随机的对应结果的性质。从语言演化来看，如果两个亲属语言分化自一个祖语，其早先的音类匹配及支持例证的状态随着共同的词汇的各自替换，逐渐呈现出随机匹配状态。当两个语言分化时间足够长，语音对应的非随机状态最终会瓦解。随之，也可以推想，两个语言之间分化时间越长，真正语音对应的支持例证分布与随机分布的区分就越困难。表 3 说明勉瑶语和标敏瑶语的关系还是很密切的，因此，整体上声调系统的非随机对应模式很稳固。如果换成川黔滇苗语和勉瑶语两个亲缘距离远一些的来比较，情况就会发生变化。

4　语音对应与关系语素

按照陈保亚（1996）所述，215 个例证支持 1<>1 调的匹配为声调对应，只是说这一事件整体是非随机的，但其中的某一个特定的例证仍然有可能是随机的。（见表 4）

表 4　勉瑶语和标敏瑶语之间的随机对应

同音索引	勉瑶语	标敏瑶语	匹配义
315	ȵau1	ʦua1	抓 + 抓（用手指～）

这需要根据音节的其他部分，如声母和韵母，来综合判断。由此可见，以上通过概率计算确认的非随机的声调匹配可以看作声调对应，在此基础上，可以进一步探讨该对应是源自纵向传递还是横向传递，若通过其他方面的证据能确定其源自纵向传递（包括共同语时期的共同借用成分），方可以进一步据以重构。

关系语素的确定则是另一个与此相关的议题。从概念上讲，“关系”是指有历史关系，即亲缘关系或者接触关系，分别对应于同源或借用。语素的语音形式通常由不同的成分组成，有的语言中常见的是一个语素由多个音节组成，而在广义的汉藏语言（汉语、藏缅、侗台、苗瑶）中，单音节语素占主体地位，通常将一个音节分为声母、韵母和声调[3]三个部分。两个语言之间关系语素的确立本质上是要考虑在意义相同的条件下，各个音节成分匹配情况提供的概率线索。如果声、韵、调三部分的匹配都不能判定为非随机造成的，则该语素就无法认定为关系语素；如果声、韵、调三部分的匹配都可以确定是非随机的，则该语素一定是关系语素。困难在于，如果其中只有部分是非随机的，比如声调是非随机的，即通常所谓的符合声调对应规则，但声母或者韵母的匹配无法得到足够数量的例证支持其非随机判断，那么该语素是否为关系语素就会出现仁者见仁智者见智的情况，主观因素就会进入历史比较之中。同时，偶然因素自然会进入，也就是说，把随机造成的匹配当作关系语素。因此，在历史比较中，可以有不同的策略，最严格的历史比较就是坚持在有足够证据的基础上做出判断。当然，基于不同的比较目的，可以放宽关系语素判定上的要求，但最好明确给出放宽的条件，并说明由此可能带来的干扰后果。

附　注

[1] 根据后文分析，减少 3 例，应为 37 例。

[2] 只有 3 个 8 调，应该是排印错误。我们之所以仍然采用这个数据，而不是更正之后再做，主要是考虑到这更符合研究的实际，由于这样那样的原因，总是会有极少数的错误，绝对“干净”的数据是不可能的。

[3] 有些藏缅语中还没有产生声调，在语言比较中，通常将其韵尾作为单独的部分来与其他语言的声调对比。

参考文献

陈保亚（1996）：《论语言接触与语言联盟——汉越（侗台）语源关系的解释》，语文出版社，北京。

［法］梅耶（1925/2008）：《历史语言学中的比较方法》（岑麒祥译），科学出版社，北京。

中央民族学院苗瑶语研究室编（1987）：《苗瑶语方言词汇集》，中央民族学院出版社，北京。

Baxter，W. H. & Manaster Ramer，A. （1996）Review of Donald A. Ringe，Jr.，On Calculating The Factor Of Chance In Language Comparison.，Philadelphia：American Philosophical Society（1992）. Diachronica，13（2），371–384.

Hock，H. H. & B. D. Joseph（1996）Language History，Language Change，and LanguageRelationship：An Introduction to Historical and Comparative Linguistics. Berlin：Mouton de Gruyter.

Ringe，D. （1992）On Calculating the Factor of Chance in Language Comparison. Transactions of the American Philosophical Society，Volume 82，Part 1. Philadelphia American Philosophical Society.

（汪锋：100871 北京，北京大学中国语言学研究中心、北京大学中文系 wfwf@pku. edu. cn

张原：100871 北京，北京大学数学科学学院 zhangyuan@math. pku. edu. cn）

构式词法视角下的规则组合①

宋作艳

提　要：本文从构式视角对规则性汉语复合词和派生词进行了分析，从中主要得到如下研究启示：(1) 合成词的分析要自上而下，一方面强调合成词作为构式具有整体性，构词成分必须满足构式的要求；另一方面，不能孤立地看个体词，要准确分析个体词必须在构式层级中定位，并参考上层构式义。(2) 词缀依附词法构式，要在词典中全面说明相关词法构式的形式与意义。(3) 增大词库容量，适当存储规则组合有利于词法的记忆与学习。

关键词：构式词法　图式　词库　复合词　词缀

语言组合有规则与不规则之分，因为理论假设、研究取向、研究目标等的不同，不同的理论对两种组合的处理不尽相同，往往涉及词与短语的区分、对单位的不同理解等。陈保亚（1999：350-376；2015：333-365）提出平行周遍原则专门来区分规则组合与不规则组合，具体区分了不平行、平行不周遍和平行周遍三类组合。不平行的是完全不规则的，放入单位库，需要直接记忆，如“白菜、铁路”。平行不周遍从生成角度看没有规则，不能任意类推，放入单位库，需要记忆；但从理解角度看有规则。如果平行实例多，只能按照规则理解，如“X子”；如果平行实例少，可按照规则理解，也可以按照记忆学习，如“老$X_{动物}$”。平行周遍组合的生成和理解都是规则的，不需要放入单位库，一般不需要记忆，除非数量特别少。其理论假设是语法包括一个单位库和一套语法规则，根据有限的单位和规则可以生成无限的句子。

构式语法一开始专注于不规则组合，后来扩展到规则组合。根据 Goldberg（1995：4）的定义，构式是形式 -意义对（form-meaning pairs），其形式或

① 本研究受国家社会科学基金一般项目“基于构式形态学的汉语词法研究”（项目编号：19BYY032）的资助。

意义（功能）的某些方面不能通过组成成分或者其他先前已知构式而完全预测出来。Goldberg（2006：5）做了补充，认为有些模式即使被完全预测，只要使用频率足够高，也作为构式存储。构式词法（Construction Morphology，CxM）（Booij 2010、2018）认为词法模式（morphological pattern）和句法模式（syntax pattern）一样，都属于构式，用图式（schema）代替了传统的词法规则（rule）。本文拟通过汉语的实例来说明构式词法对规则组合的处理，探讨其合理之处和存在的问题，以期对汉语词法研究有所启示。

1 构式词法的基本主张

构式理论在句法层面的研究已经相当广泛与深入。近年来，各国学者不约而同地将这一视角扩展到词汇层面，构式视角下的汉语词法研究也正在兴起。其中，荷兰莱顿大学教授 Booij 的研究最系统，2010 年出版了专著 Construction Morphology，构建了构式词法的基本理论框架，并展示了系列专题研究。Masini & Audring（2019）对构式词法做了详细介绍。

构式理论认为，构式是语言系统的初始单位；语言研究的目标是找出特定语言中的各种构式，建立构式库（construction repository）。构式是规约化的形式 - 意义对，形式包括语音、词法和句法，意义包括语义、语用和话语信息（discourse information）。构式词法继承了构式句法研究的基本理念和主张，专注于构式视角下的词汇研究。构式词法建立在三个理论假设基础上：基于符号、基于词和基于运用。

1. 基于符号（sign-based）

构式词法认为构式是符号，即规约化（系统性）的形式 - 意义对；只要图式及其实例是规约化的形式意义对，就视为构式（Booij 2010：5；Masini & Audring 2019）。与 Goldberg（2006：5）不同，Booij（2010：15–16）认为语素不是构式，不能列在词库中。因为语素不是独立的形式 - 意义对，不是语言符号，最小的语言符号是词。黏着语素是词法构式（morphological construction）的一部分，它们的意义贡献只有通过所在的词法构式才能确定。比如 er 在“V–er”中指一类人，在“A-er”中表比较级。

2. 基于词（word-based）

构式词法（Booij 2010：1-11；Booij 2018；Masini & Audring 2019）是基于词的，词是词法分析的起点，是词库中最小的词条（lexical entry）。合成词（complex word）并不是语素的组合，而是独立的形式 - 意义对，像单纯词（simple word）一样作为整体被存储。只是合成词有内部结构，其组成成分（subcomponents）—— 语素是通过跟其他词[1]的聚合关系（paradigmatic relation）识别出来的，是抽象的次级派生单位。如（1）所示，左列是动词，右列是相应动词多了 -er，这一形式差别系统性地关联着语义差别：右边的词都指左边动词所表动作的实施者。

（1）buy　buyer
　　 eat　eater
　　 shout　shouter
　　 walk　walker

buyer 不是语素 buy 和 er 组合而成的，其意义也不是语素义组合而成，而是源于 buy 和 buyer 处在上述聚合关系中。buyer 像一个单纯词一样作为整体来表征，存储在词库中，与之不同的是有内部结构 [[buy]ver]N。讲英语的人可以根据（1）中的词得到下列抽象的图式构式（schematic construction）：

（2）<[[X]$_{v\text{-}er}$]$_N$↔ ‘one who Vs ’>

词库中存储的是此图式构式，-er 依附此构式，不能在词库中单独存储。

我们认为，基于词是强调合成词是完形（Gestalt），具有整体性（holistic properties）。词法分析应该自上而下，先整体后部分，先构式后成分，先词后语素。也就是强调构式有独立的构式义，不是成分义相加之和，构式决定成分。所以不能成词的黏着语素（词缀），只能依附构式而存在、存储。基于语素（morpheme-based）的理论则主张语素也存储在词库中，语素组合成词，是自下而上、从部分到整体的。

3. 基于运用（usage-based）

基于运用就是基于范例（examplar–based）。构式词法认为词法是自下而上（bottom–up）习得的，人们基于范例——输入和存储在记忆中的实体构式（substantive construction）（词和短语性词）抽象出图式构式。词法的建立对用法和频率很敏感，每个人存储的词项数量和种类不完全一样，识别的结构和（次）构式就不完全一样，所以会有个体差异。

Booij（2009、2010：169–192）把词看成句法操作过程中的凝聚性单位（cohesive unit），符合词汇完整原则（Lexical Integrity Principle）中的非句法操作性（no manipulation）：构词成分不能句法移位，词中间不能插入其他成分。该定义大致相当于通行的句法角度定义的词：句法上最小的自由单位。构式词法继承了 Goldberg（2006：220）词库 – 语法连续体（lexicon–grammar continuum）的理念，不严格区分词库和语法。词库中的词项（lexical item）或者说词汇单位（lexical unit）是词汇层面的构式，不等同于词。包括简单词（simple word）、合成词（complex word），还包括多词表达（multi–word Expressions，MWEs）、词汇化的短语（lexicalized phrase）[2]、词法图式（morphological schema）和短语图式（phrasal schema），它们都像词一样具有命名功能。这些构式在词库中不是简单列出的，而是有层级的（hierarchical），从底层的实体构式（词和短语性词）到上层抽象度不同的半图式构式和全图式构式。纳入了图式，就相当于把词法纳入了词库。人们基于现有词汇抽象出图式构式，这些图式一方面为现存词汇提供理据，说明它们的形式和意义之间的关系；另一方面，为新词汇的创造提供“配方”（Booij & Audring2017）。

综上，构式词法有三大特点，一是强调形式与意义的对应关系，由此把语素排除在构式之外，把词法模式纳入构式。二是强调合成词作为构式的完形性和整体性，因此词法分析是自上而下的，先词后语素，黏着语素（词缀）依附词法构式，不在词库中存储。三是主张词库是有层级的，不仅存储不规则的组合，还存储规则组合及其上层图式构式。

2 汉语的复合词和派生词的构式分析

2.1 复合词的构式分析：以“N 肉”为例

按照陆志韦（1957）等提出的扩展法，“鸭肉”不能插入“的”，应该是词；“羊肉”可以插入“的”，应该看成词组。但这一方法存在两个有争议的问题，一是语素黏着性是否是判断一个组合是词的决定性因素。“白菜”是词，不能扩展为“白的菜”，但“白的”是可以说的。“鸭”是黏着语素，不能出现在“的”前，所以“*鸭的肉”不能说是因为这一点还是因为“鸭肉”是词尚难以定论。根据扩展法判断“鸭肉”是词而“羊肉”不是词不符合人们的语感，绝大多数人觉得它们是同一类组合。二是扩展前后意义功能是否相同，这是扩展法最受质疑之处。差别足够大好判断，比如“白菜”不等于“白的菜”；差别不大或者比较隐蔽就比较麻烦，“羊肉”和“羊的肉”意义功能是否相同曾经引起很大争议。带“的”与否是有差异的，这一点目前学界已经达成共识。朱德熙（1982）将偏正结构分为组合式与粘合式，陆丙甫（1988、1993/2018：40）认为这一形式区分对应称谓性和非称谓的对立，完权（2012）则认为二者的区别在于认知是否入场，尽管视角不同、解释不同，但一致认为两种形式在意义、功能上有差别。朱德熙（1982：148–149）明确指出：“粘合式偏正结构的功能相当于一个单个的名词，凡是单个的名词能出现的地方，它也能出现。”张敏（1998：358）进一步指出，认知分析的结果显示粘合结构从意义上也相当于一个单个名词。所以，粘合式定中结构被看成复合词或准复合词，跟典型复合词一样具有称谓性，是类名（如陆丙甫 1993/2018：40；张敏 1998：357–358）。“羊肉”不仅是粘合式结构，还是双音节，更接近典型复合词。

扩展法争议背后涉及对形式与意义关系的认识。扩展实际上是一种变换操作，扩展前后的形式只是有一定释义关系，并不能保证意义和功能上有一致性。从生成的角度看，“羊肉”也不见得来自“羊的肉”。鉴于扩展法存在的问题，陆丙甫（1993/2018：46）提出“一个结构体中某个直属成分如果可以在不改变结构体性质的基础上替换为不成词语素，这个结构体就不是短语，而是词或者词内成分。”按照这一思路，“羊肉”中的“羊”可以替换为“鸭”；如果认为

“鸭肉”是词，那么“羊肉”就是词。陈保亚（2015：336）用平行周遍对比的方法，先把“鸭”替换为“羊、牛、鸡”等表动物的字，然后把“肉”替换为“脚、翅、嘴”等表动物部件的字（见表 1 第 2、3 列），发现“鸭肉”符合双向平行周遍对比原则，是规则组合。只要满足单项平行周遍就是规则组合，所以第 2 列中的所有“N 肉”都是规则的，“羊肉”和“鸭肉”同属规则组合，不用存入单位库。尽管在词和单位的认定结果上不尽相同，这些处理方法背后隐含了一致性：直接类比表层形式，而不进行任何变换。这与构式语法的表层概括假设（surface generalization hypothesis）思想是一致的：构式语法认为不同格式之间只是大致的释义关系，而不是转换、推导关系；强调表层形式的重要性，认为意义直接与表层结构相联系，构式是形式和意义的配对体（Goldberg 2006：19–44）。该假设主张所见即所得，强调根据每一个表层格式的自身特征来开展研究。陈保亚（2015：340）的初步考查显示，被调查者更容易判断“羊肉”和“牛肉”是否平行，而判定“羊肉”和“羊的肉”意义是否相同则要困难一些，说明人们确实倾向根据表层形式进行类比而不是转换；“羊肉”不是“羊的肉”转换而来，更可能是来自同类组合的类推。这与构式词法基于同类组合抽象、概括出图式构式的过程一致。

表 1　“N 肉”相关组合对比

N **动物名**	**N 肉** **动物名 + 肉**	**鸭 N** **鸭 + 部件名**	**N+ 的 + 肉** **动物名 + 的 + 肉**
羊	羊肉		羊的肉
牛	牛肉		牛的肉
鸡	鸡肉		鸡的肉
猪	猪肉		猪的肉
鱼	鱼肉		鱼的肉
狗	狗肉		狗的肉
熊	熊肉		熊的肉
蛇	蛇肉		蛇的肉
鸭	鸭肉	鸭肉	* 鸭的肉
虎	虎肉	鸭脚	* 虎的肉

续 表

N 动物名	N 肉 动物名 + 肉	鸭 N 鸭 + 部件名	N+ 的 + 肉 动物名 + 的 + 肉
兔	兔肉	鸭翅	* 兔的肉
驼	驼肉	鸭嘴	* 驼的肉
豹	豹肉	鸭头	* 豹的肉

之所以可以类比，是因为这些组合蕴含相同的词法模式，属于同一个构词构式（word-formation construction）。构式词法和平行周遍对比都不对比第 2 列和第 4 列，也就是不进行变换操作，也都强调同类组合在形式和意义上的平行性[3]。无论形式还是意义功能上，“羊肉”都更像“鸭肉”，而不是“羊的肉”：二者都是双音节，都指动物的肉，都具有称谓性（命名功能），相当于单个名词。可见研究特定表层形式比推导或转换更能发现相同之处，做出高度的概括（Goldberg 2006：25）。构式分析不仅进行类比，还进行抽象，从第 2 列可以抽象出半图式性构式“$N_{动物名}$+ 肉”，从第 3 列可以抽象出半图式性构式“鸭 +$N_{部件名}$”，二者结合可以进一步抽象出“$N_{1\,动物}$+$N_{2\,部件}$”。也就是说，单项对比对应半图式构式，双向对比对应全图式构式。完整的构式图式表示如下：

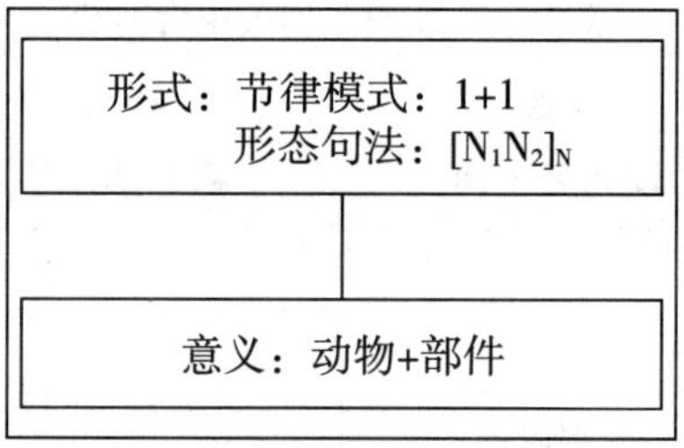

图 1　单项对比与双项对比的构式图示

构式图式是图式性形式 - 意义对，是个整体，每个层面都有自己的图式（Booij 2010：5-11）。可以简写为：

（3）<$[N_1N_2]N$↔ 动物 N_1 的部件 N_2>

如果再与“树枝、树根、树干、树叶、树梢、花蕊、花瓣、衣领、刀刃、屋檐”等形式进行对比，该构式还可以继续往上抽象为“整体 + 部分”，这一词法模式在汉语中非常能产（董秀芳 2009），“整体 + 部分”又是定中复合词构式的次构式。由此可以建立下面的构式层级：

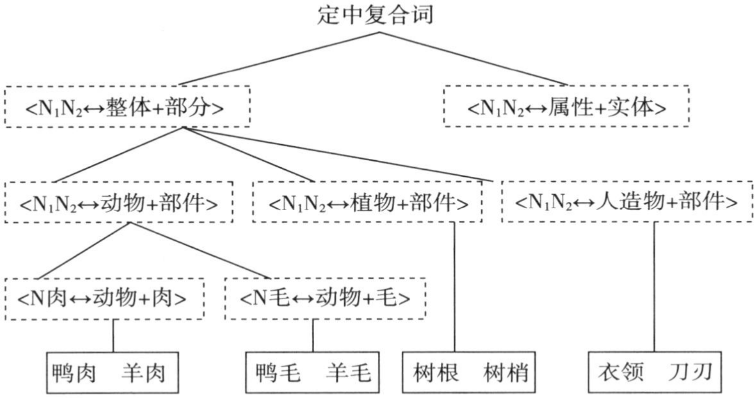

图 2　“鸭肉”所在的层级构式

“鸭肉”是实体构式，是半图式构式“N 肉”、全图式构式“动物 + 部件”“整体 + 部分”以及定中复合词构式的实例（instance），每一层构式都是形式 – 意义对，从下而上越来越抽象。上层构式可能会有不同的次构式，如“动物 + 部件、植物 + 部件、人造物 + 部件”就是“整体 + 部件”的次构式。不同级别的构式之间是承继关系（inheritance），下层构式会从上层抽象构式承继一些特征，同时有自己特有的一些特征。构式实例必须符合上层构式的要求，受到上层构式形式、意义（功能）的制约。单看“鸭肉”，会发现“鸭”指动物，这是从成分本身的概念义做出的概括；若参考上层构式，就会发现“鸭”实际上是表整体。“鸭蛋”中的“鸭”也指动物，却不表整体，而是来源；“鸭蛋”是“鸭下的蛋”，属于“属性 + 实体”构式。两个“鸭”概念义相同，之所以在两个复合词中的语义贡献不同，是因为分属“整体 + 部分”和“属性 + 实体”两个不同的次构式。由此可见，并非语素义组合成词义，词义与成分的概念义有关，还受制于构式义；复合词的分析要从词到语素，需要先确认复合词所属的上层构式才能准确解释词义。从生成的角度看，成分（语素）要满足词法构式的要求才能进入，比如“鸭肉”之所以成立不是因为“鸭”指动物，而是因为可以理解为整体。自上而下的分析是构式词法最显著的特点：强调先构式后成分，先整体后部分；构式选择成分，成分必须满足构式的要求。要准确分析复合词必须在构式层级中定位，参考上层构式义，不能孤立地看复合词。

以往不少研究都已注意到（董秀芳 2004：124；史有为 1992：7-9；宋作艳 2016），“N 肉”内部有差异，“猪肉、鸡肉、羊肉、牛肉”等倾向指食物，“猫肉、狼肉”则不然。也就是说“N 肉”除了命名动物的肉，部分还命名食物，关键在于功用是否凸显。功用凸显就与人类生活密切相关，表现在语言中就是更高频，词感自然更强。从构式角度看，“鸭肉”其实属于两个上层构式，作为部件名，属于“整体 + 部件”，是周遍的；作为食物名，属于“属性 + 实体”，是不周遍的，受制于事物的社会属性——功用。作为食物，“鸭肉”跟“鸭蛋”一样，“鸭”不表整体，而表来源，“鸭肉”指“鸭产的肉”。可以说“你喜欢吃什么肉？——鸭肉、猪肉还是人造肉？”“鸭、猪”与“人造”一样，都说明肉的来源。歧义性进一步说明，复合词的解读不只是基于成分的概念义，还有构式赋予的构式义。“鸭肉”之所以两解，是因为符合两种构式：“整体 + 部件”和“属性 + 实体”。不只是“N 肉”，很多“整体 + 部件”名词都有两解，比如“羊毛、牛皮”也都凸显功用，指材料。

表 1 中的列 1 与列 2 有系统性的形式与意义差别。列 1 中的 N 都是词根语素，有的是自由的，能成词，有的是黏着的，不能成词。“鸭肉、羊肉”的一致性说明无论是“N 肉”还是其上层构式都没有要求成分必须是黏着的或者自由的，只要是词根语素即可，“鸭、羊”都满足上层构式 N 表“动物 / 整体”的要求。“羊”虽然能成词，但在“羊肉”里也不是词，不是独立的句法单位，而是构词成分——语素。只要 N 指动物，就可以说“N 肉”。比如“驼肉”可以，但“骆肉”不行，因为“骆”在现代汉语中是个剩余语素，不对应一个动物的概念。不过人们一般会猜测这是一种自己不知道的叫“骆”的动物的肉，就是参考了词库中的构式“N 肉”，由此可以证明词法构式确实是存在的，而且有助于理解词义。“N 肉”也没有限定音节，所以“骆驼肉、蝙蝠肉、果子狸肉”也都可以说。当然，同属一个词法构式的成员地位并不平等。相似性归因于构式，差异性源于成分的差异（Goldberg 2006：19-44），还与频率有关。比如双音节的“鸭肉”比“鸭子肉”更典型，符合现代汉语词的双音韵律模式。从语素的黏着性上

看“鸭肉”比“羊肉”凝聚性高，但“羊肉”使用的频率更高，二者在BCC多领域语料库中分别出现了833次和12558次。

2.2 派生词的构式分析

派生词都只能满足单项对比，对应半图式词法构式。根据构式词法的观点，词缀不是构式，即不是规约化的形式－意义对，只能依附图式构式，因此不在词库中单独存储，而是存储相关的图式构式。作为词根语素，“第”有独立的概念意义，指“封建社会官僚的住宅”，如“府第、宅第”。但作为词缀，“第”的意义功能对应下列两组词的系统性语义差别：右列是左列基数词对应的序数词。“第”无法脱离词法构式“第X”，人们记住的是这一构式，而不是单独的词缀。

（4）一　　　第一
　　二　　　第二
　　十　　　第十
　　二十一　第二十一
　　一百零一　第一百零一
　　……　　……

事实上，词缀在词典中的释义确实与词、词根语素不同，不是说明概念义，而是说明其搭配成分及其功能或整个组合的意义，大致相当于说明词缀所在的图式构式。如：

【第】前缀，用在整数的数词的前面，表示次序，如第一、第十。

【老】前缀，用于人称、排行次序、某些动植物名：老王｜老三｜老虎｜老玉米。

【子】名词后缀。

a）加在名词性词素后：帽子｜旗子｜桌子｜命根子。

b）加在形容词或动词性词素后：胖子｜矮子｜乱子｜垫子｜掸子。

不过，构式强调形式与意义的配对，要求刻画更完整、全面，说明词缀所在的图式构式的形式和意义（功能）。“老”说明了意义和功能，却没有说明搭配要求；“子”说明了搭配却没说明功能。比如，“老”可以出现在下面三个图式构式中：

（5）<[老 +$N_{单音节姓}$]↔年长者之间亲切的称呼>：老张、老王、老李、老宋……

（6）<[老 +$Num_{“二”以上的整数}$]↔人的排行次序>：老二、老三、老十、老十七……

（7）<[老 +$N_{单音节动物}$]$_{N}$↔动物名称>：老虎、老鼠、老鸦、老鹰、*老鸡、*老鸭、*老鹅

每个构式都是独立的形式－意义对，都有自己的构式要求，“老”的意义和功能取决于在哪个构式中。第一个词法构式的实例是周遍的，符合条件的单音节姓氏都可以进入。单音节姓氏有限，所以实例很多但有限。双音节形式不能进入，如“*老欧阳、*老慕容”。第二个词法构式原则上“二”以上的整数都可以进入，实例是周遍且无限的，不过年龄或地位排行越靠前的越凸显。第三个词法构式的实例平行却不周遍，不能说“*老鸡、*老鸭、*老鹅”；而且是封闭的，已经不再产出，数量有限。“老狐狸、老黄牛”无论是形式还是意义都不满足该构式的要求，不是其实例。“子”的情况有所不同，“X 子”是个词法构式，“子”的功能是使词根语素 X 变成名词（邓盾 2018）。根据 X 的性质，“X 子”可识别出三个不同的次构式：

（8）<[$N_{单}$+ 子]$_{N}$↔某类事物名称>：桌子、椅子、帽子、棋子、旗子

（9）<[$V_{单}$+ 子]$_{N}$↔具有 V 功能的事物或人>：剪子、扇子、盖子、拍子、骗子、探子

（10）<[$A_{单}$+ 子]$_{N}$↔具有特点 A 的人物>：傻子、疯子、瘦子、胖子

“X 子”实例很多，收入词典的有上千个，但不周遍。而且不再能产，也是封闭的。

3 词库的收词问题

在词库中引入承继性的层级结构会引发一个问题：被承继的信息是否只表征一次？（马丁·休伯特 2016：83-85；Masini & Audring 2019）一种观点是完全承继（complete inheritance），对应贫乏词条模型（impoverishedentry model）。根据这一观点，信息只被存储一次，由包含该信息的最具一般性的构式存储，最下层的实体构式（词项）只存储不能从上级节点承继的特异信息。这样，对于规则的词项，只需要存储图式性构式，不需要存储具体实例。比如英语动词的第三人称形式只需要记图式“V-s”就可以，不需要记 walks，thinks 等实例。“鸭肉、羊肉”也不需要记忆，只需要记它们所从属的上层图式构式：<N 肉 ↔ 动物 + 肉 >、<N_1N_2↔ 动物 + 部件 > 和 <N_1N_2↔ 整体 + 部分 >。另一种观点是冗余表征（redundant representations），对应完整词条模型（full-entry model）。该观点认为承继的信息以冗余的方式在所有拥有该信息的构式中被普遍表征，包括作为图式构式实例的实体构式——词项。也就是说，同一信息可以重复记忆。除了记住一般性的图式，人们还记住了这些图式的海量实例。很多心理实验支持合成词（包括规则的形式）也存储在心理词库里。有证据显示，只要出现的频率足够高，即使是完全规则的屈折形式也存储在人类的记忆中（Stemberger & MacWhinney 1988）。完全承继看起来最经济，不过冗余表征更符合语言使用观和语言习得过程：构式库是人们通过语言经验并不断受到语言经验的影响而建立起来的。儿童基于已知的词项抽象出图式构式，在这个过程中并不会把记忆中的个体词的共同信息给剥离出去。构式词法持后一种观点（Booij 2010：3-4；Masini & Audring 2019），认为词库是高容量的，不仅存储不规则的特异形式，还存储词法构式及其实例。词法构式与句法构式的区别之一就是，限制能产性需要知道哪些合成词是实际存在的。比如，词库要列出所有“V-er”图式构式的实例，如*walker，*runner 等，这样才能知道 stander、drowner 是不合法的。

我们同意词库既存储构式图式也存储大量构式实例（词项），包括规则组合。一方面，构式图式与构式实例是互相促动的，图式需要大量实例来强化记忆；记住的实例越多，越容易激活构式图式，加强其表征，使之固着（entrenchment）在人的记忆中。反过来，与构式图式关联的词汇单位词义更透明，词汇地位更稳固（宋作艳 2019）。高类频（type frequency）可以增强构式的图式性和能产性，固化图式构式，这也是为什么一个构式形成最初会大肆扩张，类推出大量低频实例（杨黎黎、汪国胜 2018）。存储的实例越多，相当于提高类频，有利于图式构式的记忆。另一方面，高频组合，即使是规则的，也倾向于作为一个整体存储在人的大脑中。再者，大量收录还可以兼顾差异性。个人生活经验不同，对典型实例的认知也不同，比如“猪肉”和“羊肉”哪个更典型因人而异。大量列出已有实例，还有一个原因：与句法构式不同，词法构式具有命名性。名词是命名事物类的，受制于现实中事物是否存在，不能随意生成。词法构式生成的组合只是潜在的合法形式，但不一定存在。要想知道哪些存在，只能罗列。比如“果汁杯、盐水杯、豆浆杯、汤杯、奶杯、粥杯、稀饭杯”其实是合法的形式，人们即便第一次看到也基本能理解其意思，只要需要就可以启用，但所指事物是否存在不好确定，有的在特定的语境和网络语言中已经存在（陈保亚 2015：358–359）。

不过，大量收录的同时也要考虑经济原则，不是所有构式都要收录全部实例，应该结合周遍性、能产性、频率等区别对待。不同词法构式的周遍性、能产性不同；同一词法构式下的成员也是不平等的，有高频与非高频[4]之分，有典型性与非典型性之分。对于周遍的词法构式，如果实例很有限，如“初 X”，可以全部列出（陈保亚 2015：359–360）。如果实例很多，甚至是无限的，不需要也不可能列出所有成员，只需要列出词法构式和部分实例。不过，除了高频实例，建议适当收入部分不那么高频的实例。因为研究发现，高频形式仅仅固化了实例本身，使之作为整体存储，分析性降低，规约化、独立性强，不利于图式表征（杨黎黎、汪国胜 2018）。有些高频实例甚至引申出其他意思，发展出特异性，比如“第一”引申指“排在最前面的、最重要的”。也就是说，高频形式的示例性不一定强，反而是不那么高频的形式更能唤起图式性构式，强化其表征和记忆。比如“第一”可以增加一些非高频实例。如：

（11）<[第+X 整数数字]↔次序：第 X>：第一、第十、第三十二、第一百零一、第三千五百零一

对于不周遍的词法构式，如果已经不再产出，不能自由生成，是封闭的，要收入所有已有实例，比如“X 子、X 头、老 X 动物”。不周遍但能产的词法构式，建议大量收录。

4 结 语

通过对汉语复合词和派生词的构式分析，我们可以看到，构式视角的合成词研究有如下特点：

1. 基于合成词的表层格式进行对比、概括，而不进行变换。

2. 强调形式与意义的系统性对应关系。指动物部件和食物的“N肉”不只是意义不同，而是不同的形式 – 意义对，分属两个不同的词法构式，一个是周遍的，一个是不周遍的。

3. 强调合成词作为构式的整体性，先构式后成分，先词后语素，不把合成词看成语素的加和。这样对“N肉”的歧义性可以做出更好的解释。歧义是因为分属不同的词法构式，同时启示我们个体词的研究应该放到词法构式网中考察。

4. 强调词缀意义功能取决于所依附的构式，对词法构式有依附性，故在词库中不单独存储，而作为构式的一部分存储。这启示我们，对词缀的解释要注意全面说明形式与意义（功能）的对应关系。

5. 词库是有层级的，存储的是词汇层面的构式，除了不规则的组合，还包括图式构式及其实例，也就说它是具有一定规则性或者完全规则的组合。

词库增容，大量收录规则组合，符合语言使用观和习得过程，有利于加强图式构式的表征和记忆。同时，周遍性、能产性与频率也很重要，需要融入构式词法的研究，作为收词的重要参考因素。

附 注

[1] 相当于汉语中的词根语素，英语的复合词是由两个或两个以上的词组成的，但汉语复合词是由词根组成的，包括成词的词根语素和不成词的黏着词根语素。汉语词根语素有较稳定的形式 – 意义对应关系，而且在古汉语中往往是独立成词的。

[2] 这些短语像词一样具有命名功能，同时允许句法一致性和格指派，反映了词法和句法的连续性（Booij 2010：169−192）。

[3] 陈保亚（2015：357）明确提出“平行条件是跨语音、语法、语义的”。

[4] 这里指“高例频（token frequency）”。

参考文献

陈保亚（1999）：《20 世纪中国语言学方法论》，山东教育出版社，济南。

陈保亚（2015）：《20 世纪中国语言学方法论研究》，商务印书馆，北京。

邓盾（2018）：构词中的语段——以现代汉语后缀“－子”的构词为例，《外语教学与研究》第 6 期，873–884 页。

董秀芳（2004）：《汉语的词库与词法》，北京大学出版社，北京。

董秀芳（2009）：整体与部分关系在汉语词汇系统中的表现及在汉语句法中的突显性，《世界汉语教学》第 4 期，435–441 页。

陆丙甫（1988）：定语的外延性、内涵性和称谓性及其顺序，中国语文杂志社编《语法研究和探索》（四），北京大学出版社，北京，102–115 页。

陆丙甫（1993/2018）：《核心推导语法》(第二版)，上海教育出版社，上海。

陆志韦等（1957）：《汉语的构词法》，科学出版社，北京。

［德］马丁·休伯特（2016）：《构式语法教程——构式语法及其在英语中的应用》，张国华译，北京大学出版社，北京。

史有为（1992）：《呼唤柔性——汉语语法探异》，海南出版社，海口。

宋作艳（2016）：功用义对名词词义与构词的影响——兼论功用义的语言价值与语言学价值，《中国语文》第 1 期，44–57 页。

宋作艳（2019）：从词汇构式化看 A1A2A3 的词汇化与词法化，《世界汉语教学》第 2 期，201–213 页。

完权（2012）：超越区别与描写之争：“的”的认知入场作用，《世界汉语教学》第 2 期，175–187 页。

杨黎黎、汪国胜（2018）：基于使用的语言观下频率对图式构式的建构作用，《语言教学与研究》第 4 期，22–33 页。

张敏（1998）：《认知语言学与汉语名词短语》，中国社会科学出版社，北京。

朱德熙（1982）：《语法讲义》，商务印书馆，北京。

Booij. G. （2009）Lexical Integrity as a Formal Universal：A Constructionist View. In Scalise. S. , E. Magni and A. Bisetto，Ed. , Universals of Language Today，83–100. Dordrecht：Springer.

Booij. G. （2010）Construction Morphology. Oxford：Oxford University Press.

Booij. G. （2018）The Construction of Words：Introduction and Overview. In Booij. G.，Ed.，The Construction of Words：Advances in Construction Morphology，3–16. London：Springer.

Booij. G. and J. Audring（2017）Construction Morphology and the Parallel Architecture of Grammar. Cognitive Science 41（Suppl. 2），277–302.

Goldberg. A. E. （1995）Constructions：A Construction Grammar Approach to Argument Structure. Chicago：Chicago University Press.

Goldberg. A. E. （2006）Constructions at Work：The Nature of Generalization in Language. Oxford：Oxford University Press.

Masini. F. and J. Audring（2019）Construction Morphology. In Masini. F. and J. Audring，Ed.，The Oxford Handbook of Morphological Theory，365–389. Oxford：Oxford University Press.

Stemberger. J. P. and B. MacWhinney（1988）Are Inflected Forms Stored in the Lexicon? In Hammond. M. and M. Noonan Ed.，Theoretical Morphology，101–116. New York：Academic Press.

（宋作艳：100871　北京，北京大学中国语言学研究中心、北京大学中文系 meszy@163. com）

女真语“谋克”音义新考①

傅　林　齐孟远

提　要：本文识别出了契丹小字文献中的“谋克”一词，通过将该词形与女真文字形、汉字音译进行比较，可以得到其确切音形为“məm kha”。在此基础上可以重新考订其词源，其构词方式为女真语数词“百”的古老形式“məm”与契丹语“剋”组成的复合词，字面意思为“百人的军事长官”，与《金史》的释义“百夫长”相合。

关键词：契丹小字　女真语谋克　词源

“猛安”“谋克”制度是金代历史和文化研究的重要课题。“猛安”（千夫长）一词的本义为“千”，学界已经通过历史文献和亲属语言进行了论证（孙伯君 2004：232）。“谋克”（百夫长）一词的本义和词义发展情况，则仍存疑义，其原因在于以往在文献中发现的“谋克”的记录形式，都是非拼音文字（包括女真文和汉字音译），无法获得其清晰的音形，在亲属语言中也找不到有明确语音对应的关系词。

我们在研究金代契丹小字文献《尚食局使墓铭》时识别出了“谋克”一词的拼音形式，这为确定其音形和词源提供了良好的线索。下面先详述契丹小字“谋克”一词的识别过程，然后对该词的各种记录形式进行比较，并对其词源展开新的解释。

---

① 笔者（傅林）于 2003 年拜入陈保亚先生门下读书，至今已经十八年了。十八年的每一天，我都生活在先生用严谨、明晰、新奇创造出的美妙世界中。在恩师六十五寿辰之际，我和我的学生齐孟远谨以此文致贺。本研究得到了教育部人文社科基金青年项目“语言接触对京津冀汉语方言历史演变的影响研究”（项目编号：17YJC740019）的支持。

1　“谋克”（məm xa）一词的识别

金代契丹小字《尚食局使墓志铭》撰写于金大定十五年（公元 1175 年），最初公布时被称为《萧居士墓志铭》（郭添刚等 2009），其墓主为在金朝任尚食局使的契丹人拔里缅思。墓志第十一行到十二行记述了墓主从出仕到金海陵王当政时的任职情况，特别是提到了墓主生前参与弑杀海陵王的经过，具有重要的史料价值，但可惜尚未被学界完整释读。在这一段中，首次出现了“骁骑之谋克”这一官职。

我们先将《尚食局使墓志铭》中与“谋克”有关的重要段落，即第 11—12 行进行整体分析，讨论将其中“[契丹小字]”一词释为“谋克”的理由。为便于语言信息标注，下面将契丹小字原文的行款格式从竖排改为横排，然后依次标注国际音标、词语直译、意译：

（一）第 11 行 18—21 词

[契丹小字]	[契丹小字]	[契丹小字]	[契丹小字]
xai	liŋ-ən	ʧʰur	qœʃ-laɣan
海	陵 - 之	军	发动 - 使
海陵兴兵			

这里的首词，即原文第 18 词“[契丹小字]”，在其他契丹小字文献中经常用于常见契丹人名“[契丹小字]”（xail）“[契丹小字]”（xailin）的拼写，后者为前者附加词缀“-in”的形式。这一人名的汉语音译也常见于文献，有“海里、孩里、谐里、解里”“谐领、解领”等。由于第二个原字“[契丹小字]”的音值已经明确为“il”，所以可以确定地识别出汉字“海、孩、谐、解”所音译的原字就是“[契丹小字]”。“海、孩”为中古蟹摄开口一等字，“谐、解”为蟹摄开口二等字，辽代汉语中音值为“xai”“xɐi”（傅林 2019：187-188），音值非常接近，所以原字“[契丹小字]”的音值应为“xai”或“xɐi”，而考虑到“[契丹小字]”在韵文中可以与“[契丹小字]”（ai）押韵（刘凤翥 2014：956），应该将其音值确定为“xai”。

第19词“[illegible]”中的词干“[illegible]”，通常用于汉字音的拼写，学界早已将其音值考定为“liŋ”（清格尔泰等1985：81）。这样就与前一字组合成了明显为汉字音的“xai liŋ”，根据文意，即该墓志下文第12行提到“跟随骁骑指挥使王祥等人决大事”“大定二年”等内容，正是《金史》所载海陵王遇弑的关键信息，可知该词应为“海陵”，即金海陵王完颜亮。

第20词的字形，清格尔泰等（2017：1437）摹写为“[illegible]”，但经我们仔细辨认拓本照片后，认为应订正为“[illegible]”。订正后的词形“[illegible]”多见于其他文献，其意义已经被学界考定为“军”（即实1996：175）。

第21词的词干为“[illegible]”，后加使动标记。该词干常见于契丹小字文献，通过对比其他文献，可知其语义为“发动”，如契丹小字《道宗哀册》第6行（刘凤翥2014：878）提到“[illegible]”意思是“乾统元年四月十日庚子再次发动（起灵）”，契丹小字《许王墓志》第22行（刘凤翥2014：933）提到“[illegible]”，意思是“乾亨时，赵皇（宋朝）发兵入境”。

综上，这一句子标示了后文所述事件的时间和背景。根据《金史》（卷五·本纪第五），金海陵王在正隆六年（公元1161年）大举发兵攻宋，并在前线遇弑。这一年，《尚食局使墓志铭》的墓主拔里缅思31岁，加入了攻宋的军队。

（二）第11行22—30词

[illegible]	[illegible]	[illegible]	[illegible]	[illegible]	[illegible]	[illegible]	[illegible]	[illegible]
#	tɔr	araɣa	qut	mɘŋ	qʊ-n	ɔluqu-t	sɔn-laɣa-i	ui-i
天	下	?	三	千	人-之	聚会？-于	知晓-使	?

因为字形漫漶等原因，这一句的全部句意还不能通顺地释读出来，但可看出大致意思为墓主尚食局使拔里缅思在战时被授予官职，而下文则是该官职的名称。

第 28 词的第一个原字，刘凤翥（2014）和清格尔泰等（2017）都摹写为“[illegible]”，经核对原墓志拓片照片后，我们认为应订正为“[illegible]”。

第 29 词的词干是“[illegible]”（sɔn），其语义是根据文意和契丹语的亲属语言蒙古[illegible]语推断的，蒙古语和契丹语的“s”“ɔ”“n”三个音素都有对应关系，且音值相同。蒙古语以该音节做开头的词语有“听”（sonosol）和“songaɣoxu”（选拔、选举），[1] 这两个词从语义看都可以适应目前对本句文意的理解，我们暂取前者，认为是由“听”引申出的“知晓”的意思。

（三）第 11 行 52—57 词

[illegible]	[illegible]	[illegible]	[illegible]	[illegible]	[illegible]
kɛu	ki-ən	məm	kha	#	ɔ-ɔi
骁	骑 - 之	谋	克	假?	授
授骁骑之谋克					

这一句中，“骁骑”已经为即实（2012：332）所解读，值得一提的是“骁”字中古音为见母，契丹小字的记音符合中古音的类别，说明辽代汉语“骁”字还没有出现后世归入擦音的声母类别。《金史》明确记载了“骁骑”的设置情况：“(正隆）五年，罢亲军司，以所掌付大兴府，置左右骁骑，所谓从驾军也。”(《金史》卷四十四）时间正是在海陵王统治的末期。

“骁骑”一词带有领格词缀“-ən”，这说明后面的官职属于骁骑部队。从《金史》的记载看，骁骑设有的官职有“指挥使”“都指挥使”“都副指挥使”“万户”，《尚食局使墓志铭》的后文第 12 行出现了其中“指挥使”的契丹小字形式“[illegible]”。“骁骑”后面的官职，其语音形式“məm kha”与上述名称都不对应，而与“谋克”的早期汉字音译“毛毛可”（*mumu kha）的音值相当接近。这提示我们，该官职为金代军队组织中基本的组成单位“猛安、谋克”中的“谋克”。与上述“指挥使”等官职相比，“谋克”的职级较低，这可能是后文第 13 行说墓志主人尚食局使拔里缅思在弑杀海陵王的事件中的角色是“随众参与”的原因。《金史》对海陵王遇弑的记载中未提到拔里缅思，不过海陵遇弑事件的主谋是耶律元宜（被金朝赐姓完颜），而元宜之子习涅阿补正是《尚食局使墓志铭》的作者，这显示出尚食局使拔里缅思作为契丹人，与契丹人重臣耶律元宜之间有着很紧密的关系。

2 “谋克”的音值讨论

在识别出契丹小字中的“谋克”一词后，我们可以对该词的准确语音形式展开探讨。这是因为以往对该词的记音中，不管是女真文还是汉字音译，都不是对语音的直接记录，无法还原出女真语的准确初始状态。

下面先分别对契丹小字、女真文、汉字音译三种方式对“谋克”的记录进行分析。

（1）契丹小字

契丹小字的记音形式为“[契丹小字]”。首先我们可以确认这是由两个音节组成的，与早期汉语音译形式“毛毛可”以及女真文的汉语逐字音译形式“谋・木・可”的三音节形式不同，而与后来较为通行的音译“谋克”音节数相同。

在构成其词形的三个原字中，首字“[契丹小字]”在记录汉字音时，一般作声母，如用来记录“马（[契丹小字]）、孟（[契丹小字]）、密（[契丹小字]）”等字的声母，这是一个表示音素 [m] 的原字（傅林 2019：53）。第二个原字“[契丹小字]”在记录汉字音时通常用作韵母，如记录“沈、金”等（傅林 2019：204）。前两个原字组成一个音节 [məm]。

第三个原字拼写汉字音时，常对应中古溪母和晓母字的声母，这反映出契丹语中“kh”和“x”是并不对立的音素（傅林 2019：101）。该原字还可以单独使用，用来音译汉字“可”。[2] 再参考傅林（2019：179–185）对辽代汉语果摄字元音的构拟，该原字的音值可非常确定地定为“kha/xa”，两种值为自由变体。

综上，契丹小字记录的“谋克”一词的语音形式为 [məm xa]。

（2）女真文形式和汉字音译

传世的女真文字非拼音文字，其字音需要由汉字音译和亲属语言来推证，因此我们将“谋克”一词的汉字音译和女真文形式一起讨论。金启孮《女真文辞典》（1984：106）列举了该词的各种女真文形式和部分汉字音译，我们通过查检宋金文献，增加“毛可”（《三朝北盟会编》卷二百一），这些形式是：

女真文：	**光 文 去，光 文 臭，光 文 宎**
汉字音译：	1. 毛毛可，毛可，谋克 2. 谋木忽厄，谋木黑，谋木革

先分析汉字音译的形式。我们将这些译音分成两类，上面第 1 类是宋金时代汉语对女真语的直接音译，第 2 类是金启孮在《女真文辞典》用《女真译语》注音材料对女真文进行的逐字音译。

通过汉字音译来还原女真语的原始音值是较为困难的。首先是通常无法确定创制某一音译形式的汉语者的语言背景，造成汉字音本身无法准确还原。其次是汉字对应的语音单位是音节，经常会出现用音节来对应其他语言的音素的情况（傅林 2019：260–262）。如果直接用汉字音来表示原始音值，就会增加原始音值中本来没有的音素。不过，我们可以通过比较多种资料并参考语言接触的一般规律来尝试克服这些困难。就“谋克”一词来说，其汉译者的语言背景应大致不出宋金时代的北方汉语，因此我们用辽代汉语和宋代汉语的音值来加以对照比较。辽代汉语音值主要取自从契丹小字记音中所得音系，部分字采自辽代汉语韵文。宋代汉语音值取自王力《汉语语音史》（1987：320–377），下面列出相应译音的汉字音值：

表 1　“谋克”一词所用音译汉字在辽代和宋代的音值

汉字	辽代汉语	宋代北方汉语
毛毛可	mu mu kha	mau mau khɔ
毛可	mu kha	mau khɔ
谋克	məukhəi	məu khəʔ

先来看“毛”和“谋”字。辽代汉语的一个重要的音系特点就是中古效摄开

口一等唇音字变同遇摄，如“保 pu= 部 pu ”，[3]“毛 mu= 墓 mu ”，[4]这和宋代北方汉语形成了鲜明的区别。契丹小字文献中未发现拼写汉字“谋”的形式，其辽代汉语形式拟为“ məu ”，主要是根据其在辽代汉语韵文中的押韵情况：在汉字《钦哀皇后哀册》的铭文（刘凤翥 2009：147）中，“谋”与“秋”押韵，而后者的契丹小字拼写的韵母为“ iəu ”，证明“谋”应为“ məu ”。[5]

再来看“可”和“克”字。“可”字音值见于契丹小字拼写，上文已述。契丹小字中未发现“克”字的拼写，但其同韵字“德”“特”（均音“ təi ”）较常出现，因此其音值应为“ khəi ”。这和后代方言的类别也一致。

这些汉字音译显然分为两派，一类是“毛毛可”“毛可”，另一类是“谋克”。这两类音译的性质差异以及“谋克”后来成为主要译名的原因下文详述。

另一个关键的问题是“毛毛可”与其他音译在音节数量上的差异如何解释。由于女真文该词的词形用了三个字，所以金启孮（1984：106）认为“毛毛可”才是对女真语最接近的音译，他对女真文词形也采取了逐字注音的方法：

表 2　女真文“谋克”的各种写法及逐字注音

类别		女真文及其逐字注音		
形式 1	女真字	[illegible]	[illegible]	[illegible]
	汉字	谋	木	革
形式 2	女真字	[illegible]	[illegible]	[illegible]
	汉字	谋	木	黑
形式 3	女真字	[illegible]	[illegible]	[illegible]
	汉字	谋	木	忽厄

这里用来逐字注音的汉字，其来源是不同的，“谋”字来源于金代汉语史籍中的“谋克”，而“木”“革”“黑”“忽厄”来源于明代《女真译语》对女真字的注音。金启孮（1984：106）根据这些汉字构拟出了“谋克”一词的音值：

形式 1：[illegible] 谋木革 mou mu gə

形式 2：[illegible] 谋木黑 mou mu xə

形式 3：[illegible] 谋木忽厄 mou mu xu wə

金启孮虽然指明《女真译语》的汉字注音为明初通女真文字的人所注，但在拟音时并未论证所用汉字音的依据。他最终将“谋克”的音值定为 mou mu xuwə 或 mou mu kuwə，并且认为《三朝北盟会编》的“毛毛可”接近原音，《金史》的“谋克”略掉了中间的音节“ mu ”。我们认为实际情况并非如此。首先，女真文字使用两个字标音时，并不意味着实际音值是两个音节。爱新觉罗・乌拉熙春（2002：306）就指出女真文在拼写“ –m ”结尾的音节时，会使用单独的音节字去表现节尾辅音“ –m ”，如 舍攵 币ʃamka，《女真译语》的汉字注音是“沙木哈”。用来表现第一个音节“ –m ”尾的，正是“谋克”一词中的第二个字“ 攵 ”。爱新觉罗・乌拉熙春（2004：92）即将“谋克”的女真文形式拟音为“ mɵmkə ”。这一点明确之后，“谋克”的其他记音形式均可理解了，即女真语原始音值应为两音节，前一个音节是以“ m ”结尾的，这和契丹小字的记音形式完全一致。女真文之所以用两个字来表示这一个音节，必然是因为女真字并没有为这一音节制作单独的字形，不得不用两个音节字来拼写出含有“ m ”尾的闭音节。

宋金时代的汉字音译“毛毛可”中的“毛毛”与女真文的标音方式类似，后一个“毛”也是意在表现目标音节的韵尾“ m ”。汉语之所以用这样的办法音译，是因为汉语本身当时虽然有“ m ”尾韵，但并没有表示“ məm ”音节的字（汉语带有“ m ”尾的深摄没有明母字，咸摄明母只有“鋄 嫎戭”等极罕用字），也只好用多音节来对译单音节。类似的情况在汉语音译其他语言的类似音节时非常常见，如现代汉语音译英语人名“ Maugham ”（音值为“ mɔːm ”）时，目标音值是单音节，但汉语用“毛姆”，其中“姆”就是表现的目标音值中的节尾“ m ”。

汉语用“谋”（məu）来对译“ məm ”，则是另一种策略，即在没有贴切音节的情况下，采用音值最接近的单个音节来对应。

下面看第二个音节：

契丹小字音值：kha/xa（金《尚食局使墓志铭》）

汉译音值 1：可，kha（辽代音），khɔ（宋代音）（南宋《三朝北盟会编》）

汉译音值 2：克，khei（辽代音），khəʔ（宋代音）（《金史》）

汉译音值 3：革，ke；黑，xe；忽厄，xue（明《女真译语》汉字注音）[6]

明代汉字音距离辽金宋时代较远，暂不论。辽金宋时代存在“可”“克”的异译。对这种情况，可能的解释是：女真语原始音值在契丹语和汉语中都缺乏贴切的对应形式，契丹语者和操不同口音的汉语者分别选用了各自认为最接近的形式进行了音译，而明代的记音可能反映了该词在几百年间的语音演变。考虑到契丹小字在记音准确性上高于汉字记音，我们暂将第二个音节的音值定为“ kha ”。

综合上述讨论，我们将女真语“谋克”一词的拟音，最终确定为“ məm kha ”。需要强调的是，这一音值是经过综合分析契丹小字记音、女真文和汉字音译推定的，并不是直接移用契丹小字的记音。在汉字音译中，“谋克”逐渐固定为主要形式，“毛毛可”“毛可”（“毛可”应只是“毛毛可”的简略写法）被弃用，其原因可能是“谋克”比“毛毛可”更为雅驯，并且“谋克”的双音节形式与经常并举的“猛安”的音节数量一致。

3 词源新考

在重新厘定了“谋克”（məm kha）一词的语音形式后，其词源也可以得到新的阐释。“谋克”一词的语义，《金史》明载为“百夫长”，与表示“千夫长”的“猛安”相应。后世对“谋克”的词源有很多考订，有“穆昆”“墨由克”等说法。其词源被重视的原因，可能在于从其词形难以像“猛安”（语义为“千”，且在亲属语言中存在对应）那样看出构词理据。

《满洲源流考》（2016：389）认为“谋克”即满语“穆昆”，释为“族长”。《钦定金史国语解》（卷六）则释为“族”。按“穆昆”（mukun）语音和“谋克”有不小差距，并且从现代语言学的角度看，没有平行的例证能验证从“ məm kha ”到“穆昆”（mukun）的语音演变。王可宾（1990：21）认为“谋克”与鄂伦春语“莫昆”对应，也存在同样的问题。

孙伯君（2004：235）提出《辽史》所见“抹鹘”（瓦里司官名，《金史》称“么忽”）为“谋克”之源。但是“抹鹘”的辽代汉语音值为“ mɔxu ”，与“谋克”的音值差别较大，也很难建立与“ məm kha ”的语音对应关系。

我们认为“谋克”的词源可以从其语音形式“ məm kha ”中得到新的启示。该词形在契丹小字中分为两部分，与“猛安”（[illegible]，mɐŋan）的合拼式不同，显示出契丹小字作者能够认知到其构词方式。其第二个音节“ kha ”（克）

应该是一个有独立意义的语素。其实《辽史》中记载了与“kha”（克）的汉字音译完全同音的一个军事官长名词“剋”，“剋”的意思是“官名”，《辽史·国语解》多次提到相关词语，如“北剋、南剋，掌军官名，犹汉南北军之职”“三剋，统军官，犹云三帅也”“国舅帐剋，官制有大国舅帐，此则本帐下掌兵之官”“遥辇剋，遥辇帐下掌兵官”。显然，“剋”与“谋克”的意义接近。“谋克”实际上是由限定词“mәm”加上“剋”构成的一个复合词。王可宾（1990：21）指出，“谋克”虽然多与“猛安”并提，且构成层级差别，但实际上“谋克”早出，是女真社会基本的官职名称，“猛安”本是“猛安谋克”（千户谋克）的简称。这一事实与我们对“谋克”的词源解读是一致的。

下面来分析“谋克”（mәm kha）中的限定成分“mәm”，该词对应的契丹小字拼写“又企”在文献中也与其他词组合，并多次出现。清格尔泰等（1985：545）将其释为“银”，但未见相应理据，可能是考虑到其与蒙古语“银”（moŋgo）音近。从“又企”的其他用例看，它们与“谋克”的意义无关，这说明“mәm”应为女真语而非契丹语。爱新觉罗·乌拉熙春（2004：92）曾推断“谋克”的词源可能为女真语中“百”的原始形式，并与日语“百”（momo）同源。我们认为此说可信，因为如果“谋克”（mәm kha）中的限定语“mәm”语义为“百”，则全词结构为“百＋剋”，即“百＋军事长官名”，与金代人对该词的语义认知“百夫长”就吻合了。清代《满洲源流考》等著作认为其与“穆昆”（族）同源，应该是因为当时满－通古斯语族诸语言中的“百”已没有“mәm”之类形式。女真语的“百”如果和日语同源，该词形也许和历史上与两种语言都有接触的古高句丽语有关，这一点需要今后在更多材料基础上加以论证。

4 结 论

综上所述，辽金时代女真人的重要官职名称“谋克”实际为复合词，语音形式为“mәm kha”。其中心语“kha”为契丹语，与《辽史》中的“剋”为同一词，语义为军事官长。其限定语“mәm”语义为“百”，该词或为女真语数词“百”的古老形式，或为女真语从东北地区历史上某一强势语言借入的，这一强势语言和日语也有同样的接触关系。

附 注

[1] 见《蒙汉词典》，内蒙古大学蒙古学研究院蒙古语文研究所编，内蒙古大学出版社 1999 年版，第 936–937 页。

[2] 在契丹小字《耶律仁先墓志》第 7 行和《耶律智先墓志》第 11 行，该原字均用于人名“可汗奴”中“可”的整个音节的拼写。

[3] 这里不计声调的差别。“保”和“部”的契丹小字拼写形式一致，而后代方言和辽代韵文也支持这一合并，详见傅林（2017）。

[4] 这里不计声调的差别。契丹小字中对汉字“墓”“毛”和通摄三等入声字“睦”的拼写相同，但因为使用了音节字而无法直接得到韵母音形。考虑到声母同部位字“保”“部”以及后代方言的演化类别，其韵母应为 u。

[5] 辽代韵文押韵体系一般与《切韵》系统一致，与口语音值差别很大，但《钦哀皇后哀册》的铭文中出现效摄见系字“乐”（五教切）与流摄字“休”押韵的情况，与契丹小字所拼汉字音一致（效摄见系字“昊”，与流摄字“后”拼写相同），因此《钦哀皇后哀册》铭文押韵反映的是辽代汉语音值，可据之拟出“谋”的实际音值。

[6] 这里明代的汉字音采用王力《汉语语音史》（1987：495）的拟音。

参考文献

爱新觉罗·乌拉熙春（2002）：《女真语言文字新研究》，明善堂，日本。

爱新觉罗·乌拉熙春（2004）：《契丹语言文字研究》，东亚历史文化研究会，日本。

傅林（2017）：辽代汉语与河北方言语音层次的形成，《河北大学学报（哲学社会科学版）》第 4 期，31–41 页。

傅林（2019）：《契丹语和辽代汉语及其接触研究》，商务印书馆，北京。

郭添刚、崔嵩、王义、刘凤翥（2009）：契丹小字金代《萧居士墓志铭》考释，《文史》第 1 期，227–244 页。

即实（1996）：《谜林问径——契丹小字解读新程》，辽宁民族出版社，沈阳。

即实（2012）：《谜田耕耘：契丹小字解读续》，辽宁民族出版社，沈阳。

金启孮（1984）：《女真文辞典》，文物出版社，北京。

刘凤翥（2009）：《辽上京地区出土的辽代碑刻汇辑》，社会科学文献出版社，北京。

刘凤翥（2014）：《契丹文字研究类编》，中华书局，北京。

内蒙古大学蒙古学研究院蒙古语文研究所（1999）：《蒙汉词典》，内蒙古大学出版社，呼和浩特。

清格尔泰、刘凤翥、陈乃雄、于宝林、邢复礼（1985）：《契丹小字研究》，中国社会科学出版社，北京。

清格尔泰、吴英喆、吉如何（2017）：《契丹小字再研究》，内蒙古大学出版社，呼和浩特。

孙伯君（2004）：《金代女真语》，辽宁民族出版社，沈阳。

王可宾（1990）：辽代女真官制考略，《史学集刊》第4期，19–25页，66页。

王力（1987）：《汉语语音史》，《王力文集》第10卷，山东教育出版社，济南。

引书目录

（宋）徐梦莘《三朝北盟会编》卷二百一，上海古籍出版社，上海，2019。

（元）脱脱《辽史》，点校本二十四史修订本，中华书局，北京，2016。

（元）脱脱《金史》，点校本二十四史修订本，中华书局，北京，2020。

（清）阿桂《满洲源流史》，孙文良、陆玉华点校，中国国际广播出版社，北京，2016。

《钦定金史国语解》，文渊阁四库全书本。

（傅林：071000　保定，河北大学雄安传统文化研究中心、河北大学文学院 fulinnewmail@sina. com

齐孟远：071000　保定，河北大学文学院 872424973@qq. com）

从汉语越南语关系语素看古代汉越语言接触

咸蔓雪

提　要：汉语和越南语在历史上经历了长期的语言接触，汉语对越南语产生了深刻的影响。本文基于汉语越南语关系语素层次分析的结果，运用陈保亚语言接触模型，对古代汉越语言接触进行描写和分析。本文从语言接触的角度观察不同历史时期汉越语关系语素的语音演变及其与中古汉语音系的对应关系，可发现在古代汉越语言接触中存在着音系匹配、再匹配、语音借贷和词汇借贷等现象。同时，汉越语言接触也呈现出复杂性，深入考察汉越语言接触可为语言接触机制研究提供更多材料和启示。我们无法完全复原古代汉越语言接触的细节，但运用当代语言接触模型对研究古代语言接触具有重要的借鉴意义。

关键词：语言接触　越南语　汉越语　语音演变

汉语和越南语之间有着漫长的接触历史，最早可追溯至《诗经》时代甚至更早。直至今天，越南语仍在不断从汉语中借入新词，语言接触仍在发生。汉越语言接触的结果，不仅是越南语借入了大量的汉语词汇，不同历史时期的汉语字音也在越南语中留下了痕迹，汉越音就是最重要的结果。此外，越南语中还有大批非汉越音的汉语借词。我们把不同时期进入越南语的单音节汉源语素通称为"汉语越南语关系语素"（以下简称"汉越语关系语素"或"关系语素"）。通过对汉越语关系语素与中古汉语音系进行系统的语音对比分析，可以厘清关系语素的历史层次，即借入年代。我们按照声韵调完全对应的原则，确定了3938个汉语越南语关系语素，并对其进行了系统的历史层次分析，把这些关系语素归入上古、中古前期、中古后期和近代以后四个层次，分别对应先秦至两汉、东汉末年至隋唐前期、中唐至五代、宋代以后这四个历史时期，由此可以勾勒出汉越古代语言接触的基本轮廓（咸蔓雪 2016）。

我们分析了汉越语关系语素的语音演变过程，可见古代汉语字音借入到越南语之后，经历了各种演变，形成了我们今天所看到的面貌。结合此前阮才谨

（Nguyễn Tài Cẩn 1979/2004；1995/1997）、陈智睿（Trần Trí Dõi 2005）等关于汉越音、越语语音史的研究成果，可以看到关系语素的语音演变过程与越南语的音系演变过程相关。在过去的研究中，学界多使用王力（1948/1991：460-587）先生提出的“古汉越语”“汉越语”和“汉语越化”来对越南语中的汉源词汇进行分类，其中“汉语越化”被认为是从汉越语进一步演变而来。而我们经过研究发现，在汉越语言接触过程中，不仅是“汉语越化”发生了，“古汉越语”和“汉越语”（即汉越音）也经历了越化过程以适应越南语音系的发展。

陈保亚师在《论语言接触与语言联盟》（1996：139）中指出，语言接触的根本目标“都是指向同构，使接触双方的语言结构相互协调，所以我们把接触理解为互协过程”。汉越语言接触过程时间跨度长达两千余年，两种语言如何实现“互协”？本文从语言接触的视角，从汉越语关系语素的语音演变入手，分析语言接触模型在古代汉越语言接触中的表现，以期为语言接触机制的研究提供更多的材料和依据。

1 古代汉越语言接触的阶段划分

陈保亚指出，语言接触可以分为自然接触和非自然接触。自然接触是指在同一空间不同语言的相互接触，其显著的特点是：1. 两个语言群体在同一空间展开接触；2. 第二语言的获得主要通过口语在生活中自然展开，不需要专门训练；3. 口语学习先于文本学习，双语者在有机会接触第二语言的文本以前，已经在口语层面获得了第二语言的基本规则和基本词汇。非自然接触与此不同，其特点是：1. 两个语言群体通常不是在同一空间展开接触，而是由部分人到异地学习或传授第二语言；2. 第二语言的获得是刻意学习的结果，或者经过专门训练；3. 书面语学习先于口语学习，第二语言学习过程首先是通过学习在文本上的文字和文献展开的（陈保亚 2007：3-4）。

汉语和越南语的语言接触过程也经历了不同的接触阶段。按照语言接触的类型，结合古代汉越语言文字和文化交流历史，我们以公元 10 世纪越南建立自主封建国家为界，把古代汉越语言接触分为自然接触和非自然接触两个阶段。

汉越之间的交流，有信史可考者始于公元前 214 年秦设岭南三郡。从秦汉时期开始，史书中多有中原徙民、士人南迁至交趾地区，与当地居民杂居的记载。从两汉到隋唐近千年间，今越南北部和中部地区一直在中央王朝的有效管辖之下，在政治、经济、教育、文化等方面全面接受了汉文化，汉语为当地的官方语言和通用语言，汉字为唯一使用的文字。在这样的背景下，汉语与早期越南语（或越南语的祖语）自然会发生接触，这种接触与今天汉语在中国境内的少数民族聚居区与民族语言发生的接触应该是相似的，我们认为是一种自然接触。在古代交趾－安南地区，存在大批的双语人群；越族先民在自然交往中掌握汉语，同时也不排除部分汉人掌握了当地越人的语言。汉语和越南语口语接触和文本接触同时发生，两种语言之间是一种自然接触的状态。

公元 10 世纪越南建立自主封建政权之后，越南语进入新的发展时期。随着越南民族意识的提升而开始自主发展，汉语与越南语的接触也进入新的阶段。汉字在相当长的时间内仍作为越南的官方文字而使用，但由于越南语地位的提升，汉语在越南民间的使用范围缩小，多用于书面语，越南语逐渐上升为民间日常交际语言。当时的越南社会存在书面语和口语分离的现象。根据阮才谨（Nguyễn Tài Cẩn 1998：8）的研究，在公元 8-9 世纪，越南社会使用的语言是汉语和越南语，汉语还在口语中使用；而到了 10 世纪后，口语语言（日常交际用语）只有越南语，汉语文言文变为书面语。也就是说，越南社会在 10 世纪前后发生了语言替换，汉语地位下降，越南语地位不断上升。越南社会仍有少数文人和上层官员是双语者，但双语者的数量有限。中原汉语与越南语的接触通过文献翻译、信函往来、少量人员往来等手段继续进行。我们认为，这时汉语与越南语的接触已经是一种非自然接触的状态。

我们在此前的研究中对汉越语关系语素进行了历史层次分析，考察了关系语素与中古汉语之间的语音对应关系，解释了关系语素读音的形成过程。分析可见，从借入时的汉语字音到今天我们所看到的读音，中间经历了复杂的演变过程。我们可以从关系语素的语音演变过程及其与汉语音系的对应格局，去观察古代汉越语言接触的具体面貌。

2 汉越自然语言接触

汉越语关系语素来源于古代越南人所说的汉语，按照语言接触理论（陈保亚 1996），称为“越汉语”可能更恰当，即当地越族人（或其先民）所说的汉语，其本质仍是汉语在古代越南形成的一种汉语方言。[1]我们可以想象，在古代的交趾－安南地区，这种“越汉语”具有一定的交际功能，是可使用的语言。随着汉语退出越南的历史舞台，越南语作为国家通用语言地位的提升，越汉语逐渐失去活力，但其字音和词汇得以保留下来，并不断发展变化，形成了今天的汉越音和汉越词，以及一批非汉越音的关系语素，共同成为越南语中不可或缺的重要组成部分。

2.1 汉越早期语言接触

本文所说的汉越早期语言接触，对应汉越语关系语素的上古和中古前期层次，是相较于此后中晚唐汉越接触高峰而言。从数量分布看，上古层次一共有 386 个关系语素，其中汉越音语素 37 个；中古前期层次 772 个关系语素，其中汉越音语素 256 个。

此前的研究中一般认为，汉语和越南语在汉越音系之前的接触是零星的、不成系统的，一个重要的理由就是“古汉越语”的数量不多，越南学者王禄是此前唯一明确提出过古汉越语数量的学者，提到的古汉越语数量是 332 个（Vương Lộc 1986：69），这一结果远远少于我们所确定的早期层次关系语素。但我们的研究结果显示，汉语和越南语在早期的接触，可能并不如原来想象的那样零星。

汉越语关系语素上古层次对应的是先秦至两汉时期，当时与汉语发生接触的是原始越芒语（越芒语是越南语的直接祖语），到中古前期（东汉末年至隋唐早期）演变为越芒语。[2]最初与汉语发生接触的原始越芒语可能是无声调语言，在与汉语接触之后，公元前后开始产生声调。在中央封建王朝对交趾地区实行有效管辖后，随着驻军、徙民、各种教育制度的建立以及其他文化交流，汉语汉字开始输入当地，汉语与当地语言的接触是一种自然接触。在接触的早期，当地汉人不多，汉语对当地语言的影响也没那么大。但从东汉末年开始，随着中原士民大批南下避乱，交趾地区文教迅速发展，汉语汉字在当地开始广泛传播。这一时期的接触留下的关系语素数量不多，可能是在后来漫长的语言发展中被消磨、湮没，或者是被晚期接触层次带来的新的语音形式所覆盖。

不过，即便关系语素数量较少，通过全面的语音对应考察，我们依旧可以看出这一层次的关系语素显示出系统对应的痕迹。虽然早期层次不像中古后期层次（以汉越音语素为主体）那样与中古汉语形成严整的对应，每一个汉字都可以有对应的汉越读音，中古汉语的每一个调类、声母和韵部都可以在汉越音中找到对应形式（有的还是一对二 / 一对多的有条件分化），但通过对汉越语关系语素的全面层次分析，我们仍可看到早期层次中与汉语形成的系统对应。例如，上古层次的关系语素中，韵母显示阴声韵、阳声韵和入声韵相配的格局与上古汉语形成对应；中古前期的关系语素中，声调也显示了演变中的越芒语在三调系统时期与汉语发生接触后形成的对应格局。我们以声调对应格局来分析汉越语关系语素的早期层次所反映的语言接触。

在汉越语关系语素中，汉越音声调与中古汉语四声八调系统形成整齐的对应，即：横声 — 阴平，玄声 — 阳平，问声 — 阴上，跌声 — 阳上，锐声 — 阴去，重声 — 阳去，锐入 — 阴入，重入 — 阳入。[3] 此外，阳上调还存在一批读入 6 调（即阳去）的对应，对照汉语语音史的演变，我们可以确定汉越音中“阳上 —6 调”的对应体现了中古汉语“浊上变去”这一历史音变．因此，在我们确定的中古后期层次中，“阳上 —4 调 /6 调”的对应都被归入汉越语关系语素中古后期层次，以声母的全浊或次浊作为分化条件。（咸蔓雪 2016：40-42）

与此同时，我们还观察到另外一种声调对应格局：汉语上声读入越南语 5 调 /6 调，去声读入 3 调 /4 调，即上声和去声出现了交叉对应，主要体现在非汉越音关系语素中。例如：

阴上读入 5 调：板 van5，补 va5，斧 bua5，点 đêm5，赌 đô5，井 giêng5，纸 giây5，主 chua5，种 giông5，假 gia5，减 kem5，拣 ken5，婶 thim5，伞 tan5，苦 kho5，可 kha5，醜 xâu5。

阳上读入 6 调：待 đơi6，舅 câu6，重 chuông6，受 chiu6，市 chơ6，限 hen6，户 ho6，似 tưa6，冷 lanh6，猛 manh6，染 nhuôm6，忍 nhin6，晚 muôn6，网 mang6，养 dương6。

初看之下，阳上读入 6 调似乎可以解释为浊上变去的影响，但仔细观察，在这些读入 6 调的非汉越音关系语素中有一批次浊字，而中古汉语的浊上变去只在全浊字中发生；而且，汉语的阴上字并没有变为去声，而我们还看到了阴上读入 5 调（阴去）的对应。因此，从中古汉语的浊上变去无法解释这两组对应的成因。我们再进一步扩大考察范围，发现在非汉越音关系语素中还存在去声读入 3 调和 4 调的对应，例如：

阴去读入 3 调：报 bao3，岁 tuôi3，婿 rê3，试 thư3，嫁 ga3，寄 gưi3，去 khư3，慰 uy3。

阳去读入 4 调：暴 bao4，箸 đua4，字 chư4，画 ve4，易 dê4，利 lai4。

也就是说，在非汉越音关系语素中，出现了上声和去声交叉对应的情况。对比越南语声调演变的过程，我们认为这种格局是汉越早期接触的结果。欧德利古尔（Haudricourt）在 1954 年《越南语声调的起源》一文中提出，可以假定越南语原始时期是一种没有声调的南亚语，之后逐渐演变为三个声调，再到六个调。（A. G. 欧德利古尔 1986：94）根据 Haudricourt 的研究结果，我们把越南语声调的产生和演变过程表示如下：

公元初年		6世纪		10世纪
		平调	⟶	1调（高平）/2调（低平）
无声调	⟶	降调	⟶	3调（高曲折）/4调（低曲折）
		升降	⟶	5调（高升）/6调（低降）

图 1　越南语声调的产生和演变

从图 1 可见，从公元初年到 6 世纪，越芒语（越南语的祖语）处于声调形成的初期，逐渐形成了三调格局，包括平、升、降三种调型；从 6 世纪前后进入三调系统向六调系统演变的阶段。

我们用匹配的模型来考察越南语与汉语的声调对应格局。陈保亚（1996：12-16）指出，在语言接触中，会发生母语对目标语言（即外来借入语言——本文作者注）的校准过程，即为匹配。匹配过程是以音质的相似为条件的。匹配是系统与系统之间的匹配，匹配的实质就是通过一种对应关系用母语的音来发目标语言的音。公元 6 世纪前后的汉语声调调值已经不可详考，但根据声调名称可以推测上声是一个上升调型，去声是下降调型（王力 1980：102）。这时的汉语与三调时期的越芒语发生接触，用越芒语去校准汉语，汉语上声被匹配为升调，去声匹配为降调，是很自然的事情。之后随着越南语声调的进一步演变，被匹配为升调的上声字分化为 5 调和 6 调，去声字分化为 3 调和 4 调，就形成了我们现在所看到的关系语素中上声和去声的交叉对应格局。我们把这一对应的形成过程图示如下：

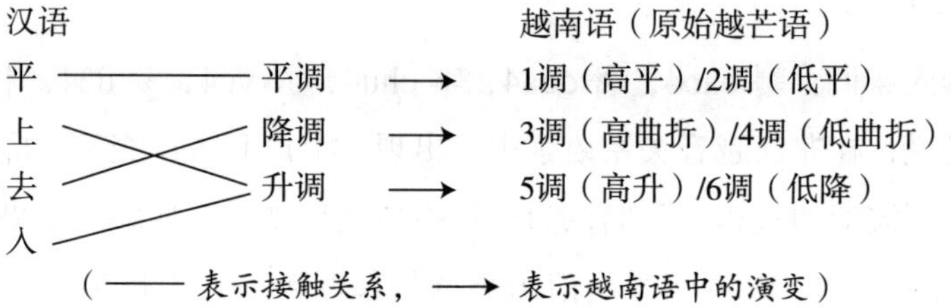

图 2　汉越早期接触层次中的声调对应

可见，汉越早期语言接触中，声调对应已经形成了系统对应的格局。这一对应格局与中古后期的层次不同，中古后期层次是 8—9 世纪越芒语（越南语）六调系统逐渐形成后，与汉语发生新一轮接触后重新匹配的结果。在声调演变以及形成新的六调系统过程中，声调调型发生改变，与中古汉语声调形成新的相似对应关系，也就形成了新的匹配和对应格局。

从上述汉越语关系语素的早期层次存在系统语音对应的情况，我们可以推断，汉越两种语言在早期就已存在自然语言接触。我们知道，以汉越音为代表的中古后期层次的系统对应，源自古代汉越语言接触的最高峰——中晚唐时期的系统接触，安南地区全面接受了中原的教育制度，由此中古汉字音全面进入越南语，形成系统对应格局。而早期层次的系统对应则是早期汉越自然语言接触的结果。

汉越之间的文化交流有信史可考者始于秦朝。但语言材料显示，早在《诗经》时代汉越语言接触可能就已经开始发生，如“鲜”与越南语 tươi1 之间的对应。[4] 但是上古层次的汉越语关系语素不多，除了韵母外，声母和声调对应的系统性并不明显。中古前期层次的关系语素明显增加，在 772 个关系语素中，有 256 个进入了汉越音系，也就是成为后来的“官方正音”。结合史籍中相关记载，从公元前111年汉武帝平南越、设岭南九郡开始，对岭南以南地区实施有效管辖，其中交趾、九真、日南三郡即为今越南北部和中部，当时“凡交阯所统，虽置郡县，而言语各异，重译乃通……后颇徙中国罪人，使杂居其间，乃稍知言语，渐见礼化”（《后汉书·南蛮列传》）。至光武中兴，锡光、任延分别任交趾、九真太守，“于是教其耕稼；制为冠履，初设媒聘，始知姻娶；建立学校，导之礼义”（《后汉书·南蛮列传》），“领（岭）南华风，始于二守焉”（《后汉书·任延传》）。可见西汉时中原移民与当地居民杂居，至东汉时建立学校传播汉学。东汉末年至两晋时期，大批中原士民避祸南迁至交趾，“时有刺史名仕燮，乃初开学，教取中夏经传，翻译音义，教本国人，始知习学之业。”（《殊域周咨录·安南》）这些记载无不表明，最迟至东汉时期，以汉语、汉字为基础的官方教育制度已经在交州建立起来。在这样的背景下，汉语与当地民族语言（原始越芒语）发生自然接触也是顺理成章的。

汉越语关系语素中的两个早期层次就是先秦至隋唐前期汉越语言接触的结果。一方面，由于当时的教育制度并不完善，是在“教取中夏经传”的过程中“翻译音义”，语言学习是以教化民众为目的。当时还没有官方韵书，汉语的学习是在一种自然交流状态下的习得，不一定形成完整的字音系统。另一方面，官方汉语教学是以教习经传为目的，肯定偏向于书面语，但也会有一些跟日常生活相关的汉语词汇在口语交流中进入越芒语。之后，随着中晚唐时期科举制度在当地的全面普及，更完整的汉字音体系进入越南语，覆盖了早期借入的字音。在这一过程中，书面语首先受到冲击而被覆盖，而已经进入越芒语的早期汉语词汇和字音得以保留下来。由此，我们今天所看到的早期层次并不完整。但这些早期层次的关系语素，大部分都已经融入了越南语，并在后来又经历了新的演变。这正是“古汉越语”的由来。

2.2 汉越语言接触的高峰及汉越音系的初步形成

汉越自然语言接触最重要的成果就是汉越音系。汉越音是中晚唐汉语进入越南语后，在越南语中演变发展的结果。从接触发生的背景来看，唐朝在安南地区实行了全面有效的管辖，从政治、经济到文化、教育等各方面都建立起完备的制度，文教制度和人才选拔政策与其他地方并无二致，尤其是科举制度在安南的推行促进了汉语汉字在当地的传播。可以想见，当时的安南地区接受汉语的环境与中国各地相同，只是接触到的方言不同而已。汉语是当地的官方语言，汉字是唯一使用的文字，汉族和越族杂居，这种情况与今天的少数民族聚居区语言使用情况类似，应该有大量的双语人群，汉语和越语同时成为日常交际用语。在这样的背景下，汉语与越南语之间的接触是一种自然接触。

在历史演变和民族融合进程中，汉语音系在中唐时期也发生了一些重要的演变，与南北朝至隋唐前期的汉语有了很大不同。安南地区虽然此前也一直在接受早期汉字音，但在唐朝进行全面管辖、科举制度全面推行的背景下，这一时期的安南地区接触到的是新的汉字音。汉越音系正是在这样的接触背景下开始形成的。

2.2.1 汉越音所体现的音系匹配

在中唐汉越自然语言接触的背景下，汉字音进入越南语会经历母语干扰的过程，发生母语（越芒语）对目标语言（汉语）的匹配。汉字音通过匹配逐步融入越南语中，并经历长期的演变，逐步形成我们今天所看到的汉越音系。

我们以汉越音声母为例来观察这一时期汉越语言接触中的匹配。中唐汉语与汉越音的声母对应格局可简要描写如下：

（1）一对一匹配[5]。如：来母匹配为 L[l]，泥（娘）母匹配为 N[n]。考察音系匹配过程，两个语言音系中本来就有相同或相近的音，可以直接实现匹配，是等值匹配。

（2）一对多匹配。这是类型最多的匹配，包括：声母清浊合流，即中古汉语中清浊对立的声母在汉越音中合并，如帮並母对应为 B[b]，端定母对应为 Đ[d]，非奉母对应为 PH[f]，见群母对应为 C/K/Q[k]；舌齿音声母的合并，如船书禅对应为 TH[th]，精从心邪对应为 T[t]，等等。

我们参考有关越语史和汉越音系的研究成果，考察这些对应在接触初期的匹配过程。如汉越音中的声母清浊合流问题，当时的越芒语只有一套清辅音声母，而汉语中有清浊声母的对立，汉语的清浊声母借入越芒语后，都被合并为清声母，如：帮並合并为 *p，端定合并为 *t，见群合并为 *k。[6] 从越芒语作为母语（施配语言）的角度，这是一对多的匹配。

更复杂的匹配发生在舌齿音声母中，由于中古汉语存在着复杂的齿音声母（包括塞音、塞擦音、擦音、送气/不送气等），而古越芒语并没有塞擦音和送气音，没有足够的声母对汉语声母进行一一区别，就形成了更复杂的一对多匹配格局，如：船书禅对应为 *ś（在 12 世纪后再演变为 *th，与透清合流），初崇合并为 *s（后来又与山母合流），等等。一对多匹配是相似匹配，即按照语音相似的原则，越芒语用近似的音去匹配汉语中有而自己没有的声母。一对多匹配的结果是中古汉语较为繁复的声母系统在越芒语中逐渐简化，与越芒语逐渐同构。

（3）多对一匹配，即汉语中的一个声母，在汉越音中匹配为两个或者更多的声母。例如，帮组汉越音存在着唇音和舌齿音的对应，帮並母对应为 B[b] 和 T[t]，滂母对应 PH[f] 和 TH[th]，明母对应 M[m] 和 D[z]。分析可见，这是因为帮组重纽三等字由于韵母/介音对声母的影响，从借入伊始在越芒语中就与其他帮组字出现了分化，最终演变为今天的的舌齿音声母，这一对应称为帮组的舌齿化。又如，见组二等字也与其他见组字发生了有条件分化，见母二等字汉越音对应 GI[z]，疑母二等字汉越音为 NH[ɲ]，称为见组的腭化。这些多对一对应是从接触发生时的多对一匹配演变而来；这种匹配是有分化条件的，是一种条件匹配。

除了声母，汉越音的韵母和声调也呈现出与中古汉语音系的对应和匹配。整体上看，在中晚唐的汉越自然语言接触中，存在着系统的音系匹配，汉越音系就是从这样的匹配格局出发，逐步演变成我们今天所看到的样子。

2. 2. 2　汉越自然接触中的语音借贷

匹配是母语对目标语言的干扰过程，按照匹配的要求，从目标语言借入的语音形式，能在母语中用相同或相近的音值去匹配的，都会尽量实现匹配。但可能还存在另外一种情况：目标语言（汉语）有的音值在母语中实在找不到相似的音，无法实现匹配，此时就会产生语言接触的另外一个过程——借贷。

陈保亚（1996：81）指出：“借贷和母语干扰是一种完全不同的接触过程，母语干扰是母语通过第二语言向目标语言的结构施加影响，第二语言和目标语言相互展开回归和并合之争，借贷是母语通过第二语言从目标语言借贷语言成分。”陈保亚在考察傣语中汉借词的语音形式后指出，借贷可以造成受借语言音系的繁化（陈保亚 1996：134）。我们在汉越语言接触中也看到了这一点。

越语史的研究表明，原始越芒语没有送气音声母，而汉语送气音从上古汉语时期就存在。阮才谨指出，到了公元 8-10 世纪，在与汉语的接触中，越芒语产生了 *ph、*th、*kh，[7] 并逐步演变为今天越南语中的 PH、TH、KH。（Nguyễn Tài Cẩn 1995/1997：82-85，96-99）如果仅把汉越音系与现代越南语进行对比，在这几个声母上呈现的是一对一对应或一对多对应。[8] 在现代越南语中，送气音声母不仅用于汉越音语素，也有大批的越语本族词似乎是早已存在的。但如果回到公元 8 世纪甚至更早期的越芒语时代，就能看到越芒语从汉语借入送气音这一组新的语音形式的过程。

我们在汉语和京语的接触中也看到了这种借贷的情况。根据韦树关（2006：14）的研究，现代京语与越南语相比，多了 p、ph、tsh、ɬ 四个声母，这四个声母只出现在粤方言借词中；此外还多了第三个促声调。这正体现了京语 16 世纪从越南语中分离出去后，作为越南语的域外方音，在中国国土上与当地的粤方言接触的结果。我们把汉语 - 越南语的接触与粤方言 - 京语的接触进行对比，可以看出，这种语音借贷是在语言接触中由上层语言（方言）对下层语言（方言）施加影响的结果。

陈保亚（1996：136）在观察汉语和傣语的接触时发现：

通过借贷，傣语的繁化呈现出三个层次：

（1）出现填补音节空格的新音节；

（2）出现填补音类空白的新音类（如 kh、tsh、tɕh、n、io、iu、ioŋ）；

（3）出现新的区别特征（如卷舌特征）。

汉越语言接触也表现出类似的情况，越南语中送气音的产生就是后两种繁化类型的体现。可能在接触的初期也曾经历过借入新音节的情况，在汉语强大的压力下，越南语整体借入送气塞音的音类，音类覆盖范围也从汉字音向越语本族词扩散。最终，“送气”这一区别特征在现代越南语中固定下来。越南语送气音的产生是借贷的结果，借贷引起了音系的繁化。

颇有意思的是，越南语的送气塞音在近四百年间来继续发生演变。*ph、*th、*kh 作为送气塞音在越南语历史上同时存在过，15 世纪的《安南译语》、17 世纪《越葡拉字典》以及越南语亲属语言材料都证明了这一点。（Nguyễn

Tài Cẩn 1995/1997：95–96）但在现代越语中则只有声母 TH 仍保留了送气特征，PH 已经演变为擦音 [f]，KH 实际发音为在标准语中的音值为 [^{k}x]，为舌根擦音。这与越南语语音史上的塞音擦音化演变有关。这可能也显示了“送气”这一外来区别特征在越南语中的不稳定性。

陈保亚（1996：138）指出：“接触的同构趋势根本上是由两种方式引起的：一种是简约性同构，是由母语干扰引起的；一种是繁化性同构，是由借贷引起的。简约性同构是目标语言以合并音类的方式向母语靠拢，繁化性同构是母语接受借词中新的音类而向目标语言靠拢。”汉越音系所呈现出来的音系匹配和越南语通过汉越音对汉语实现的语音形式借贷完全符合这一论断。通过音系匹配，原来繁复的中古汉语音系在越南语中大为简化；汉越音系的声母和韵母与中古汉语对比，出现大量音类合并，这正是母语（越南语）干扰引起的简化性同构。而越南语又通过汉越音从汉语借入了送气音以及送气这一区别特征，音系中增加了新的语音形式而繁化了，繁化的是母语音系。由此可见，中唐时期的汉越语言接触中，母语干扰和借贷同时发生着，汉越语言接触深刻影响了越南语音系的演变和发展。

3　汉越非自然语言接触

以公元 10 世纪为界，我们把汉越语言接触划分为自然接触和非自然接触两个阶段。10 世纪之后，汉字在绝大部分历史阶段仍是越南的官方文字，直至 1945 年才正式退出越南的历史舞台。汉字被广泛用于越南政治、文教、社会生活的方方面面，汉语通过书面语继续影响着越南语。此外，越南与中国之间还有密切的官方和民间往来，历史上还发生过几次华人入越的高潮。汉越非自然语言接触就是在这样的背景下展开的。

虽然汉越自然语言接触到公元 10 世纪已经结束，但汉越音系的演变才刚刚开始。与此同时，新的汉越语言接触也在进行中，呈现出与此前阶段不同的特点。

3.1　汉越音系的演变和发展

公元 10 世纪越南建立自主封建国家后，汉字继续作为国家的官方文字在使用，而越南语逐渐发展为民族通用语，书面语言和口语脱离，官方文字和民间语言脱离。在越南史籍中，记载着不少官方文书在用汉字发布后，需要翻译为国语（喃字）以便让民众知晓的史实。[9]在这样的背景下，汉越音作为汉字在古代越南的读书音，其发展受到了越南语的影响，又经历了近千年的演变，逐渐发展成我们今天所看到的汉越音。

阮才谨在《汉越读音的来源和形成过程》一书中指出："要对越南语和汉越音的关系有正确的认识，不仅要考察开始时期，而且要考察从那时至今的整个历史演变过程。……我们相信，越往后汉越音中的外来成分逐渐减少，这一读音（体系）逐渐被纳入越南语的发展轨道，它越来越深地受到越南语的语音规律和语音历史演变的影响。"（Nguyễn Tài Cẩn 1979/2004：317—318）正是由于汉越音随着越南语的发展而演变，才形成了我们今天所看到的不同于中古汉语音系的面貌。

我们还是用上文提到的汉越音声母清浊合流的例子来观察汉越音系在 10 世纪后的演变。中古汉语声母中，帮並、非奉、端定、知澄、精从、见群等几组声母都是清浊对立的，而在汉越音系中，都合流了：帮並合流为 B[b]，端定合流为 Đ[d]；非奉对应为 PH[f]，精从对应为 T[t]，知澄对应为 T[ʈ]，见群对应为 C/K/Q[k]。我们注意到这些中古汉语声母在当代越南语中呈现的合流，并非一律变为清声母或浊声母，这与越南语在 11 世纪之后发生的演变有关。越芒语在公元 6−10 世纪之间发生了声母的清浊合流，表现为浊塞音清化，与此伴随的是越芒语从三调系统向六调系统演变。之后，大约在公元 10−11 世纪，越南语中的清塞音又重新浊化，这是由音系的拉链作用导致。根据阮才谨（Nguyễn Tài Cẩn 1995/1997：285—288）的研究，原始越芒语中的 *ɓ 和 *ɗ 并入 *m 和 *n，*b、*d、*ɟ、*g 发生清化，由此完全留下了浊辅音 b 和 d 的空格，系统的作用导致已经清化的 *p 和 *t 又重新浊化为 b 和 d，也就是现代越南语中的两个浊声母 B 和 Đ。这个浊化过程只在越南语中发生，在与越南语最近的亲属语言芒语中没有发生声母浊化，帮並对应 p、端定对应 t 的格局，仍保留在芒语中。当 *p 和 *t 浊化为 b 和 d 之后，在音系中又出现了新的空格 —— 清塞音 p 和 t。之后，在新的拉链作用下，原来 *s 演变为 t。但是，*p 留下的空格没有音位来填补，因此在现代越语中本族词没有清声母 [p]，以 [p] 为声母的只有极少数外来借词和其他少数民族词汇。现代越语音系中的不送气塞音格局并不整齐：清塞音有 [t]、[c]、[k]，浊塞音只有 [b]、[d]。

我们用上述越南语音系的演变过程来分析汉越音系的清浊合流，就可以解释帮並母、端定母合并为浊辅音的过程。中唐时期借入原始越芒语的帮並母、端定母按照相似匹配的原则，被匹配为清声母 *p 和 *t，已经合流；后来随着这两个声母在音系拉链作用下发生浊化，汉越音中的帮並母也浊化为 b，端定母浊化为 d，即今天我们所看到的浊辅音声母。而非奉母对应的 [f]（<*ph）、精从母对应的 [t]、知澄母对应的 [ʈ]、见群母对应的 [k] 在越南语中没有发生浊化，保持了清声母的对应。

汉越音系与中古汉语音系对比呈现的清浊声母合流的对应格局中，体现了语言接触过程中母语干扰的不同阶段。中古汉语字音进入越南语的初期，已经与越南语音系发生过一次匹配，这个匹配过程是在双语社会的自然语言接触状态下进行（见前文分析）。而进入 10 世纪之后，已经借入的汉越音为了适应越南语音系的演变，继续发生变化。这种后来发生的演变，可以称为“再匹配”。

陈保亚在观察汉语和傣语的接触过程时提出了“再匹配”的概念。他指出：“傣语中的汉语借词的语音形式可以分为两个层次，一是纯傣语者的傣语汉借词读音，一是傣汉语者的傣语汉借词读音。”“纯傣语者的傣语汉借词比傣汉语者的傣语汉借词少得多，同时这些汉借词在语音形式上更接近傣语。”经观察分析后他进一步指出：“当傣汉语者将傣语汉借词传递给纯傣语者时，纯傣语者存在着一个再匹配过程，即纯傣语者再次把汉语借词的语音拉回到匹配状态上。当然，再匹配和匹配的性质并不完全一样，匹配是在双语者中发生的，是母语音系对目标语言音系的匹配，结果产生了傣汉语。再匹配是在单语者中发生的，是纯傣语者和会傣汉语的傣语者在用傣语交谈时以母语音系匹配汉语借词音形，结果使傣汉语中被傣化过的汉语词在纯傣语中再次被傣化。”（陈保亚 1996：124–127）

我们用“再匹配”的概念去对应汉越语言接触过程，也看到了相似的情况。中唐借入的汉越音已经历过一次匹配，当时的匹配是在有大量双语者（以说汉语的越族人，即“越汉语者”为主）的自然语言接触状态下进行。在越南自主封建国家建立后，懂双语的越汉语者数量减少，越南社会逐渐成为单语社会。但由于汉字仍然是官方文字，汉语是官方书面用语，单一越语人群使用汉字和汉越音的需求仍然存在，于是用自己的母语音系再次去匹配这个外来音系，使汉越音的外来特点逐步消失，发生“越化”，即为再匹配，以达到汉越音系与纯越语音系的不断融合。汉越音帮並母、端定母在越南语中的演变正经历了初期的“匹配”和后期的“再匹配”两个阶段。

汉越音系在10世纪之后被越南语音系“再匹配”还表现在舌齿音声母的合流。如：精从心邪由*s越化为T[t]，知澄庄合并为TR[ʈ]，初崇生合并为S[ʂ]；微母及喻三（云母）合口声母由*w越化为V[v]；非奉母由*ph演变为PH[f]，等等。可以说，汉越音在10世纪之后不断被拉入到越南语音系的演变进程中，这个过程是不断“越化”的过程，也是越南语音系对汉越音进行“再匹配”的过程。汉越音跟随越南语音系经历了一步步的发展演变，直到与越南语音系完全融合，成为越南语音系的一部分。

汉越音在10世纪之后的演变是在一个相对封闭的语言环境中进行的，其发展已经脱离了中原汉语的发展轨道，而被纳入了越南语的发展历程。从借入源头上看，汉越音系源自汉越自然语言接触，但其发展和演变是在汉越非自然接触环境中进行。与之前汉语和越南语在同一时空的双语社团中发生接触不同，这种接触脱离了源语言，纯粹是一种外来书面语融入本族母语的过程。

如果扩大考察范围，我们发现这样的“越化”再匹配不仅在汉越音中发生，早期接触中借入的汉字音（即“古汉越语”）也在10世纪后的越南语音系演变中发生了越化，被再匹配。典型例子如舌根音声母*k的擦音化。阮才谨（Nguyễn Tài Cẩn 1995/1997：290−295）认为，越南语在公元10−11世纪发生了塞音的擦音化演变，即：*p/b>v（V），*t/d>z（D），*k/g>ɣ（G/Gh），*c/ɟ>j（Gi）。我们在汉越语关系语素中也看到了这一音变的影响，如部分见组字存在读入擦音ɣ（G/Gh）的对应：肝gan1，钢gương1，鸡ga2，姜gừng2，锦gâm5，几ghê5，镜gương1，剑gươm1，寄gửi3，阁gac7，急gâp7，丘go2，敲go4，钳ghim2，近gân2，强gương6，屐guôc7。根据对这些关系语素声韵调进行层次分析的结果，我们把这批语素归入中古前期层次，即在东汉末至隋唐前期的接触中借入。这些语素都不是汉越音语素。越语史的研究显示，舌根音声母*k的擦音化塞音并没有影响到汉越音（越南语以G/GH为声母的音节没有汉越音）。可见，这批发生擦音化演变的关系语素，是作为越南语本族词参与越南语 10 世纪后的语音演变进程。

由此，我们得出两点认识：（1）早期接触中进入越南语的汉语借词到 10 世纪时已经深度融入越南语。可能在接触的初期这些早期借词的语音形式也发生过与越芒语的系统匹配，但是随着语言接触不断深入，这些词汇在越芒语中长期使用，逐渐融入越语本族词中。这样，就从初期接触的匹配格局（母语对外来语施加母语干扰）转变为词汇借贷（母语从外来语中借入词汇成分）。（2）汉越音系在 10 世纪之后也参与了越南语的音变进程，但始终作为一种外来音系（或者说是由于其长期作为书面语所具有的特定读书音色彩）去适应越南语音系的变化，汉越音系的演变过程仍然是再匹配，是外来语受到母语干扰和影响的过程。从中我们也看到，虽然汉越音系逐步融入越南语音系，但也保持了相对的独立性，可视为越南语音系中的一个子系统。

经历了一系列演变后，汉越音完成了从越汉语到越语汉借词，再到越南汉字音的转变过程。“越汉语”是当地越人说的汉语，属于汉语方言，这样的方言可能从东汉末年就已经在越地被使用。在不同时期有不同的越汉语，直至中唐时期达到顶峰，但我们今天已经看不到“越汉语”的本来面貌。随着接触加深，不同时期的汉语词汇也被借入到越南语（或越芒语）中，成为当地民族语言的一部分，可以通称为越语汉借词。借词的语音形式也随之进入越南语，在接触中与越南语发生互协，逐渐达到同构，越南汉字音（汉越音）完全融入到越南语音系。但由于汉语文言文在古代越南长期被作为官方文字，汉字音逐渐带有特定的语体色彩。越南汉字音作为一套专门的汉字读音体系长期被使用，直到今天仍在发挥作用。

综上，汉越音系是中古时期汉越自然语言接触的结果，其在后来汉越非自然语言接触环境下的演变是随着越南语的演变而发展的，是一种系统性的越化过程，是语言接触中的“再匹配”。

3.2 汉越音的变异——“越化汉越音”

10 世纪后的汉越语言接触，还有一个重要结果就是产生了“越化汉越音”

（即王力先生所说的“汉语越化”）。在我们考察的关系语素中，还有一批从中古后期层次的汉越音“越化”而来的语素。虽然我们依据借入的时间把其归入中古后期层次，但从演变过程看，其作为独立语素出现的时间，应该是在公元 10 世纪后。在越南独立后，发展中的越南语需要借助汉越词来补充丰富词汇库，而汉越音自带的文读色彩并不完全适用于越南语交际，于是越南人把一部分汉越音（官方正音）进行改造，或是更深层的“越化”，使其融入到越南语中。此类越化的例子如：

阳去对应 2 调，即由汉越音 6 调（低降促声调）变成 2 调（低平舒声调），如：自 tư2，座 toa2，系 hê2，誓 thê2，面 miên2，妙 miêu2，墓 mô2，念 niêm2，艺 nghê2，外 ngoai2，类 loai2，用 dùng2，料 liêu2，例 lê2。

咸山效摄部分三四等字读入开口韵，如：添 thêm1，点 đêm5，贴 thêp7，叠 xêp7，箭 tên1，边 bên1，编 bên6，填 đên2，殿 đên2，节 têt7，结 kêt7，挑 khêu1，叫 kêu1，寮 lêu2。

这类语素与之前讨论的早期层次关系语素和汉越音存在的最大区别，就是无法对其与古代汉语（无论是上古还是中古）之间的语音对应关系给出音理上的解释，其演变在越语史上也找不到依据。因此我们认为，这种音变只能是某种系统外的动因导致，比如说日常交际需要，或历史上曾发生过其他的局部方言影响（咸蔓雪 2016：323）。这种音变与汉越语言接触无关，只是汉字音在越南语中发生的变化。但这种变化也是在汉越非自然语言接触下发生的，所以我们也视为汉越非自然语言接触中的一种特征。

虽然这类关系语素很有可能是从汉越音越化而来，但这类“越化”也不同于上文分析过的汉越音在 10 世纪后的“越化”演变。汉越音的越化是在系统内发生音变，没有产生新的字音，最终的结果仍是汉越音，其实质是语言接触中的“再匹配”，可以从系统的音变中找到变化的原因。而“越化汉越音”是在汉越音之外又产生了新的非汉越音语素（字音），且这些语素进入了越语本族词系统，具备与本族词同样的语法特征，多用于日常交际。这类关系语素从性质上看与前文提到的早期接触借入的非汉越音关系语素有相似之处，就是“越南人已经不把它们当作汉越语，而认为是纯粹的越语了”（王力 1948/1991：470）。无论是从音变规律还是词汇语体，这类语素都呈现出与汉越音完全不同的特点。由此，我们看到了 10 世纪后越南汉字音演变的两种路径：

（1）作为书面语或读书音的汉越音被纳入越南语音系的演变过程，参与了越南语的一些重大音变，随着越南语的发展而演变，逐渐整体融入到越南语音系中。这个过程本质上是外来语受到母语干扰，被母语音系再匹配的过程。

（2）部分汉字音由于某种系统外动因发生了新的音变，音变无法从汉语史和越语史中获得语音规律上的解释。音变的结果是汉字音原有的读书音或外来语色彩减弱，可以用于日常交际，已经深度融入越南语。这个过程本质上是越语本族词通过汉越音从汉语借贷词汇的过程。陈保亚（1996：93）指出："一个受借语言的借贷可以沿着第二语言和民族方言展开。"在汉越语言接触中，汉越音就是越族的第二语言，汉语通过汉越音这个中介被借贷到越南语中。这个借贷过程的源头是中唐时期借入的汉字音，从来源上没有引入新的借词层次；但从借贷的结果上看，是产生了新的词汇，而且是跨系统的借贷，从外来语色彩明显的汉越音系统进入了本族词系统。正是通过借贷，这些汉语借词完成了从外来系统到本族词系统的转变。

阮大瞿越（2011：219）提出"内在接触"的概念来解释越南汉字音在越南语内部的演变和发展。他指出："由于语言接触的原因，语言内部形成两套相对独立的音系，一套是借词音系，一套是固有音系。这两套音系叠置在同一语言内部里，在发展中互相接触、相互影响，并逐渐趋于融合。这是语言接触中的特殊情况，本文称之为'内在接触'。就越南语的情况而言，'内在接触'是指 SVA 音系（即汉越音——本文作者注）与越南语固有音系的接触。"

他还指出，越南语"内在接触"的结果，一方面是汉越音逐渐与越南语固有词融为一体，另一方面是促使越南语固有词中产生 SVB2（即"越化汉越语"——本文作者注）。我们认为"内在接触"概念的提出有积极意义。如前文所述，汉越音是越南语中一套特殊的子系统，用"内在接触"的概念有助于我们从微观角度更好观察汉越音与越南语音系的互协过程。这的确是在一个语言系统内部不同的子系统之间发生的接触。

更进一步，我们注意到汉越语言接触的复杂性。联系到汉越早期的接触也是自然接触，在上古和中古前期关系语素中也同样存在非汉越音关系语素，我们并不能完全否认在早期的汉越接触中也发生过类似"越化汉越音"的现象，即有一些早期的汉字音早已被越化，产生了新的字音或语素，融入原始越芒语中，后来也成为非汉越音关系语素。对此，我们需要进行更深入的研究和分析。

3.3 越南语继续从汉语进行词汇借贷

10 世纪后，大量汉语借词在不同时期的接触中继续输入越南语，直到今天仍在进行，但并没有输入新的音系。

近代以后越南语借入汉语词汇与中古时期最大的区别是，越南人以业已借入的汉越音系来拼读这些输入的汉语借词。在今天的汉越词中，我们并没有看到宋元之后汉语音系的痕迹。汉越词就是由汉越音成分构成的词汇，这是一个词汇学意义上的概念。中古时期借入的汉语字音，自然也带来了词汇的借入。而此后近千年过程中，由于有现成的汉字读音体系，越南语也很容易从汉语借入新词。即便是在非自然语言接触的环境中，不同时期的汉语借词也可以以汉越音为载体，直接被借入到越南语中。这样的情况从宋元时期就开始出现。比如：sung5 枪（“铳”的汉越音），通过语音层次分析的结果可确定其为中古后期层次。但根据史籍和汉语史研究成果，作为火器的“铳”为后起字。火铳是南宋至元代才出现的兵器，因此作为火器的“铳”借入越南语的时间应在宋元之后。但从字音上看，sung5 完全符合中古后期层次的语音对应规律。可见，在公元 13 至 14 世纪，越南语就已经按照中晚唐汉语的字音，从近代汉语中借入新词了。

利用中古已经借入的汉字音在晚近时期继续借入新词的情况，在越南语中一直发生着，直至现当代。不同时期借入的汉越词已经成为越南语词汇体系中不可或缺的部分。例如：giao5 viên1教师（“教员”），[10] giao5 sư1教授（“教师”），bac7 si4医生（“博士”），quôc7 tê5国际，khoa1 hoc8科学，kinh1 tê5经济，công1ng hiêp8工业，lang4 man6浪漫，câu1 lac8 bô6俱乐部，cô3 phiêu5股票，trai5 khoan5债券，kinh1 tê5 thi 6trương2市场经济等一大批近代以后产生的词汇。这些词汇出现在越南语的时间不早于 20 世纪初，有的词汇可能是在越南近代与日本发生的近代文化启蒙思想交流的过程中从日语直接借入的汉字词，也可能是在与中国近代文化交流过程中从汉语借入。但无论是哪种渠道，这些词汇并不是按照 19 世纪之后的汉语字音借入的，而仍然是按照早就借入的中唐汉字音，即已经基本定型的汉越音来拼读。

可见，10 世纪后的汉越非自然语言接触更多的是一种以已有语音为外壳的词汇借入过程，而不像之前的自然接触中，汉语对越南语的影响是全方位的，包括语音、词汇，乃至语法等各个方面。虽然汉越音系也随着越南语的发展而发生变化，但这种变化与汉语无关，只是在一个语言（越南语）系统内部发生的演变。当然，在 10 世纪后的漫长历史进程中，越南人也并非没有接触到近代汉语语音的机会，阮才谨（Nguyễn Tài Cẩn 1979/2004：316）提到在越南发现 15 世纪按照明代汉语教授汉字音的材料。但是，这个过程很快就过去了，并没有留下什么深刻的系统印记。由此可见，在 10 世纪之后的越南，习读的汉字仍是中唐时期输入、后来不断在演变的汉越音，汉语 10 世纪之后的演变对汉越音并没有产生影响。韦树关（2012：162）指出，"通过'汉越音'吸收的近、现代汉语词语，我们只能把它们放在中古层次。"

在公元 10 世纪之后产生的汉越词，从词汇角度我们可以观察到非自然语言接触的特点，即这些词汇没有带来新的字音，显示它们是在非双语社团环境下，通过书面途径或其他非直接交流途径发生的语言接触。这样的语言接触，仅发生了词汇借用，且不成系统，并没有发生语音借贷甚至是音系匹配；接触的结果并没有影响到目标语言的音系结构。这正是 10 世纪以后汉越非自然语言接触的一个重要特征。

10 世纪之后也并非没有新的汉字音输入越南语。在我们统计的单音节汉越语关系语素中，近代以后层次的关系语素有 44 个，包括 10 个汉越音语素，如 ba5 伯，đa3 打，hoa6 画，thô2 驮，thuân4 盾等，以及 34 个非汉越音语素，如 đia4 碟，gia5 芽，lan2 篮，mi2 麦，pha2 筏，sâm2 沉，song2 场，ta5 打量词（12个），tây3 底，thây5 睇，xiu5 少等。这一层次的语素数量极少，声韵调对应没有形成系统性，有的可能是在近代以后的接触中经由口语途径借入，语音按照相似原则形成对应，例如：gia5 芽豆芽，song2 场赌场，xiu5 少一点点，等等。这类关系语素的数量虽然很少，但这些对应现象使我们看到，在近代以后层次的非自然语言接触中，由于越南与我国南方地区之间的往来，仍有一些汉语南方方言词汇进入了越南语。

扩大考察范围，我们在现代越语词典中还看到一批双音节或多音节的汉语方言来源词汇。例如：ca1 la1 thâu2 大头菜（"嘎啦头"），mi2 chinh5 味精，xi2 dâu2 酱油（“豉油”），ma4 thây2 荸荠（“马蹄”），văn2 thăn5 云吞，ha5 cao3 虾饺，sui3 cao3 水饺，man2 thâu2 馒头，xiu5 mai6 烧麦，bo2 bia5 薄饼，等等。我们注意到，这些词汇多是饮食领域用词，语音上带有明显的粤方言、闽方言或其他南方方言特征，也没有形成有规律的语音对应关系。它们是按照语音相似的原则借入的，且语音形式也并不固定。这显然是随着中国南方移民到达越南，通过口语途径进入越南语的。由于历史上的密切交往，历代都有汉人通过各种渠道移居越南。在公元 10 世纪后，较大的华人移民潮发生在宋末、属明时期（1407—1427 年）、明末、19 世纪末等时期。其中，尤以明末时期明朝遗臣遗民开发湄公河三角洲的史迹影响较大，至 19 世纪初阮朝正式认可“明乡人”的存在，这些明朝遗民后人成为后来越南南方华侨最重要的来源之一。此后 19 世纪末至 20 世纪上半叶，随着大批华人下南洋，又有新的华人移民在越南各地定居，逐渐形成今天的越南华人。正是在这样一代代华人移民越南的过程中，一批新的汉语南方方言词汇也进入越南语。从我们在越语词典中搜集的例词来看，绝大部分是饮食方面词汇，足可见近代华人融入越南社会过程中，饮食文化最容易被越南人所接受。这些汉语方言来源词汇借用是在近代以后通过口语渠道借入的，没有形成系统性，更没有带来新的语音匹配。这类词汇的借入，也成为汉越非自然语言接触的一部分。

此外，10 世纪后的华人移民潮对越南语的影响还体现在越南语南部方言中。黄氏珠（Hoàng Thị Châu 2004：227-228）指出：“从 18、19 世纪开始，开始出现新的因素——即汉语南方方言对越南语产生重要影响，形成了一些新的语音特征。……从福建、广东由海路到达越南南方的华人为当地语言带来了新的特点。”新的语言接触必然会在语言中留下痕迹。由于篇幅所限，本文对汉语南方方言对越南语南部方言的影响暂不展开，将另文论述。

综合以上分析，公元 10 世纪后，汉越非自然语言接触的结果主要体现在以下三方面：

（1）中晚唐时期进入越南语的汉越音，在 10 世纪后脱离了汉语的影响，随着越南语音系的演变而发生变化，并最终融入越南语音系。这是中古后期自然语言接触的延续，其实质是语言接触中的再匹配。

（2）越南语通过改造汉越音的方式产生出“越化汉越语”，以此来去掉汉越音自带的读书音和外来语色彩，形成新词以丰富越南语的词汇库，用于越南语的日常交际。这一音变可视为汉越音在越南语中的变异，目前所观察到的这一变异与汉语和越南语在 10 世纪后的历史音变无音理上的关联。从语言接触的角度，这种音变的实质是越南语通过汉越音从汉语中借贷词汇成分。

（3）越南语以源于中唐时期的汉越音为语音外壳，继续从汉语借入新词，但后期的接触没有带来新的音系。随着民间往来和历次华人南迁，汉越之间还存在口语接触，越南语从汉语方言中借入词汇，也带来了少量新字音。这些词汇只是按照语音相似的原则零星借入。汉语南部方言在一定程度上影响了越南语南部方言。

4 结 语

基于汉越语关系语素层次分析的结果，我们把古代汉越语言接触过程总结如下：

古代汉越语言接触以公元 10 世纪为界，分为自然语言接触和非自然语言接触两个大的阶段。

汉越早期自然语言接触包括上古（秦汉至东汉末年）和中古前期（东汉末年至隋唐前期）。汉语与原始越芒语发生接触，原始越芒语处于从无声调语言向有声调语言发展的过程中。初期汉语输入不多，到东汉末年之后，随着大批汉人南迁，交趾地区汉人数量大增，当地文教发展，汉越语言接触出现第一个高潮。通过全面的语音对应分析可看出当时汉越音系匹配的过程，显示出自然接触的痕迹。

中古后期（中唐至五代）是汉越语言接触的高峰，这一时期接触留下的最重要结果就是汉越音系。一方面，汉越音系并不是一时之音，其中包含了少数上古和中古前期层次的关系语素，显示一些早期借入、使用频率较高的汉字音并没有被后借入的字音替代；另一方面，汉越音也不是一成不变的，其在公元 10 世纪后开始融入越南语而向前演变，逐渐形成我们今天看到的音系格局。从语言接触机制的角度考察，一方面，汉越音系在其发展过程中，经历了接触初期的匹配和 10 世纪之后被越南语再匹配的阶段，逐步融入越南语；另一方面，越南语也通过汉越音从汉语中借贷语音成分和词汇。由此可见，汉越语言接触过程中，母语干扰和借贷两个双向的过程是交织进行的。

10 世纪之后的汉越非自然语言接触中，汉越音系脱离了中原汉语的影响，纳入越南语发展的轨道继续发展，这是前一阶段自然接触的延续。与此同时，越南语通过改造汉越音发展出“越化汉越语”，作为日常交流用语来使用，具备与越语本族词同样的功能，这是汉越音在越南语中的变异。此外，越南语通过口语渠道从汉语方言中借入词汇，但数量很少，且以语音相似为原则，没有形成系统语音对应。10 世纪后汉越非自然语言接触与之前自然接触阶段的最明显区别，就是没有带来新的音系。这是由汉越接触的特殊性造成的：中晚唐时期借入的汉字音已经自成体系，越南人接受了这套自然语言接触时期进入越南语的字音，后来的非自然语言接触再也没有对越南语产生如此巨大的影响。因此，从历史语音的角度看，公元 10 世纪之后的汉越非自然语言接触不是系统语言接触，它更多的只是前一阶段自然语言接触的延续，或者说是汉越自然语言接触中断后的结果。虽然这一时期仍有大量汉语借词直接或间接输入越南语，但也只是借用了业已形成的汉越音的语音外壳。

根据陈保亚的语言接触模型，我们考察汉越语关系语素与汉语的语音对应以及汉越音系的演变过程，可见古代汉越语言接触中也经历了音系匹配、再匹配和语音借贷、词汇借贷等过程。由于汉越接触时间跨度较大，中间又经历了从自然接触到非自然接触的转变，这些过程也被拉长了。例如再匹配的阶段，我们观察到在越南建立自主封建国家之后的几百年内一直在缓慢进行。汉越语言接触跨越两千年，由于时代过于久远，接触过程过于复杂，我们现在只能看到接触的结果，而无法完全复原当时的接触细节。可能语言接触中的某些阶段，比如“回归”，我们就无法观察到。但是，从汉越语关系语素与汉语音系的系统对应格局，并参考相关民族语言，比如京语中汉借词的研究成果，我们依旧可以推知古代汉越语言接触所经历的主要过程。

我们从汉越语关系语素层次分析的结果出发，尽力复原古代汉越语言接触的全貌，由此对古代自然语言接触的机制有了更完整的认识，同时也看到了汉越非自然语言接触的复杂性。我们并不能逐一确定所有非汉越音关系语素的时间来源，正是因为在有史可考的两千多年的汉越语言接触历史中，发生了从自然接触到非自然接触、书面接触与口语接触并行，匹配与借贷交织并转化的复杂过程。不同时期的汉越接触都在现代越南语中留下了痕迹，形成了越南语中汉越音与非汉越音（语音层面）、汉越词和纯越词（词汇层面）以及不同时期汉越语关系语素等不同子系统并存的复杂情况。比如越南语对汉语的词汇借贷，就存在着由“越化汉越音”产生的新词，以及通过汉越音外壳借入新词等不同方式。但总体上看，汉越两种语言在语言接触过程中不断互协，以达到同构。汉越音系成为越南语音系的一部分，越南语也从汉语中借入了新的音类甚至是区别特征。与汉语的接触改变了越南语的语言形态。在与汉语长期接触的过程中，越南语由最初的无声调、有前缀和复辅音的语言，逐渐演变为今天所看到的有声调的单音节语言，并借入了大量的汉语词汇。这些汉语借词以不同面貌共存于现代越南语中，显示着不同时期汉越语言接触的深度。

古代汉越语言接触时间跨度之长、汉语对越南语影响之深，在其他语言接触中可能是少见的。古代汉越语言接触的全貌，比我们现在所能复原的要复杂得多。有的问题我们暂时还无法解决：如何区别早期接触和晚期接触中分别借入但后来都发生越化演变的非汉越音关系语素；越化汉越音的音变机制是怎样的，是由汉越音（读书音）演变而来还是由其他口语接触途径借入而来；与越南语发生接触的汉语方言面貌是怎样的；公元10世纪后的汉越语言接触还有哪些我们未发现的线索，可以进一步说明汉越音的演变以及汉越非自然接触的过程；已确定的关系语素中，是否有的是从相邻民族语言等其他渠道借入，等等。这些问题，我们期待依靠有关汉语方言史、越南语亲属语言历史、中国地方志和越南历史，乃至民族学、基因学等其他学科的相关研究成果，来进行更深入全面的探讨。

附　注

[1] 马伯乐在《唐代长安方言考》中把“越南译音（sino-annamite）”作为研究唐代长安话的材料（马伯乐 2005：13）。高本汉在《中国音韵学研究》一书中把安南译音视为汉语的一种域外方言，用于拟测中古汉语音系（高本汉 1940/2003：7-8）。虽然马伯乐和高本汉的提法都是“译音”，即我们今天所说的汉越音，但可以推断，当汉语在古代越南被用作交际语言时，是具备汉语方言的资格的。

[2] 本文关于越南语史的观点，主要参考阮才谨（Nguyễn Tài Cẩn 1995/1997）。本

文引用阮才谨（Nguyễn Tài Cẩn）、陈智睿（Trần Trí Dõi）、黄氏珠（Hoàng Thị Châu）等越南学者的观点和论述，原文为越南语的，均由本文作者翻译为中文。

［3］现代越南语有 6 个声调。本文为了便于汉越对比，按照 8 调来描写越南语的声调系统，并对越南语声调用数字进行转写，转写规则为：横声 —1 调，玄声 —2 调，问声 —3 调，跌声 —4 调，锐声 —5 调，重声 —6 调，锐声（入）—7 调，重声（入）—8 调。

［4］王力先生在《汉越语研究》中提到："'鲜'字，在《诗·新台》与'泚''瀰'为韵（'泚''瀰'皆支部字，或云脂部，非），那么，它该是支部字。越语有 tươi 字，是新鲜的意思。……汉越语里'鲜'字虽读 tiên，但是，以我们猜想，它在古汉越语里该是读 tưɤi。支韵字，古汉越语里有读 -ơi 的，例如'移 'dời，……这样，《诗经》'鲜'字读入支部就有了很好的证明了。"（王力 1948/1991：534–535）

［5］有关匹配的类型和基本方式，参考陈保亚（1996：21）。

［6］原始越芒语与中唐汉语发生接触的高峰时期，是否已经完成了声母的清浊合流，目前已不可详考。其声母清浊合流伴随着越南语从三调系统向六调系统的演变，是一个长期的过程，六调系统何时形成，学界观点不一。我们在此采用阮才谨的观点，即越芒语分化始于 7–8 世纪，越南语最晚在公元 8 世纪就开始进入六调格局，此时越南语中的浊声母已经清化（Nguyễn Tài Cẩn 1979/2004：321；1995/1997：45），汉语的浊声母进入越南语后自然被匹配为相近的清声母，即借入的初期清浊声母就发生了合流，亦即一对多匹配。

［7］阮才谨（Nguyễn Tài Cẩn1995/1997：82–85，96–99）认为越南语中的送气塞音是在原始越芒语时期（公元初年 –8 世纪）在与汉语的接触中受汉语影响而产生。陈智睿（Trần Trí Dõi 2005：163）则认为稍早一些，在公元前后的原始越芒语音系中就列入了送气塞音。我们认为，一个新的区别特征通过语言接触在一种语言中产生，应该经历长期的过程，因此本文采用阮才谨的观点。

［8］汉越音系中，船书禅等声母也对应为 TH，这与借入汉语送气塞音无关，而是因为当时越语音系中并没有足够的擦音和塞擦音去一一匹配这些汉字声母，而采用了一对多匹配的方式，船书禅声母首先合流为 *ś，到 12 世纪后随着越语音系的发展，演变为 *th，跟借入的 th 合流。参见阮才谨（Nguyễn Tài Cẩn 1995/1997：83–85）。

［9］《大越史记全书·本纪卷之十二·黎纪》："帝（黎圣宗）亲制平占策颁诸营，策中有必胜之理者十，有可惧之事者三。上虑将士未晓令，旨（指）挥阮世美译为国语，以申谕之。"（《大越史记全书（校合本）》（中），东京大学东洋文化研究所，1985：683）

［10］本文所举越南语词汇和语素释义格式：越语词或语素之后为中文释义，后附括号内为对应汉字，没有括号说明的即释义等同于对应汉字词汇义。个别词汇释义后附下标注明具体词义。

参考文献

陈保亚（1996）：《论语言接触与语言联盟——汉越（侗台）语源关系的解释》，语文出版社，北京。

陈保亚（2007）：非自然语言接触在词汇层面的无界有阶性——上古汉语核心字在日语中的分布，《中国语与中国文化》第3期，日本大学大学院文学研究科中国学专攻文理学部中国语中国文化学科，3–13页。

［瑞典］高本汉（1940/2003）：《中国音韵学研究》，赵元任、罗常培、李方桂合译，商务印书馆，北京。

［法］马伯乐（2005）：《唐代长安方言考》，聂鸿音译，中华书局，北京。

阮大瞿越（2011）：《十七世纪越南汉字音（A类）研究》，北京大学博士学位论文。

王力（1948/1991）：汉越语研究，原载《岭南学报》1948年第9卷第1期，1–97页；收入《王力文集》第18卷，460–587页，山东教育出版社，济南。

王力（1980）：《汉语史稿》，中华书局，北京。

韦树关（2006）：中国京语的变异，《广西民族学院学报（哲学社会科学版）》，第2期，13–18页。

韦树关（2012）：关于越南语中汉语借词的分类问题，《广西民族大学学报（哲学社会科学版）》，第3期，159–163页。

咸蔓雪（2016）：《汉语越南语关系语素历史层次分析》，中西书局，上海。

Đoàn Thiện Thuật（1979/2007）*Ngữ âm tiếng Việt*（《越语语音》），Nhà xuất bản Đại học Quốc gia Hà Nội，Hà Nội.

［法］A. G. 欧德利古尔（1986）：越南语声调的起源，冯蒸译，《民族语文研究情报资料集》第7集，88–96页。

Hoàng Thị Châu（2004）*Phương ngữ học tiếng Việt*（《越语方言学》），Nhà xuất bản Đại học Quốc gia Hà Nội，Hà Nội.

Nguyễn Tài Cẩn（1979/2004）*Nguồn gốc và quá trình hình thành cách đọc Hán Việt*（《汉越读音的来源及形成过程》），Nhà xuấ tbản Khoa học xã hội，1979，Hà Nội; Nhà xuất bản Đại học Quốc gia Hà Nội，2004，Hà Nội.

Nguyễn Tài Cẩn（1995/1997）*Giáo trình lịch sử ngữ âm tiếngViệt*（*sơ thảo*）（《越语语音史教程（初稿）》），Nhà xuất bản Giáo dục，tái bản năm 1997，Hà Nội.

Nguyễn Tài Cẩn（1998）*Thử phân kỳ lịch sử 12 thế kỷ của tiếng Việt*（《试论越南语十二个世纪中的历史分期》），Ngôn ngữ 6，7–12.

Trần Trí Dõi（2005）*Giáo trình lịch sử tiếng Việt*（sơ thảo）（《越语史教程（初稿）》），Nhà xuất bản Đại học Quốc gia Hà Nội，Hà Nội.

［越］王禄（1986）：古汉越语研究的初步成果，傅成劼译，《民族语文研究情报资料集》第7集，67–69，126页。

引书目录

陈荆和编校《大越史记全书（校合本）》，东京大学东洋文化研究所，东京，1985。

（南朝宋）范晔撰，（唐）李贤等注《后汉书》，中华书局，北京，1965。

（明）严从简著，余思黎点校《殊域周咨录》，中华书局，北京，1993。

（咸蔓雪：100871　北京，北京大学外国语学院 xianmanxue@pku. edu. cn）

中级水平汉语学习者独白叙事的语篇分析[①]

张文贤　贺知宇　师倩倩　曹佳鸿

提　要：本文运用篇章语言学与叙事学的研究方法，基于汉语作为第二语言学习者的口头独白叙述语篇《梨子的故事》，研究了学习者口头叙述的特点。结果发现，在语篇衔接上，数量名结构、存现句等是学习者常用来引入新人物的手段；光杆名词、“代词＋名词”等用来引入新事物；回指人物时，学习者选择的指称形式有第三人称代词、指示短语等；光杆名词等常用来回指事物；数量名结构、回指形式等均有使用不准确的现象；学习者常在次事件节点处使用连词。

关键词：中级水平学习者　独白　叙事　衔接　语篇分析

引　言

1　已有研究

叙述话语是叙述故事的口头或笔头的话语（申丹、王丽亚 2010：16）。本文要研究的是汉语二语学习者即时说出的独白（口头）语篇，属于叙述话语。申丹（2009）的研究表明，“叙事”与“叙述”这两个术语应该并用，在所描述的对象同时涉及叙述层和故事层时，可以采用“叙事”，但若仅仅涉及叙述层，则可以选用“叙述”来予以准确描述。本文也依此并用这两个术语。

前人对于学习者的成段表达或者语篇研究多使用书面作文材料，比如辛平（2001），吴继峰（2016、2018），沈茜（2017），江琪（2017），吴继峰、周蔚、卢达威（2019），吴佩、邢红兵（2020）。对学习者口头表达的研究多集中在衔接手段的偏误分析上，相关研究多是硕士论文，如张微（2015）、唐凯

① 本研究获得国家社科基金重大项目“汉语自然口语对话的互动语言学研究”（项目编号：20&ZD295）的资助。感谢邓丹老师帮忙录制语料。

丽（2018），研究深度不够，而且对衔接手段的分析仅限于复句层面。丁险峰等（2017）认识到“叙事体语段表达较为适合初级学生的水平和实际需要”，并基于初级对外汉语教材的教学内容和语言水平设计了一套适合初级水平学习者学习的语段表达框架，但他们的研究并不涉及口头叙述。彭欣、张惟（2018）提出《梨子的故事》可以作为素材为汉语学习者设计故事叙述活动，可以使学生在语篇组织能力方面的学习机会最大化，但她们并没有分析学习者口头故事叙述的特点。

2 语料来源与研究设想

基于前人研究，本文拟分析汉语学习者的独白叙事话语。本文的研究对象是在北京大学对外汉语教育学院学习的中级水平汉语学习者（经分班测试后被分到中级班学习）。我们将录制地点选在学生上语音课的语音实验室，因为学生可以戴着耳机录制，录制出的声音清晰，便于研究。录制时间为学习者在北大学习了一个学期后，那时他们的汉语口头表达能力与发音都有了很大提高与改善。录制方法是让学习者先观看两遍默片《梨子的故事》，[1]然后戴着耳机独自进行口头叙述，要求学生尽可能完整地讲述故事并细致地描述故事情节。共26名学生参加录制，但5名同学说得时间太短，因此只采用21名同学录制的语料，语音语料总计时长约84分钟。

本文将综合运用篇章语言学与叙事学的研究方法，通过分析21名学习者对《梨子的故事》的口头叙述语料，从口头叙述语篇的情节切换与衔接手段、回指形式的选择、连词的使用等方面入手研究学习者口头表达的情况以及存在的问题。

1 情节切换

根据故事内容，我们把《梨子的故事》大致分为“农夫摘梨”—“男孩偷梨”—“男孩摔车”—“三人帮忙”—“送帽还梨”—“再遇农夫”六个情节，每个情节也是一个次事件。我们首先分析学习者在情节中引入新人物与新事物所使用的语言形式，然后分析回指与连词这两大衔接手段的使用情况。方梅（2017）指出，叙事语体以事件过程为主线，事件发生的时间顺序和事件参与者的行为是这类语篇的推进方式。我们发现，新人物或者是新的话题成分的引入集中在“农夫摘梨”—“男孩偷梨”—“男孩摔车”—“三人帮忙”这四个次事件的开端位置，“农夫”“男孩”和“三人”是故事的重要主体。

1.1 引入新人物的语言形式选择

叙述的行为主体在叙述语篇中扮演极其重要的角色。考察发现，语料中新引入的人物多为所在故事情节的话题。数量结构、存现句、“代词 + 名词”是学习者常用来引入新人物的手段，详见表 1。

表 1 引入新人物的句法结构

结构类型	数量（例）	充当话题（例）
数量结构 + 名词	41	27
存现句	28	23
代词 + 名词	7	5

（1）有一天，一个人．．在农场．．收集．．收集水果。

（2）一个孩子偷了．．．偷了．．．em 一个．．一个篮筐。

（3）有一个孩子，骑自行车过来。

（4）他的朋友们来帮他。

数量结构是用来引入话题的重要表现形式。孙朝奋（1994：154）指出：“一个主题上比较重要的名词短语倾向于用数量结构引进话语。”41 例数量结构中引入话题的共有 27 例，例（1）与例（2）“一个人（农夫）”“一个孩子”是故事情节的重要主体，在后文中多次回指或追踪。但我们也应该看到，学习者所使用的数量结构虽然从语法上来说没有错误，但并不完全准确，如例（1）改为“一个农夫”更恰当。

通过存现句这一句法结构来引入新人物的共 28 例，其中新人物充当句子话题的有 23 例，“有”字的宾语部分是主要故事情节的谈论主体。引入话题的存现句大多处于开篇位置，具有统领全篇的作用。例（3）通过存现句形式引入话题之后，后文对“孩子”的故事展开叙述，并且在后文中出现了多种回指形式来对“孩子”进行回指或追踪。

“代词 + 名词”引入新人物的 7 例中有 5 例是引入话题，名词所指称的对象为语篇的重要主体。例（4）“他的朋友们”为“人称代词 + 名词”结构，作为第一次出现的新人物，同时占据主语位置，在后文也多次回指。

另外，在语篇中第一个被介绍的人物，通常出现在叙述的第一句中，比其他任何人物都更频繁地被介绍（Clancy 1980：156）。该语篇中主要的几个话题人物为“摘梨的农夫”“一个男孩”和“三个孩子”。在主要话题被频繁介绍后，再进行后续其他话题的引入时往往使用连词以及时间状语，如：

（5）这个故事是 . . . 关于一个人 . . . 他 . . . （（停顿 22 秒））他 . . . 在树上 emm 他在他在他 . . 他在树上拿一些苹果，em 然后 . . 有一个 . . . 一个 xia：小孩子 er，em 他 . . . 他偷了那个 . . 那个苹果，em 然后他又 . . 他 . . . 他 . . 骑 . . 自行车 . . . 离开 <X 是的：X>. . . 是的：他睡下，突然睡下了，所以：有一些人他们来到为了：为了帮助他，他们呢，他们呢，把苹果们在：在他 de 包里 . . . 放下去 . . .

（6）但是：他收这个梨树的时候，一个孩子偷他的他收的梨树：梨树。

例（5）当中首先出现的话题成分是“一个人”（摘梨的农夫），第二个出现的话题成分是“一个 ... 一个 xia：小孩子”，通过连词“然后”引入新话题，第三个话题成分是“一些人”，学习者通过“所以”来进行新话题的引入。例（6）在“但是”后给出时间状语“他收这个梨树的时候”进行具体情况的说明，再引出新的话题“一个孩子”，时间状语在新话题的引入中也发挥着重要的作用。

1.2 引入新事物的语言形式选择

通过光杆名词来引入新事物的共 34 例，占的比例较高，其他形式相对较少，“代词 + 名词”形式共 11 例，“数量结构 + 名词”与之接近，共 10 例，“描写性定语 + 名词”相对较少，共 6 例。

表 2　引入新事物的句法形式

句法形式	数量（例）
光杆名词	34
代词 + 名词	11
数量结构 + 名词	10
描写性定语 + 名词	6

（7）帽子，帽子丢了。

（8）他．．他忘了他的帽子。

（9）一个男的在：一棵树^上．．摘：一筐梨子。

（10）中国的一个，男．．男子．．搬？．．骑自行车搬？很重要的．．很重的水果。

例（7）“帽子”是光杆名词。例（8）“他的帽子”是“人称代词 + 名词”结构，具体表明名词的归属。例（9）中 “一棵树”和“一筐梨子”都是数量名结构。例（8）名词前的代词与例（9）的数量结构并没必要使用，学习者这样使用可能是受母语影响。例（10）中，“很重的”是对描写对象“水果”进行限定的描写性定语，使被描述对象更加具体。

学习者在口头叙述中还存在将新信息背景化的现象，造成事件层次跳跃，导致情节不连贯。

（11）骑自行车 ziqi1 骑自行骑自行 em 骑自行车的时候．．．骑自行车．．去．．去别的地方，他：他看到对面的漂亮的女孩的时候，他掉了．．他掉了，还有他的 li 梨子也掉了。

（12）有一个农民在．．有一个农民从 shu1（（树））在采集梨子的时候，有一个孩子 chi1（（骑））自行车到了。

例（11）中新出现的人物——“女孩”被放在背景信息中，默认为是听说双方已知的，和上文脱节，增加了听者理解难度。同样例（12）作为叙述开篇，新人物“农夫”和新事件“农夫摘梨”应该在主要小句中，而不是在从属小句中。

2 回 指

照应（reference）是语篇衔接的重要手段之一，体现了篇章的整体性和连贯性。李榕（2020：206）认为，回指存在于逻辑语义的大线索和时空框架下，为语篇线索提供最重要的线索。这一小节中我们主要考察学习者在口头叙述语篇中使用哪些指称形式对故事中的人物和事物进行追踪回指，这些回指形式在语篇中具有什么样的功能。

《梨子的故事》中出现的人物依次是农夫、偷梨的男孩、骑车的女孩、三个小男孩。统计发现，回指人物时，学习者选择的指称形式有第三人称代词、指示短语、零形回指[2]、简单名词以及名词短语，结果见表3。

表3 回指形式与数量

回指形式	数量（例）
第三人称代词	218
指示短语	69
零形回指	35
简单名词	17
名词短语	14

第三人称代词和零形回指作为延续话题最常见的指称形式，在话题链中维系话题的连贯性。

（13）有，一个．．一个人，<u>他</u>是，<u>他</u>在工作。<u>他</u>是一个农人。

在一个次事件内部，当上文不存在竞争性人物时，语篇句层面上的人物回指一般选择最简单的人称代词形式。例（13）在叙述“农夫摘梨”这一事件时，主语位置全部使用第三人称代词进行回指，分别叙述其行为（“在工作”）与身份（“是一个农人”）。在一个话题链内部，当叙述动作主体相继发出一连串行为时，小句主语倾向于选择零形回指。如例（14）：

（14）他在．．树上，他在树上．．采摘一些梨子，然后．．然后 <u>Φ</u> 把这些梨子放在一些包里。

名词前加修饰语在篇章中起区分人物的作用，可以用来追踪回指。

（15）在那个故事里，有一个：人，他挑苹果 . . . 但是 . . 但是挑苹果的人刚刚才 . . 下：下：来了从苹果树 @@，不知道，但 ^ 是，但是他 yishe4 很多苹果拖走了。

“农夫”只在第一个和最后一个次事件中作为主要人物出现，因此说话人在长距离回指时都采用了可及性较低的形式如名词短语进行回指。例（15）中引入农夫这个新角色时使用的形式是“一个人”，在故事最后一个情节回指时呈现为“挑苹果的人”。

故事中的人物可以用男性、女性、复数、年龄等特征区分，因此学习者在叙述时使用相当一部分的简单名词“男孩”“女孩”“男孩儿们”“先生”对人物进行指称，如例（16）。复数特征体现为指示短语中名词与量词“个”“些”的搭配选择。乐耀（2010）指出不能忽视一些抽象的指称语自身已具备的语篇区分功能。例（17）中身份名词“主人”本身就起到显著的区分作用，因此可直接用于回指人物。例（16）和例（17）划线部分都采用异形回指的形式指代“农夫”，[3] 从而展开“再遇农夫”这一情节的叙述。与例（16）中简单名词“先生”相比，例（17）的远指代词“那”还说明了回指人物的距离较远，这里使用指示短语回指更能体现语篇衔接的连贯性。

（16）有一天，有一个，一个人，菜 . . 菜农，工作 . . 他 . . 他有很多梨子。……但是 . . uh 但是，先生看见他，他很惊讶，因为他发 sheng1（（现））了三个孩子吃他们，的梨子。

（17）这是在果园发生的故事，在果园，有一个男生他摘下来梨子，……然后那个主人才发现他的梨子没有了。

与人物回指相比，事物回指形式较为单一，主要有光杆名词、名词短语和指示短语三类，分别出现 71 例、40 例和 26 例。

（18）有一个 @@ 有一个男的在摘，从树上摘梨，然后：他刚开始有三个桶，他把：他从树上下来，把梨放到桶里头。

光杆名词表示有定还是无定要依据具体的上下文判断。例（18）中的“桶”回指的是“三个桶”。由于回指距离近、上文无竞争事物、不需要特别说明数量成分，此处使用光杆名词进行回指，为有定。

（19）有一个农民在．．有一个农民从树在采集梨子的时候，……那三个孩子到了农民的树，然后那个农民．．找到了他的三个 hei2 子现在只是两个，他不知道为什么。

例（19）中“树”在故事中首次出现时是非定指的简单名词形式。回指时，虽然上文没有竞争事物，但由于回指距离较远，先行语与回指成分之间存在多个事物，因此在最后一个情节回指“树”时，说话人使用可及性较低的名词短语形式来重新介绍。虽然简单名词也可以表示有定的事物，但在叙述本故事时，作为最后一个事件“再遇农夫”的叙述开端，“三个孩子到了农民的树（那里）”直接引入了事件双方，暗示下文中“三个孩子”将与“农夫”发生交集。

（20）然后他们走路：em 然后这个男人，收梨树的男人看这个孩子们有这个梨树，所以我觉得这个男人以为这．．这个孩子们偷：他的梨树。

指示短语可以起修饰的作用。联系上下文可知，例（20）中“这个梨树((子))”特指被偷的、农夫找不见的梨子。

学习者在指称人物时回指形式存在的偏误类型主要有零形回指过度使用、代词过度使用、回指形式选用不当三种情况：

（21）突然一个孩子 qi 骑自行车到．．到了这个这个棵树，那个．．那个．．欸到了这个这．．这 ^ 棵树，**Φ** 一看到水果，**Φ** 笼子里面拿出来了一个笼子．．放．．放在：把这个笼子放在欸自行车上，**Φ** 回家的时候看到很漂亮的女人也在自 xi1 行车，因为他在看见这个 hao 这个很漂亮的女人欸跟一个石头碰了，从．．xi 从自行车上丢下来。

（22）然后他骑自行车的时候，他见一个女女人，然后他就看那个女人，然后就撞了．．一个．．小 <X shi4 X>，然后他就摔倒了，所以他也摔倒了，而且那个梨子都．．去这里 nalina3li2．．^ 这里那里。

（23）他：在糊涂的时候：他看到了那个三小伙子，那个三小伙子在吃苹果，所以他：可能．．觉得那个三小伙子偷了他的苹果，但是他：不知道。

例（21）和例（22）中零形回指与代词使用过多，均表明说话人对汉语篇章特点的认识不够充分，没有掌握指称形式与话题链之间的关系。例（23）中说话人在每个回指位置上都使用同一个回指形式“那个三小伙子”，语言不够简洁，违背了语言的经济性原则和重成分信息含量大的原则。

3 次事件节点处的连词

方梅（2000）指出，口语中连词有辅助话语单位衔接的功能。由一个次事件向另一个次事件转移时，形式上的标记有助于保持篇章的连贯性。学习者在次事件节点处使用连词来表现时空的转移和故事情节的发展，如例（24）。

（24）然后一个男孩，他坐自行车来．．来他看到这个人在树上收割梨子。

连词作为学习者口头叙述时次事件节点处最常用的衔接成分，使用正确的情况共出现 41 例。这里我们对连词的具体使用情况做进一步的讨论。次事件节点处，学习者使用的连词有“然后”“但是”“可是”“因为”“所以”。

表 4　次事件节点位置连词使用情况

然后	但是 / 可是	因为	所以
33	6	1	1

我们用“/”划分不同的语段，可以发现次事件节点位置的“然后”几乎都表达其真值逻辑语义关系，表示“事情一件接着一件发生”。如例（25）：

（25）em 然后：，有个孩子，骑的自行车过来，把．．男的．．一个男的．．摘梨的．．男的的桶．．给：拿走了，骑的自行车拿走了，/ 然后：，他骑自行车：走的．．走的时候：，他骑自行车的时候，撞到．．撞到石头上了，然后摔了。

但其中一例较为特殊：

（26）但是三个小伙子帮助他。/ 然后 $_1$，他 tui1jiu4 了他 tui3 掉了他的帽，所以那个小伙子．．给他带来了他的帽，为了．．为了感谢他们，他．．那个男孩子把三：个苹果，给．．那个三：小伙子送了，uhuh 把苹果送给那三小伙子，然后他：过去了，em 小．．那个男．．那个三小伙子离开了。

例（26）中“然后 $_1$”前后的动作并不具备时间顺序上的线性关系，偷梨的男孩掉帽是与摔车同时发生，接着三个男孩前来帮忙。这里“然后”的作用是为“送帽还梨”这一事件的叙述完善背景信息，更多体现心理上的事件顺序。

一般认为连词“但是”用来表示转折。方梅（2018：260）通过对口语对话的考察发现，表转折和递进关系的连词可用于话题的转换。我们发现叙述语篇中的“但是”也有转换话题的作用。例（27）中“但是$_1$”位于新事件——“再遇农夫”的开端，原本表转折的逻辑语义弱化，前后的叙述话题从“偷梨的男孩”转移到“农夫”，与之对应的是主语从“他”（偷梨的男孩）变成“挑苹果的人”（农夫）。

（27）然后，他 tui1jiu4 了他 tui3 掉了他的帽，所以那个小伙子..给他带来了他的帽，为了..为了感谢他们，他..那个男孩子把三：个苹果，给..那个三：小伙子送了，uhuh 把苹果送给那三小伙子，然后他：过去了，em 小..那个男..那个三小伙子离开了。/ 但是..但是$_1$挑苹果的人刚刚才..下：下：来了从苹果树 @@，不知道，但 ^ 是，但是他 yishe4 很多苹果拖走了，所以他：一点糊涂，他：在糊涂的时候：他看到了那个三小伙子，那个三小伙子在吃苹果，所以他：可能..觉得那个三小伙子偷了他的苹果，但是他：不知道。

在我们收集的语料中，次事件节点处“因为”和“所以”出现的情况最少，各出现了一次。

（28）五分钟以后，孩子遇到女孩子，他..一边看见她一边 peng1she2，他..diao3（（掉））了，所..把苹果都...emem@ 咕噜 @，不是，不知道 ...roll and fall，em/ 可是，因为他，他，他 diu1 掉了，因为他的 mao1（（帽））子，mao3（（帽））子丢了，有三个孩子，他们，帮，帮他们的 zhu1（（助））。

（29）<X 是的：X>... 是的：，他睡下，突然睡下了，/ 所以：有一些人他们来到为了：为了帮助他，他们呢，他们呢，把苹果们在：在他 de 包里 ... 放下去 ...

上面两例中，小句句首的“因为”和“所以”都表达真值逻辑语义关系，构成有标记复句中的主从复句结构（胡明扬、劲松 1989），起到突出新情节的作用。例（28）上一事件中说话人已经描述了偷梨子的男生“roll and fall”，在下一事件的叙述中作为背景信息出现时用连词“因为”引入，为“送帽还梨”提供补充说明信息，加强了上下文之间的联系。例（29）中“所以”起到的作用相似，“男孩摔车”和“三人帮忙”不仅具有时间上的先后关系，还具有因果关系。在这里使用连词“所以”，丰富了篇章衔接关系，体现了事件发展的层次性。但例（25）—（27）均有过度使用连词的倾向。

4 结　语

我们认为，研究学习者的表达应该具体到某一语体，对衔接手段的分析也应该结合该语体的语篇特点，这样才能更好地发现学习者的表达难点。本文首先从故事叙述的角度考察了学习者引入新人物、新事物所使用的语言形式，以及回指、连词等语篇衔接手段的使用情况，发现学习者使用频率最高的是："数量结构 + 名词"引入新人物，光杆名词引入新事物，第三人称代词回指人物，光杆名词回指事物。在使用数量结构、零形回指、代词回指、名词回指时，均有偏误发生。在次事件节点处，学习者会有意使用连词来承接或者转合。接下来，我们将进一步从学习者修复策略角度探讨其口头表达特点，从而进一步为对外汉语教学提供参考。

附　注

［1］《梨子的故事》是 20 世纪 70 年代美国语言学家 Wallace Chafe 带领的研究小组设计的一部无对白电影。该电影主要描述了一个农夫在树上摘梨子，一个经过的小男孩趁农夫不注意时偷走了农人的一筐梨子，然后在小男孩离开的路上发生了一系列事情。（参见 Chafe 1980 的系列研究）

［2］在例句中，零形回指用 Φ 表示。

［3］例（16）的先行语是"一个人"，例（17）的先行语是"一个男生"。

转写体例

①"，""。""？"分别表示微升、下降、上升语调

②"@"笑声，一个音节一个 @

③"："语音拖长

④"<X>"听不清，一个 X 代表一个音节

⑤". ."短停顿，小于等于 0. 2 秒，不注明时长

⑥"…"较长的停顿，大于 0. 2 秒，不注明时长

⑦"^"标在音节前，表示该音节有对比性重音

⑧拼音后的数字"1"为阴平，"2"为阳平，"3"为上声，"4"为去声

⑨“( )”括号内为转写者的说明

⑩“……”省略中间内容

参考文献

方梅（2000）：自然口语中弱化连词的话语标记功能，《中国语文》第 5 期，459–470 页。

方梅（2017）：叙事语篇的衔接与视角表达——以“单说、但见”为例，《语言教学与研究》第 5 期，59–69 页。

方梅（2018）：《浮现语法：基于汉语口语和书面语的研究》，商务印书馆，北京。

丁险峰、骆健飞、李婷（2017）：初级汉语叙事体语段的框架探索，《海外华文教育》第 12 期，1702–1707 页。

胡明扬、劲松（1989）：流水句初探，《语言教学与研究》第 4 期，42–54 页。

李榕（2020）：《现代汉语语篇主题性第三人称回指的多学科研究》，中西书局、上海辞书出版社，上海。

江琪（2017）：《留学生使用汉语关联词的位置特点及偏误分析》，天津师范大学硕士学位论文。

彭欣、张惟（2018）：探索对外汉语教学新方法：以课堂故事叙述活动的多维度运用为例，《第十一届中文教学现代化国际研讨会论文集》（数字版），107–113。

申丹、王丽亚（2010）：《西方叙事学：经典与后经典》，北京大学出版社，北京。

申丹（2009）：也谈“叙事”还是“叙述”，《外国文学评论》第 3 期，219–229 页。

沈茜（2017）：基于 HSK 动态作文语料库的并列关系关联词语及相关结构偏误分析，上海师范大学硕士学位论文。

孙朝奋（1994）：汉语数量词在话语中的功能，戴浩一、薛凤生主编《功能主义与汉语语法》，北京语言学院出版社，北京，139–158 页。

唐凯丽（2018）：《基于衔接理论的汉语口语语篇教学研究——以中高级阶段英语国家留学生为例》，厦门大学硕士学位论文。

吴继峰（2016）：英语母语者汉语写作中的词汇丰富性发展研究，《世界汉语教学》第 1 期，129–142 页。

吴继峰（2018）：语言区别性特征对英语母语者汉语二语写作质量评估的影响，《语言教学与研究》第 2 期，11–20 页。

吴继峰、周蔚、卢达威（2019）：韩语母语者汉语二语写作质量评估研究——以语言特征和内容质量为测量维度，《世界汉语教学》第 1 期，130–144 页。

吴佩、邢红兵（2020）：内容、词汇、篇章特征对汉语学习者二语作文质量的影响研究，《语言教学与研究》第 2 期，24–32 页。

辛平（2001）：对 11 篇留学生汉语作文中偏误的统计分析及对汉语写作课教学的思考，《汉语学习》第 4 期，67–71 页。

乐耀（2010）：从汉语书面叙事体的语篇结构看人物指称的分布和功能，《当代语言学》第 4 期，338–347 页。

张微（2015）：《基于语料库的留学生口语语段表达偏误分析与教学建议》，安徽大学硕士学位论文。

Chafe. W. L.，Ed.（1980）The Pear Stories：Cognitive，Cultural and Linguistic Aspects of Narrative Production. Norwood，New Jersey：Ablex Publishing Corporation.

Clancy. P. M.（1980）Referential Choice in English and Japanese Narrative Discourse. In Chafe，W. L.，Ed.，The Pear Stories：Cognitive，Cultural and Linguistic Aspects of Narrative Production，127–202. Norwood，New Jersey：Ablex Publishing Corporation.

（张文贤：100871　北京，北京大学对外汉语教育学院 zhwenxian@pku. edu. cn
贺知宇：100871　北京，北京大学对外汉语教育学院 1901212430@pku. edu. cn
师倩倩：100871　北京，北京大学对外汉语教育学院 1901212435@pku. edu. cn
曹佳鸿：100871　北京，北京大学对外汉语教育学院 756113378@qq. com）

从协合论模型看结构因素在语法演变中的作用

曹　晋

提　要： 目前，主要的两种语法演变理论模型——语法化和历时构式语法，都没有把语言系统的结构因素纳入其理论体系。陈保亚（1988，1994）的协合论模型是从语言结构角度提出的语言演变模型，他从语言系统的组合和聚合两个维度出发，用“协合度”来量化语言系统的结构对于语音演变的制约。本文就通过协和论和以上两种语法模型的对比来看结构因素在语法演变中的作用。

关键词： 协合论　结构因素　语法演变

语法演变是语言演变的重要组成部分，目前，语法化理论和历时构式语法是两种最重要的语法演变的理论模型。但是语法化理论的研究越来越重视语法演变中的语用因素，而以使用法为基础的历时构式语法则越来越重视从认知的角度来考虑具体的实体构式在演变中的作用，认为其中一些可以作为“范例”的实体构式在演变中起到了模板的作用，这种模板在经过频率的固化后，进而引起抽象性图示的演变。这两种语法演变的理论模型都没有把语言系统的结构因素作为语法演变的参数。陈保亚（1988，1994）的协合论模型是从语言结构角度提出的语言演变模型，他从语言系统的组合和聚合两个维度出发用“协合度”来量化语言系统的结构对于语音演变的制约。本文就通过“协合论”和语法化及历时构式语法这两种语法演变模型的对比，来重新思考结构因素在语法演变中所起的重要作用。

1　语法化理论中结构因素的“浮”与“沉”

早期语法化理论研究中结构因素之“浮”

语法化关注的是语法范畴的来源和发展的问题。Harbsmeier（1979）提到了早在元代，周伯琦就注意到了这种现象，也即传统所说的“实词虚化”的现象。但语法化这个术语始见于梅耶（Meillet1912/1958：133），他认为：“尽管类推可以改变语法形式的细节，但通常会保持既存结构系统的完整性；而某些词的语法化则会产生新的形式，导入先前没有的语言表达范畴，从而改变整个系统。”[1]可以看出，梅耶对于语法化的理解，是基于索绪尔的结构主义思想，把语言视为一个符号系统，关注的是会引起语言结构系统改变的语法演变。由于印欧语是有形态变化的语言，因而，大多数的早期语法化研究关注的是体现出形态特征的时态、语态、情态和格等语法范畴的历时演变。

从研究方法上看，早期语法化研究关注的是某个语法范畴的产生过程——也即语法化项的变化，通过从组合和聚合两个维度来对比语法化项（来源项）和语法化成项（目标项）在形态、句法和语义-语用特征等方面的差异来描述语言的变化，也即通过观察在共时层面上具有层次性（layer）的语言项的分布，来分析语法化项 A 和语法化成项 B 之间的差异性，并从历时的层面来考察这种差异是如何在语言演变的过程中形成的。由于西方对于语法化的研究是基于形态语言的，语法化成项不仅表现为虚词，更普遍的情况是表现为自主程度很低、依附性很强的附着形式或者屈折成分。因而考察语法化项如何从一个相对自由的句法形式演变为位置固定的屈折形式的变化成为这个时期的传统。这个研究取向也体现在不同学者对于语法化的定义上。如梅耶（1912/1958）把语法化定义为“曾经具有自主性的词项被赋予语法性特征”的过程；Kurylowicz（1965/1976）认为，语法化是语素的范围扩展，这一扩展是从实词状态到语法状态，或者从语法性较弱状态到语法性较强状态，例如从派生成分到屈折成分进行的；Lehmann（1982/1995）认为，从历时角度看，语法化“是一个使语言形式具有语法性或者使具有语法性的语言形式更具语法性的过程”；[2] Heine et al.（1991）认为，语法化是“一个词汇项或者结构发展出语法功能，或者一个语法单位发展出高语法性功能”[3]的变化；Lehmann（2004）则认为，“语言符号的语法化是指该语言符号更受制于语言系统而导致其自主性消失的过程”。[4]可以看出，“自主性”和“语法功能”是语法化定义的两个关键特征，而且这两者是统一的，自主性是对语言项从结构角度进行的描述。语法功能则是对语言项从功能角度进行的描述，如果按照 Hopper & Traugott（2003）所给出的从实词 > 语法词 > 附

着词 > 词缀的语法化斜坡（cline），[5] 新的语法功能（屈折范畴）的产生就意味着“自主性”的下降，或者说对于主体词的“内向依附性”的增加。Heine & Reh（1984）认为，语法化是“一个进化过程，在此过程中语言单位在语义复杂性、语用显著性、句法自由度和语音实体等方面都有丧失”。[6] Traugott & Trousdale（2013）把这种类型的语法化称之为“以缩减为特征”的语法化；彭睿（2020）称之为以“窄化”为特点的语法化。这种研究传统的代表性研究是 Lehmann（1982/1995）从语言结构的组合和聚合维度提出的“标杆参数”。如表 1 所示，他提出了测量共时层面“语法性”的六个参项。

表 1　Lehmann（1982）语法化的共时参项

	聚合层面	组合层面
轻重	聚合性	域
内聚性 [7]	聚合性	黏着性
变异性	聚合变化	组合变化

可见，这些参数是以形态语言为基础，通过对比语法化项和语法化成项的特征而设置的。从实词演变为附着成分或屈折成分，在语音或语义上都会失去一些特征，因而表现出由重到轻。从聚合上来看，内聚性表现为从词汇语义的松散聚合，到新的语法聚合类的出现；聚合的变异性则表现为受交际目的的语义语用限制转变为受系统规则的强制性限制；从域来看，在组合层面上，从和任意复杂的组合成分相关联到修饰词或词干；从黏着性来看，从并列关系到语法化项附着于另一成分，失去了独立性；从组合变化来看，从不定位到定位。但是，由于这些参数不能完全适用于像汉语这样的孤立语。为了寻找更具有普遍性的特征，一些语法化的研究者转向了对语法化项所出现的环境的研究。

回顾早期语法化的研究可以看出，语法化是从语言的结构系统来考虑的，研究对象是会改变语言系统结构的新的语法范畴，因而其研究也是用结构主义的研究方法来进行的。Anttila（2003）把横向的组合关系和纵向的聚合关系分布设定为研究语法演变的纬线和经线，Lehmann（1982）对语言系统的组合层面和聚合层面的参数研究成为了从结构主义角度研究语法化的代表性研究。同时，在语义层面，也可以看出，隐喻和转喻也分别对应于语义的聚合关系和组合关系。因而，在语言化理论的早期研究中，是充分考虑了语言系统的结构因素的，但是由于其模型的建立不是以汉语这样的孤立语为材料，为了寻求更有解释力的普遍特征，学界将语法演变的研究转向了对于语言系统结构因素之外的研究。

语法化理论研究中结构因素之“沉”

20 世纪 70 年代开始，话语语用开始被视为理解一般语言结构的主要参项，特别是理解句法结构和语法范畴发展的主要参项。Hopper（1979a，1982）等将语篇功能到句子层面语义功能的重新分析也融入了语法化的研究。Traugott（1982）则关注语法化过程中语义演变的原则，她强调了语用推理、会话蕴含和转喻在语法范畴发展中的作用。由于语法化总是在特定的语境中发生变化，语法化项不可能脱离具体的语境发生语法化。有的学者注意到了语法化过程中语境的作用，如 Kurylowicz（1964）认为屈折范畴的演变，不断地在所有语言中反复独立出现。它们表达了历时共性，并且一定以某种方式直接或间接地植根于一种基本话语情境。语法化就是要研究与语境相关联的历时演变的共性。之后，一些学者从语法化项所在的环境出发，提出了语法化的“扩展”问题。如 Bybeeet al.（1994）将语法化和“泛化”（generalization）联系在一起，以此来说明意义泛化和使用的扩展之间的关联性：意义的泛化意味着词汇细节的消失，自然就会引起用法的扩展——也即语境的扩展。Hopper & Traugott（2003）对语法化的定义也增加了对语法化环境的描述，强调“词汇项或者特定的结构式是在特定的环境里获得了某种语法功能”。[8] Himmelmann（2004）认为语法化的本质就是环境的扩展，他区分了宿主类型（host class）、句法、语义 - 语用三种类型的环境扩展，并且认为语义 - 语用的环境扩展是其中的核心。

对语法化环境的重视，也推动了对于语法化过程的研究。在语法化的早期研究中，是通过比较语法化项和语法化成项之间的差异性来研究语法化的。而随着语法化赖以发生的环境进入研究者的视野，有的研究者开始利用环境来研究语法化的中间阶段。Heine（2002）通过桥梁环境（bridging context）、转换环境（switch context）和习用化环境（conventionalization）来描写语法化过程中新义与旧义并存、只认可新义和新义规约化三个阶段。Diewald（2002）用非典型环境（untypical context）、临界环境（critical context）和孤立环境（isolating context）描写了新义蕴含，新、旧义并存和新义独立三个阶段。[9]虽然 Traugott（2012）认为“没有证据表明一定存在一个包含桥梁环境或者临界环境而且必然早于新用法的第二阶段”，[10]但是，语法化环境的研究，一方面说明了人类语言虽然可能在形态变化上存在差异，但是在组合方式上存在共性。就如同词类划分一样，汉语虽然缺乏形态变化，但是在组合分布上和其他语言一样，是存在共性的，可以根据组合的分布环境来确定词类。而且，语法化的语境特征，比早期的形态句法特征更具有普遍性，因而推动了从类型学的角度来研究语法化过程中表现出的共性。另一方面，对语法化环境的研究，也意味着把语法演变研究的关注点放在了语用层面——即从语言系统之外去寻求语言演变的解释，研究者认为语言是在使用中发生变化的，语言使用者引发了语言的变化。如歧解阶段的新义的理解是通过召请推理（inviting inference）实现的，也即听话人从说话人的会话隐含中推理出新义。虽然，语法化研究在微观具体的语用层面取得了巨大的进展，但同时也失去了对于语言系统制约语言演变的结构基础的深入思考。

综上可以看出，语法化的演变模型，解决的是语法系统中新的语法范畴的来源和演变问题，用构式语法的观点来看，就是主要解决的是实体构式的语言演变问题，但是不能处理没有引起语法系统结构变化的语法范畴或构式的历时演变问题（如语法范畴自身的发展或衰落的问题），也即构式语法所说的不涉及到新节点出现的构式演变的问题，也不能解决图示性构式的语言演变问题。同时，从研究方法来看，早期的语法化模型是把研究对象置于语言系统的组合和聚合的概念轴上，通过对比语法化项和语法化成项的组合和聚合层面参数的变化，来解释语言的演变。但是，由于语法化模型是以形态语言，尤其是以语法化后的形态句法的特征为参数，因而在分析汉语这样的孤立语时遇到了困难，因而其研究转向了演变发生的环境，动用了语用层面的因素来解释语法演变，虽然在历时语义变化，尤其是特定语境中的会话蕴含和语用推理方面取得了巨大的进展，但是也失去了对于制约系统演变的结构因素的深层考量。而且，语法化项在语境中发生的变化，实际是可以通过组合和聚合层面的参数来解决的，语境实际就是组合关系的体现。而在 Heine（2002）和 Diewald（2002）所提到的连续性语境中发生的变化，则会表现为聚合类的变化。因而，语法化模型所追求的普遍性特征的问题，是可以通过深入研究制约语法系统演变的结构因素来解决的。

2 历时构式语法对于系统结构因素的考虑

从上面所提到的语法化的研究传统可以看出，早期语法化的研究注重语法化项形式方面的特征，后来的研究转向了语法化项所出现的环境——即通过成分的组合关系组成的整个构式，其实质是转向了语义 - 语用的研究。以语法项所在的结构式为载体，这种研究取向实际研究的是语法化项所在的“构式”的形式和意义。如 Bybee et al.（1994）认为“语法意义的来源是整个构式而不仅仅是词干的词汇意义”，[11] 可见，他们已经看到了与语法化成项相关的组合成分在语法化过程中的作用。因而，一些研究语法化的学者选择构式语法作为理论模型，也是因为语法化理论的研究与构式语法的理念是一致的。而且，词汇化和语法化是语言演变中两个重要的问题，构式语法的兴起则为把这两种演变置于一个模型框架下提供了条件。构式语法结合认知心理学关于重复、固化以及范畴化的研究，把索绪尔的符号观扩大到了语言中所有的结构单位。Goldberg（2006）修正了以不可预测性为特点的构式的定义。她认为：“任何一个语言模式，只要它的形式或功能的某个方面不能通过其组成各部分或其他既存的结构形式完全预测出来，就应视为构式。此外，有些模式即使可以被完全预测出来，但只要其具有足够高的使用频率，也可以作为构式来存储”。[12] 这样，语法系统中的词汇性单位和语法性单位就统一在了构式的连续体上。正是基于这个考虑，一些研究语法化的学者，如 Bergs & Diewald（2008）、Traugott & Trousdale（2013）、Hilpert（2013）用历时构式语法[13] 模型把之前的词汇化和语法化研究纳入了同一个理论模型。历时构式语法不仅可以解决实体构式的演变问题，还可以解决像“NP of NP”由部分词演变到数量词这种图示性构式的演变问题（Traugott 2008），也可以解决不产生新节点的构式演变（constructional change）问题，比如构式在网络中的成长、淘汰和重组（Traugott & Trousdale，2013）。目前历时构式语法的研究，主要是集中在把不同的构式语法理论与过去的语法化的研究相结合，如 Noël（2007）、Bergs & Diewald（2008）；或是用不同的构式语法理论来研究某一构式的演变，如 Hollmann（2003）用激进构式语法研究了英语中的迂说型致使结构的发展；Bergs & Diewald（2008）综述了和 Goldberg（2006）相一致的历史语言学研究；Fried（2008）用 HPSG 的观念来模拟了构式组合成分的内部特征和构式自身的外部特征的关系。还有的学者对具体构式的演变进行了研究，如 Israel（1996）对英语 way- 构式的研究，Brems（2011）对英语双名词数量表达构式进行了研究，Pattern（2013）对英语分裂句发展进行了研究，Hilpert（2013）提供了英语中构式演变的案例研究。

历时构式语法的基本思想是用网络模型来表征语言结构，用节点来表征构式，用不同节点之间的联结来表征构式之间的关系，用节点的变化来表征构式化，用节点自身的变化，如成长、竞争和淘汰来表征构式演变。从表征的对应关系可以看出，网络对应于语言的结构系统，网络模型中的构式对应于构成语言系统的实体（Hudson 2007）。因而，每个节点所表征的构式的价值是由网络模型中与其有链接关系的其他节点所表征的构式决定的。因而，构式语法实质上是对索绪尔的语言符合系统的一个回归。这种回归，一方面表现在把语音形式和意义构成的符号扩展到了由形式意义对构成的构式，而且回归到了语言的系统观，把由符号构成的系统表征为由节点构成的网络模型。另一方面，研究的焦点由语法化成分的演变路径，转变为语法化成分可能与一个范畴或结构的匹配方式上来，既不是单纯地研究语法形式，也不是单纯地研究语法意义，而是研究语法形式和意义如何在网络模型中进行匹配。这种转向，实际是向制约语法演变的系统结构因素的回归。如 Trousdale（2008）认为英语非人称结构的逐渐消失和中古英语中许多独立的系统变化是相关的，这些变化包括形态格的消失和强制性的（形态）句法主语的发展。再如詹芳琼等（2020）对“越来越”的多重来源的分析，实际上就是语言系统的结构因素起作用的结果。在谈到语法化的动因之一——类比时，Traugott & Trousdale（2013）指出类比思考能力的精髓在于连接网络中的特征来识解意义。这种连接，一方面可以以使用中的范例为模板，另一方面也可以以语言中既有的构式为模板，而连接的本质其实就是相似性的聚合。因而历时构式语法模型，实际上就是以形式意义对构成的构式为基础，来探求制约构式在历时演变过程中的系统因素。这种模型不仅强调作为范例的模板作用，可以自下而上地抽象语言知识（Taylor 2002），而且也强调“范畴化的语言知识”的重要性（Auer & Pfänder 2011）。把这两种观点还原到索绪尔的以符号为基础的系统观，就是说，语法的变化，不仅和言语使用中的高频率范例有关，而且和既有系统的结构因素相关。因而，历时构式语法模型的本质是向语言符号系统观的回归。这种回归，在研究语言系统的纵向关系如承继关系上前进了一大步，但是由于所采用的模型是网络化的模型，在研究横向联结关系上遇到了困难。Smirnova & Sommerer（2020）指出目前构式语法所面临的挑战就是如何用网络表征语言知识的横向组织，并用网络变化来表征构式的变化。语言知识的横向组织实际就涉及到系统的结构问题，Capelle（2006）、Perek（2015）、Zehentner & Traugott（2020）从构式变体（allostructions）的角度对这个问题进行了研究：考虑在功能相同的情况下，把处于同样抽象层次上的构式看做横向联结关系的一种。横向联结关系如何表征语言变化和表征何种语言变化的问题还有待深入研究。

3　协合论对于系统结构因素的考虑和启示

从结构的角度来研究语言演变，有三个代表性的研究。萨丕尔用“Who”和“whom”的个案研究开始关注语言的结构对于语言演变的制约；其后马尔丁内（Martinet 1952）的“整合”模型从语音的演变，把这一研究推向了对于语音格局的思考，即系统是否“整齐”和“对称”；陈保亚的协合论模型则量化了马尔丁内的思想，从组合和聚合两个维度，通过组合参数和聚合参数来计算不同时期语言系统的协合度，来解释语音的变化。下面就来从语言系统的结构角度回顾语言变化的这三项重要的研究。

萨丕尔（1921/1985）提出了“在语法结构的层次上，语言也要求有一定的格局”，并且以“Whom did you see”演变为“Who did you see”为例，论证了语言的结构系统对于语言演变的非线性制约作用。他认为 whom 在结构关联中显得较为孤立，出现了平衡破缺。

人称代词	I	he	she	we	they	who
	me	him	her	us	them	whom

疑问代词 what which

关系代词 that

萨丕尔认为在上面的矩阵中，who 和 whom 虽然有对应的主、宾格形式，但是不同于人称代词；作为疑问代词和关系代词的 what、which 和 that 由于没有相应的主、宾格形式，因而 who 和 whom 在结构关联中处于不平衡的位置。同时，如果结合 Trousdale（2008）的研究来看，英语形态格的消失和强制性的（形态）句法主语的发展也对 who 替换 whom 构成了系统结构上的制约。萨丕尔提出的语法格局对语法演变制约的重要之处在于，他不仅看到了结构的关联性对于演变的制约，也即演变发生于何处的问题，而且还用实例进行了证明。虽然他没有从理论的层面，进一步来研究语法的格局是怎样的，并且从哪些方面会制约语言的演变，但是他已经敏锐地看到了语言系统的结构关联方式是影响语法演变的一个关键因素。其后马尔丁内（1952）提出了语音演变的“整合”模型。他认为“整合”就是语音系统整齐、对称的趋势。不整齐、不对称的音系容易发生变化，处在不对称位置上的音也最容易变化，变化的目的是达到更为整齐的状态。但是，马尔丁内没有用具体的语言调查来进行证明，也没有提出整合的标准。陈保亚（1988）为了避免马尔丁内“对称”“空格”等主观因素，用“协合度”来量化结构的不平衡性，提出了解释语音演变的协合论模型。他从语言的组合和聚合两个维度用“协合度”量化了语言结构的不平衡性，通过不同时期“协合度”的比较，预测了音变在何处发生。具体来说，语音系统在自组织的演变过程中，往往在协合度低的语音单位和语音聚合群上发生变异。除了系统内部的“自协”，陈保亚（1994）又研究了接触过程中，两个语言系统互协的过程，并提出了“无界有阶论”，认为语言接触是无界的，在任何深度层面都可能借用，但是核心词的借用是有“阶”的。对于语法演变来说，协合论实际提出了两个方面的问题：一个是制约语言演变的结构因素；一个是演变中的深度问题，也即演变中的“界”和“阶”。与之前的研究相比，协合论模型不仅给出了参数的计算方法，如组合指数和聚合指数的计算，而且，根据发音的生理条件的限制，协合论还区分了生理上的空格和结构上的空格，不仅解决了马尔丁内所面临的“空格”如何定义的问题，而且解决了系统的协合度（对应于马尔丁内的系统的整合程度）的问题，并进而区分了可能的音变和不可能的音变。在预测性这一点上，协合论展示了强大的解释力。

回顾从马尔丁内到陈保亚提出协合论，这其中也发生了一次转向，即从结构的角度来研究音变转向了对于社会因素的研究。由于语言是一种社会现象，因而音变的原因可以从语言结构的外部寻找，美国的语言学家魏茵来希、拉波夫等（1988，1989）提出的“有序异质系统”的语言理论模型，把变异、系统、社会联系起来，并得出了语言变异和不同的言语社团发生相关关系是语音变化的原因。这个理论模型使得人们可以通过不同的变异在不同的社团中的分布差异来观察语言演变的微观过程。但是，正是因为他们把研究的注意力转向了社会因素，同时也就忽略了语言系统在结构上的制约作用。而陈保亚（1988，1994）则正是对这个转向的回归，把结构和变异关联起来进行研究。

虽然，陈保亚的协合论是在语音演变的基础上建立的理论模型，但是同样可以用于语法演变的研究。这是因为这三种关于语言演变的理论模型都是以索绪尔的语言系统观为基础的。语法化理论的提出，就是要研究会引起语言系统变化的新的语言范畴。而在研究方法上，实际是以索绪尔提出的“句段关系”（组合关系）和“联想关系”（聚合关系）为基础的，Lehmann（1982/1995）的“参数理论”就是基于组合和聚合维度建立的。而在语义层面，语法化理论所提出的隐喻和转喻，实际就是语义层面的聚合和组合关系的变化。历时构式语法的网络模型，实际就是表征了索绪尔所提出的语言的结构系统，而网络模型中的单位——构式，是把索绪尔的符号进行了扩展；语言中的所有单位都是形式意义对，因而皆为构式。历时构式语法模型所表征的构式在语言网络中的变化，实际上就是重新思考语言的结构系统对于语法演变的制约。Traugott & Trousdale（2013）所说的“类比思维”实际上就是对于演变中的构式和系统中已有结构或者范畴的关联方式，也就是聚合类的关联方式。协合论是对索绪尔结构主义的直接运用，从语言系统的组合和聚合维度来考察不同时期语言系统的协合度，以此来解释语言的变化，而且协合论所计算的组合指数，实际就是对历时构式语法中构例的统计，而聚合指数则是对可能的和不可能的聚合类的考量，可以说在这个层面，比语法化理论和历时构式语法理论考虑得更为深入，而且还考虑到了演变过程的“阶”和“界”。因而，上述三种理论模型本质上都是以结构主义的符号系统作为基础，以聚合和组合关系作为经线和纬线，来进行研究的。同时，从语法化理论的发展来看，虽然经历了从宏观结构向微观变化环境的转向，从语义－语用的角度来寻找制约语法演变的因素，但是发生语法化的环境，也即语法化项所在的构式，以及 Hiene（2002）和 Diewald（2002）所提到的连续性环境，可以通过组合参数和聚合参数来考量。组合性关系构成了语法化项所在的构式，而连续性环境可以通过聚合性参数，也即聚合类的变化来观察语法化项处于变化的什么阶段。因而，面对目前的语言演变研究越来越偏重于语用因素和认知因素的趋势，重新思考语言系统的结构因素对于语言演变的制约作用，无疑有着重要的理论意义，这也正是协合论的价值之所在。它一方面把语法关系还原到语言系统最基本的组合关系和聚合关系上，而且对着两种关系的计算进行了量化分析；另一方面从语言系统的角度来考虑对于语言演变的制约，不仅考虑语言系统对于演变发生在何处的制约，而且考虑语言演变过程中的“阶”和“界”。萨丕尔在谈到语言格局对个人使用语言的制约时，曾这样描述：“每个人在运用语言时，所感觉到的那种几乎无限制的自由，实际是受制于一种不知不觉中起指导作用的规范的。”（萨丕尔 1921–1985）这种不知不觉中起指导作用的规范实际就是语言系统的结构，它就像一只看不见的手，对语法演变发生作用。这种结构表现为宏观、中观和微观三个层面，宏观层面是语言的结构系统，即陈保亚协合论模型所测量的语言结构系统的不平衡性；中观层面是抽象化程度不同，但又具有关联性的抽象图示，也即演变过程中具有类比关系的不同图示；微观层面就是历时构式语法中提出的作为节点的“构式”。比较上面三种理论模型可以看出，语法演变的核心问题是语法形式和语法意义如何在历时演变过程中的匹配关系发生变化的问题。语法化研究从早期重视语法演变中结构因素的制约，转为重视语义—语用因素的制约，把研究的重点转向了语用使用者如何引发语言的变异，并进而把这种变异进行规约化，固化为新的语法范畴的过程。历时构式语法则把这个过程用网络模型表征出来，并把研究的重点转到网络组织和演变过程中抽象性图示如何进行类比关联，尤其是如何解决横向联结关系。上述两种模型，把演变的动因归为语言的使用者，因而忽略了语言自组织系统的作用。而协合论则从语言是一个自组织系统，量的角度化分析了微观的组合指数和抽象的聚合指数对语言演变在结构上的制约作用，并且提出了范畴演变过程中的“阶”和“界”的问题，因而把协合论运用于语法演变，并重新思考语言的结构系统对于语法演变的制约因素，回答语法演变可能发生在何处，以及演变的深度问题都有重要理论价值。

附　注

［1］詹芳琼、郑友阶（2019）译。

［2］作者译。

［3］作者译。

［4］作者译。

［5］Givon（1979）提出的“话语 > 句法 > 形态 > 形态语音 > 零形式”的斜坡虽然也了体现了“缩减”的特征，不仅包含了上述的形态变化，而且也从语用的角度，包含了从松散、意合的话语结构发展为封闭的句法结构的过程，他将语法化的研究从语篇模式扩展到了语法模式。

［6］詹芳琼、郑友阶（2019）译。

［7］龙海平等（2018）翻译为“连贯性”。从组合层面来看，黏着性增强就意味着成分的独立性下降，越来越依附于其相关的主体词，整体越来越像一个单位，因而本文翻译为了“内聚性”。

［8］作者译。

［9］采用了彭睿（2020）的译法，他把桥梁环境和歧解环境统称为歧解环境。

［10］作者译。

［11］陈前瑞等译。

［12］作者译。

［13］Noël（2007）提出了历时构式语法这个术语，是指用构式语法来研究历时变化，关注构式的形式和意义对之间的匹配关系。

参考文献

陈保亚（1988）：《语言演变的结构基础》，北京大学硕士学位论文。

陈保亚（1996）：《论语言接触与语言联盟——汉越（侗台）语源关系的解释》，语文出版社，北京。

［德］贝恩德·海涅，乌尔丽克·克劳迪，弗里德里克·许内迈尔（2018）：

《语法化：概念框架》（龙海平等译），世界图书出版社，北京。

［美］琼·拜比，里维尔·珀金斯，威廉·帕柳卡（2017）：《语法的演化：世界语言的时、体和情态》（陈前瑞等译），商务印书馆，北京。

彭睿（2020）：《语法化理论的汉语视角》，北京大学出版社，北京。

［美］萨丕尔（1921/1985）：《语言论》，商务印书馆，北京。

［美］魏茵莱希，拉波夫等（1988）：语言演变理论的经验基础（上）（王洪君译述），《国外语言学》第4期，152–155页。

［美］魏茵莱希，拉波夫等（1989）：语言演变理论的经验基础（下）（王洪君译述），《国外语言学》第1期，12–23页。

［美］伊丽莎白·特劳戈特，［英］格雷姆·特劳斯代尔（2019）：《构式化与构式演变》（詹芳琼、郑友阶译），商务印书馆，北京。

詹芳琼、Traugott、韩笑（2020）：构式化和语法化的异同：以汉语增量比较构式“越来越……”的演变为例，《辞书研究》第6期，53–68页。

Anttila，R.（2003）Analogy：The Warp and Woof of Cognition. In B. D. Joseph，R. D. Janda，Ed.，The handbook of Historical Linguistics，425–440. New Jersey：Blackwell Publishing.

Auer，P. & S. Pfänder（2011）Constructions：Emergent or emerging?In Constructions：emerging and Emergent，1–21. Berlin，Boston：De Gruyter.

Bergs，A. & G. Diewald，Ed.（2008）Constructions and Language Change. Berlin：De Gruyter.

Brems，L.（2011）Layering of Size and Type Noun Constructions in English. Berlin：De Gruyter Mouton.

Bybee，J. L. & R. Perkins and W. Pagliuca.，Ed.（1994）The Evolution of Grammar：Tense，Aspect and Modality in the Language of The world. Chicago：University of Chicago Press.

Cappelle，B.（2006）Particle Placement and the Case for “Allostructions”. In D. Schönefeld，Ed.，Constructions，SV1.

Diewald，G.（2002）A model for Relevant Rypes of Contexts in Grammaticalization. In Wischer and Diewald，Ed.，New Reflections on

Grammaticalization-Proceedings from the International Symposium on Grammaticalization, Potsdam Germany (Typological Studies in Language 49) , 103-120. Amsterdam/ Philadelphia: John Benjamins.

Fried, M. (2008) Constructions and Constructs: Mapping a Shift Between Predication and Attribution. In Bergs, A. and G. Diewald, Eds. , Constructions and Language Change, 47-79. Berlin: Mouton de Gruyter.

Givón, T. (1979) On Understanding Grammar. New York: Academic Press.

Goldberg, A. E. (2006) Constructions at Work: The Nature of Generalization in Language. Oxford: Oxford University Press.

Harbsmeier, C. (1979) Wilhelm von Humboldts Brief an Abel Rémusat und die Philosophische Grammatik des Altchinesischen. Grammatica Universalis 17. Stuttgart/Bad Canstatt: Erich Fromman.

Heine, B. & M. Reh. (1984) Grammaticalization and Reanalysis in African Languages. Hamburg: Buske.

Heine, B. & U. Claudi and F. Hünnemeyer (1991) Grammaticalization: A conceptual framework. Chicago: University of Chicago Press.

Heine, B. (2002) On the Role of Context in Grammaticalization. In Wischer, I. , G. Diewald Ed. , New Reflections on Grammaticalization. 83-101. Amsterdam: John Benjamins.

Hilpert, M. (2013) Constructional Change in English: Developments in Allomorphy, Word Formation, and Syntax. Cambridge: Cambridge University Press.

Himmelmann, N. P. (2004) Lexicalisation and grammaticalization: Opposite or orthogonal?In Bisang, W. , Himmelmannm, N. , B. Ed. , What makes Grammaticalization?: A Look from its Fringes and its Components. 19-40. Berlin/New York: Mouton de Gruyter.

Hopper, P. J. & E. C. Traugott (2003) Grammaticalization. Cambridge: Cambridge university Press.

Hopper, P. J. (1979) Aspect and Foregrounding in Discourse. In Syntax and

Semantics V12：Discourse and Syntax. 213–241.

Hopper，P. J. （1979）Some observations on the typology of focus and aspect in narrativeLanguage. Studies in Language. 3（1）：37–64.

Hopper，P. J. （1982）Aspect Between Discourse and Grammar. In Hopper，P. J. Ed.，Tense–aspect：Between Semantics and Pragmatics，3–18. Amsterdam：John Benjamins.

Hudson，R. A. （2007）Language Networks：The New Word Grammar. Oxford：Oxford University Press.

Israel，M. （1996）The Way Constructions Grow. In Adele G.，Ed.，Conceptual Structure，Discourse and Language，217–230. Stanford：CSLI Publ.

Kurylowicz，J. （1964）The Inflectional Categories of Indo–European. Heidelberg：Carl Winter.

Kurylowicz，J. （1965/1976）The Evolution of Grammatical Categories. Diogenes. 13（51），55–71（1965）. Reprinted in Esquisses linguistiques，Vol. 2，38–54. Munich：Fink.

Lehmann，C. （1982/1995）Thoughts on Grammaticalzaiton. Munich：Lincom Europa.

Lehmann，C. （2004）Theoryand Method in Grammaticalization. Zeitschriftfür Germanitische Linguistik 32（2），152–187.

Martinet，A. （1952）Function，Structure，and Sound Change. Word，8（1），1–32.

Meillet，A. （1912/1958）L'évolution des forms grammaticales. In Linguistiquehistorique et Linguistiquegénérale，130–148. Paris：Champion. [Originally published in Scientia（Rivista di scienza）XXII，1912.]

Noël，D. （2007）Diachronic Construction Grammar and Grammaticalization Theory. Functions of language. 14（2），177–202.

Perek，F. （2012）Alternation–based Generalizations are Stored in the Mentalgrammar：Evidence from a Sorting Task Experiment. Cognitive Linguistics，23（3），601–635.

Smirnova, E. & L. Sommerer（2020）The Nature of the Node and Network—Open Questions in Diachronic Construction Grammar. In Sommerer, L. and E. Smirnova, Ed., Nodes and networks in Diachronic Construction Grammar, Amsterdam/Philadelphia：John Benjamins. 1–42.

Taylor, J. R.（2002）Cognitive Grammar. Oxford：Oxford University Press.

Traugott, E. C.（1982）From Propositional to Textual and Expressive Meaning：Some Semantic–pragmatic Aspects of Grammaticalization. In Lehmannand Malkiel 1982：245–271.

Traugott, E. C.（2012）The Status of Onset Contexts in Analysis of Micro–changes. In Merja K., Ed., English Corpus Linguistics：Crossing paths. 221–255. Amsterdam：Rodopi.

Traugott, E. C. & G. Trousdale（2013）Constructionaliztion and Constructional Changes. Oxford：Oxford University Press.

Trousdale, G.（2008）Words and Constructions in Grammaticalization：The end of the English Impersonal construction. In Susan F. and Donka M., Ed., Studies in the History of the English Language IV：Empirical and Analytical Advances in the Study of English Language Change, 301–326. Berlin：Mouton de Gruyter.

Zehentner, E. & E. C. Traugott（2020）Constructional networks and the Development of Benefactive Ditransitives in English. In Lotte S. and Elena S., Ed., Nodes and Networks in Diachronic Constructional Grammar. 168–211. Amsterdam/Philadelphia：John Benjamins.

后　记

写在文后，回忆 2005 年开始和陈导学习的时候，他特别强调的就是语言系统的结构观，让我多思考萨丕尔所举的 who 替代 whom 的例子，考虑如何研究在语法演变中语言系统对于语法演变的影响。但当时由于自己对这个问题的理解不够，还沉浸在对语法化理论的学习中。随着对语法化理论和其后历时构式语法理解的深入，发现语法化理论在处理汉语语法演变时的不适应性，实际上是由于基于印欧语的西方语法理论在汉语这样缺乏形态变化的孤立语中运用时缺乏普遍性造成的。在语法形式的表现上，屈折形式这样的语法范畴和实词这样的词类范畴，有着明显的区别，因而在溯源时，很容易发现从实词到附着词再到屈折形式的演变路径。但是，由于汉语缺乏形态变化，变化前后在形式上看，往往是一致的，只能根据其分布位置的变化来判断其范畴是否发生了变化。在以往的研究中，从共时层面上对词类判定标准的深入考察，就体现出了汉语要根据其分布位置来确定语法功能的特点。而从反向来看，这恰恰说明了，如果语言学理论是建立在像汉语这样的孤立语的基础上，那么其解释力反而更具有普遍性。因而，西方语法理论的不适应性，反而说明了孤立语在语言学理论研究中的重要性。也正因如此，中国的结构主义的描写分布才极大地推动了语言学研究的不断深入。同时，无论是语法化理论，还是历时构式语法，都是以索绪尔的语言系统观为基础，但是在研究层面，系统的结构因素还研究得不够，这体现在语法化的大部分研究是以某个语法构式为对象，线性地进行历时考察，虽然后期把对象扩大到分布环境，也就是扩大到影响变化的组合关系，但是仍然没有从语言系统的角度来考察制约演变的结构因素。而对于语言系统的观察，恰恰是中国的结构主义的传统，如吕叔湘（1987）、徐通锵（1998）都提到了及物性和致使性反映的是不同的语法结构格局。陈导的协合论则是在充分考虑了语言系统的结构因素之后，用语言系统最基本的组合关系和聚合关系建立起来的语言演变模型。而近年来历时构式语法的进展也反映了语言系统的结构因素也是语法演变的理论模型必须考虑的因素之一，且把协合论用于语法演变的研究是对陈导学术思想最好的继承和发展。但是，由于领悟得有点晚，因而很惭愧地把这篇相当于读书报告的文章作为庆祝陈导六十五岁寿辰的文章之一。陈导治学研究的名言是“理论照亮材料，材料构建理论”。我将以此作为一个新的起点，用理论和材料相结合的研究回报师恩，继承和发展陈导的学术思想。

（曹晋：100029　北京，对外经济贸易大学中国语言文学学院 caojin7601@163.com）

马拉加西语 Merina 方言音系

郑仲桦

提　要：马拉加西语是马达加斯加的一种南岛语，一般认为与印度尼西亚加里曼丹南部 Maanyan 语较为接近。Merina 是马拉加西语东部方言中的一个土语，作为首都地区使用的语言，也是现代马拉加西语拉丁文字系统的基础。由于语言演变的关系，Merina 方言已与文字有了较大的差异。本文根据最新调查，重新整理出 Merina 方言的音系，包括辅音、元音、超音段（重音与声调），为马拉加西语方言提供新的认识。

关键词：马拉加西语　Merina　方言音系重音声调

1　前　言

马拉加西语（Malagasy）是马达加斯加岛上所使用的一种南岛语。根据学者推论，与马拉加西语最为接近的是现在加里曼丹岛南部的 Maanyan 语，说明了早期印度尼西亚人航渡印度洋到达非洲的马达加斯加岛的历史。马达加斯加人基本上是由印度尼西亚人和非洲人混血融合而成。根据词汇统计，推测出方言差异最大的地区，即现在马岛东南的 Farafangana、Mahanoro 与 Ambovombe，也最有可能是印尼人最初抵达的地方。Ambovombe 同时也是马拉加西语中与其他方言差异较大的一种。此外，学者还根据词汇统计以及比较，发现马拉加西语与马来语、爪哇语以及南苏拉威西语之间存在大量词汇借贷的关系（Adelaar1989，1994a，1994b，1995）。马拉加西语在语系分类上属于南岛语系大巴里托东支（Great Barito East Group of Austronesian Family）的一种语言，如前所述，与印度尼西亚语言的关系较为密切。

关于马拉加西语的方言分类，存在许多不同的看法。Andriamanantsilavo 与 Ratrema（1981）利用一些语音对立的特征，将马拉加西语分为东部方言、西部方言，以及介于两者之间的中间型方言（intermediate dialect）。Vérin et al.（1969）

以及其后 Serva et al.（2012）根据谱系分类算法（phylogenetic algorithm），各用了 100 词和 200 词进行计算，对马拉加西语的方言进行了分类。

根据前人的分类，Merina 属于东部方言，是首都中心高地（central highland）Antananarivo 地区的方言，早期用阿拉伯字母拼写，于 1820 年国王 Radama 一世下令改为拉丁文字系统，现在的文字系统就是当时根据首都地区 Merina 方言（应称“土语”，行文方便称“方言”）为基础，兼采法语和英语书写习惯所创制。虽然现在的文字系统是根据 Merina 方言创制，但由于语言自然演变，现今的 Merina 方言与文字系统之间已经出现许多不一致的地方，有必要重新进行调查，描写当下的方言音系。

本文根据 Merina 方言最新的调查，整理出该方言音系以及相关语音现象。发音人是江西师范大学外国语学院马达加斯加研究中心的研究员 Vololona Nomenjanahary（中文名：吴一菲），1989 年生于马克加斯加首都 Antananarivo Befelatanana，母语是马拉加西语 Merina 方言，通晓法语、汉语、英语等语言。调查时间是 2019 年 5 月，于江西师范大学外国语学院马达加斯加研究中心。

2　Merina 方言的音系

马拉加西语 Merina 方言的辅音一共有 6 个塞音、3 个鼻冠塞音、6 个塞擦音、5 个擦音、3 个鼻音、1 个边音、1 个颤音、1 个近音，共 26 个音。ʨ、ʥ、ɕ 是 ʦ、ʣ、s 的条件变体，只出现在元音 i 之前，所以实际的音位是 23 个。下表 1 是 Merina 方言的辅音音系（音位变体以括弧表示）。

表 1　马拉加西语 Merina 方言辅音音系

部位 方式	双唇	唇齿	齿龈	卷舌	硬腭	软腭
塞音	p b		t d			k g
鼻冠塞音	mb		nd			ŋg
塞擦音			ʦ ʣ	tʂdʐ	（ʨ） ʥ)	
擦音		f v	s z		（ɕ）	

续　表

方式＼部位	双唇	唇齿	齿龈	卷舌	硬腭	软腭
鼻音	m		n			ŋ
边音			l			
颤音			r			
近音	w					

下面表 2 是这些辅音的例词。

表 2　马拉加西语 Merina 方言辅音例词

塞音（plosive）	
p	ɕīpă（情人）、patalū（法语借词：裤子）、m̩kāpŭkă（打）
t	tèrĭ（紧）、tátă（爸爸）、mātĭ（死）
k	miulakūlană（弯）、manókă（打呵欠）、kiù（手肘）
b	bebé（祖母）、ból（法语借词：碗）、būzakă（草）
d	dadabé（爷爷）、adálă（疯子）、ɗītă（蜗牛）
g	gánă（鸭）、gīdʐŭ（猴子）、legỳm（法语借词：蔬菜）
鼻冠塞音（nasalized plosive）	
mb	ambānĭ（下面）、ambūnĭ（上面）、ɕìmbă（破坏）
nd	mándŭ（湿）、manɗiɗi（割）、mandé（走）
ŋg	maŋgìdi（苦）、maŋgetaēta（渴）
塞擦音（affricate）	
ʦʰ/ ʦ	raʦʰĭtaré（丑）、m̩ʦēʦĭtʂă（吸）、rapīʦŭ（明天）
ʨʰ	ʨʰĭɕĭ（没有）、rāʨʰĭ（坏）、fiʨʰĭ（少）
ʣ	ʣámbă（瞎子）、akànʣŭ（衣服）、fuánʣŭ（花生）
ʥ	ʥiru（灯）
tʂ	anttʂă（老）、àntʂĭ（柱子）、tʂānŭ（房子）
dʐ	kadʐādʐăkă（大蟑螂）、tàndʐkă（角）
擦音（fricative）	
f	āfŭ（火）、fátŭ（石头）、fāskĭă（砂）
v	máivană（轻）、āvană（彩虹）、avî（来）

续 表

s	m̩sōtĭ（跳）、sá（我）、ȉsă（谁）
ɕ	ɕīfĭ（九）、maɕĭră（咸）、maɕīkĭă（辣）
z	mazáfă（亮）、tetēzană（桥）
鼻音（nasal）	
m	mamūnŭ（杀）、m̩mé（微笑）、mákă（拿）
n	rāvnă（叶子）、fūfnă（气味）、éna（肉）
ŋ	ùŋbĭ（牛）
边音（lateral）	
l	lelá（男）、m̩laláw（玩）、kèlĭ（小）
颤音（trill）	
r	urāna（雨）、kərārŭ（鞋子）、mîră（唱歌）
近音（approximant）	
w	sāwană（青蛙）

Merina 方言中，当元音为 i 时 ʨ、ʥ、ɕ 作为 ʦ、ʣ、s 的音位变体出现，所以不是独立的音位。音变规则是：/ʦ、ʣ、s/ → [ʨ、ʥ、ɕ]/__i。

浊擦音在 Merina 方言中很大比例出现了清化的现象，例如“谁”的文字形式是 iza，而实际发音是 ìsă，在此根据实际读音记录。此外，唇齿浊擦音 v 也大量地清化为 f，甚至产生了同形异义词，如文字的 fo（心脏）和 voa（肾），后者浊音清化为 fú，与前者唯一的差异是声调，心脏是 fū，清浊音在此已不起辨音的作用。

齿龈塞擦音 ʦ 有送气和不送气的变体，两者间不形成对立，因此是一个音位。

与文字相比，Merina 方言少了一个 h。例如（前为文字，后为口语读音）hazo：àsŭ（树）；tohatra：tuàtʂă（桌子）；lohalika：luálkĭă（膝盖）；kofehy：kofē（线）；tarehy：taré（脸）；atidoha：atdú（脑）。值得注意的是，h 脱落造成原本音节结构产生变化，CVCV 会变成 CVV 的双元音结构。在 Merina 方言中一部分词会保留 VV 结构（如“桌子”和“膝盖”），另一些词会变为单元音（如“线”和“脸”）。

双唇鼻音 m 在 Merina 方言中可以单独作为一个音节，作为主动式前缀 m̩- 大量出现在动词中，对应文字的 mi-。例如 m̩fū（醒）、m̩laláw（玩）、m̩kāpŭkă（打）。独立作为音节的双唇鼻音 m̩ 是 Merina 方言的一个特点。

Merina 方言有 6 个元音，分别是 a、e、i、o、u、ə，下面表 3 是这些元音的例词：

表 3　马拉加西语 Merina 方言元音例词

a	manāsă（洗）、aí（知道）、alīkĭă（狗）
e	sētʂŭkă（烟）、mamēlană（开花）、m̩tēnĭ（说）
i	īră（歌）、bibláνă（蛇）、tāi（屎）
o	tōlană（骨头）、tōkă（酒）、fokāzŭ（果子）
u	fū（心脏）、nūnŭ̋（乳房）、lú（头）
ə	kə̆sū（猪）、kərārŭ（鞋子）、ranumāsən（海）

现代 Merina 方言的元音音系和书写系统并不一致，主要表现在几个方面：

1. 书写系统只有 o，没有 u。

然而在 Merina 方言中，o 和 u 是不同的，两者间发音的差异较大，并且不能作为自由变体形式出现，因此应视为两个音位。不过实际上，就 o 和 u 出现的频率来看，u 远多于 o

2. 书写系统没有央中元音 ə。元音 ə 在 Merina 方言中属于边缘性的音位，大多来自于高元音 i 弱化或脱落后的结果。

例如 kə̆sū（猪）和 kərārŭ（鞋子），对照文字 kisu 和 kiraro 可以知道在非重读音节的 i 弱化为 ə，甚至出现脱落 ə 的现象，快读时为 ksu。又如 ranumāsən（海），对照文字 ranomasina，重音落在倒数第三音节的 a 上，后面两个音节都出现弱化，因此变成 ranumāsĭnă，快读时脱落弱读元音又变成 ranumāsn，所以实际读音就变成了 ranumāsən，ə 实际上具有补音的性质。在元音音系的描写上，有这个央中元音 ə 会比描写为词末复辅音，如 sn，来得更简明，因此仍将 ə 视为 Merina 方言的一个音位。

此外，Merina 方言中有一些法语借词，当中会借用一些法语中的元音，如

y，是属于非常边缘性的借词音位，暂不列入元音音系中。

马拉加西语 Merina 方言元音方面最大的特点就是具有大量的弱化元音。在口语当中，绝大多数词尾元音都是弱化或脱落的，这是造成口语和书面语差异的一个主因。元音弱化也带来音节结构的改变。就书面语系统来看，马拉加西语是一种严格遵守 CV 结构的语言，也就是基本不存在复辅音。但是元音弱化使得口语中许多音节并不是真正的 CV 结构，而是具有许多复辅音以及闭音节的词形。Merina 方言的元音弱化规律如下：

1. 词末元音必弱化。

词汇单念的时候，几乎所有的词末元音 –a、–i、–u 都必然弱化，甚至脱落，如 bibláva̯（蛇），可以读为 bibláv。存在一些例外，即词末元音为重读时不弱化，如 lelá（男）。对照文字 lehilahy 可以发现口语当中脱落了许多音，音变过程大致是：lehilāhǐ >leilāǐ>lelá。可以发现重读音节仍停留在原本的音节上，因此这类词必须从历时的角度来分析，不是共时性的例外。

2. 倒数第三音节为重读音节时，倒数第二音节若非 a 元音，一律弱化。

元音弱化不仅发生在最后一个音节元音，倘若倒数第二音节不是重读音节，并且是 i 或 u 元音时，也一样会弱化或脱落。例如 ánttʂă（老），文字是 antitra，口语里实际读音是 anttʂ，即 VCCC 这样的复辅音丛。这个音是如何形成的呢？首先是重音位于倒数第三音节，倒数第一、第二音节元音都出现弱化，因此只保留了重读音节元音。但若是倒数第二音节为 a，就不会出现弱化。例如 mamēlană（树芽），只有最后一个音节元音弱化，倒数第二音节 a 不弱化、不脱落。

Merina 方言的元音还有一个特点，就是会出现词末 i 的补音。举“狗”和“膝盖”两词为例，前者的文字是 alika，后者是 lohalika。口语中“狗”是 alīkĭă，“膝盖”是 luálkĭă。口语比文字多了一个弱化的 ĭ，并形成 –ĭă 的弱化元音丛。这个 ĭ 明显来自前一个音节 i 顺同化后增生所形成，这是 Merina 方言的一个特点。

3 Merina 方言的重音与声调

世界上的语言大致上分为两大类型：一个是“重音型语言”，包括多数欧洲语言、绝大多数南岛语，即多音节词中有一个特别突出、显著的音节；另一个是“声调型语言”，包括汉语、越南语、侗台语、苗瑶语（曲折型声调），以及日语、韩语、多数非洲班图系语言（高低型声调），特点是单一音节有音高的变化或是多音节之间有不同的音高变化。当然，声调型语言和重音型语言之间并不是壁垒分明的，有一些语言可能同时具有两者的特点，马拉加西语就属于这一类型的语言。

在马拉加西语 Merina 方言里，多音节词有一个重读音节，该音节的音高较其他音节高，音长也较长，是单词当中显著度最高的一个音节。例如 fafaratʂa（夏天）这一个词，最后一个音节 a 必然是弱化元音，所以不可能是重音节，倒数第二音节的 a 音高最高、音长最长，因此是重音节，记为 fafarātʂă。在多音节词中，一般都会有一个单一的重音节（但有少数例外）。然而实际上，这样的重音节除了有较高的音高外，其音高变化各不相同，分为 HH 高平调（上加符号¯）、HL 高降调（上加符号`）、LH 低升调（上加符号´）三种。见下例：

	L HH L	L HH L
HH 高平调：	atɕʰīmŭ　“南”	ma nī fĭ　“细”
	HL L	HL L
HL 高降调：	tèrĭ　“紧”	àn tʂĭ　“柱子”
	LH L	L LH
LH 低升调：	lá lă　“深”	le bé　“大”

三种音高变化是具有区别语义功能的，例如 fū（心脏）和 fú（肾），平调和升调的意思不同，因此是不同的“调位”。

音高的三种变化出现在单一音节中，是一种“曲折型声调”的表现模式。除此之外，Merina 方言还存在一些音节间形成音高变化的词，通常是出现在双元音 VV 结构中。例如：

H L　LH L

fē u “声音” ra ū na “云”

倘若将双元音视为一个音节单位，则可以处理为降调（如‘声音’）与升调（如‘云’）。若是将一个元音视为一个音节，那就是不同音节音高不同的平调而非曲折调，这种处理方式符合现在多数对非洲班图系语言的描写，如约鲁巴语

（Yoruba）就是如此。对马拉加西语来说，这是一种描写方面的难处，因为该语言同时具备重音与曲折声调的特点，任一种描写都是可行的。本文暂时将这个重读双元音描写为曲折型声调，表述为：feù（声音）、raúna（云）。

4 结 语

本文根据实际语言调查，重新描写马拉加西语 Merina 方言的音系，提出许多与过去不同的看法，以便具体反映该方言当下的语音面貌。Merina 方言有 23 个辅音音位、6 个元音音位，并且是具有特殊的重音、声调混合的超音段模式，重音在单一音节出现具有高平、高降、低升等三种不同的调型，可以用来区别词义，因此是不同的“调位”。作为现代马拉加西语拉丁文字的基础，Merina 方言的实际语音形式距离文字系统已存在不少差异，从两者的比较可看出语音演变的现象与规律，例如 h 脱落对音节结构造成的影响。

参考文献

Adelaar，K. A.（1989）Malay Influence on Malagasy：Linguistic and Culture-historical Implications. Oceanic Linguistics，28（1），1-46.

Adelaar，K. A.（1994）Malay and Javanese Loanwords in Malagasy，Tagalog and Siraya（formosa）. Bijdragen Tot De Taal-，Land- EnVolkenkunde，150（1），50-65.

Adelaar，K. A.（1994）Malagasy. In D. Tryon.，Ed.，Comparative austronesian dictionary：An introduction to austronesian studies，393-406. Berlin：Mouton de Gruyter.

Adelaar，K. A.（1995）Asian Roots of the Malagasy： A Linguistic Perspective. Bijdragen Tot De Taal-，Land- EnVolkenkunde，151（3），325-356.

Andriamanatsilavo，S.，& Ratrema，W.（1981）Ny fitsipi-pitenenantsika：Bokyvoalohany. Imprimeried Ouvrageséducatifs Ankatso.

Rasoloson, J. , & Rubino, C. (2005) Malagasy. In Adelaar, K. A. , & Himmelmann, N. P. , Ed. , Austronesian Languages of Asia and Madagascar, 456–488. New York: Routledge.

Serva, M. , Petroni, F. , Volchenkov, D. , & Wichmann, S. (2011) Malagasy dialects and the peopling of madagascar.

Vérin, P. , Kottak, C. P. , & Gorlin, P. (1969) The Glottochronology of Malagasy Speech Communities. Oceanic Linguistics, 8 (1), 26–83.

(郑仲桦：210023 南京，南京大学社会学院neolinguist 1120@163.com)

标记差异连续统与语言有阶接触[①]

杜兆金

提　要：语言接触本质上是有阶接触。一般认为，社会因素和结构因素都会对语言接触进程和结果造成影响，但语言结构才是制约语言接触阶形成的决定性因素。语言标记性，作为一种“超级语言结构”，同样对语言的有阶接触具有重要制约作用。本文基于维吾尔语和汉语接触的田野调查材料，从语音类型标记性、个别标记性的差异角度，考察标记差异连续统对语言有阶接触的重要制约作用。研究发现，个别标记性、类型标记性存在程度的差别，构成一个从高到低的标记差异连续统，相应也就形成学习的困难等级。维吾尔族人学习汉语韵母的习得顺序“[ia] > [ei] > [əu]”“[ɤ] > [ai]”“[au] > [uo]”，与语音类型标记性和个别标记性所构成的语音标记差异连续统密切相关。二语语音习得的难易程度以及语言接触中匹配 和回归的“阶”的存在，不仅与母语、学习目标语的语音结构差异有关，也和特定语音成分的标记性有关。只有综合考虑接触语言结构本身的特殊性和人类语言的普遍性，才能更加深入地认识语言有阶接触的本质特点。

关键词：标记性　语言有阶接触　维族汉语　二语语音习得　习得顺序

1　引　论

1.1　语言的有阶接触

语言接触所具有的“有阶”“无界”（陈保亚 1996）特点，已引起学者们的普遍关注，并得到深入的讨论。语言接触本质上是有阶接触。语言接触的有阶性，在借贷方面体现得尤其明显。早在 19 世纪，不少学者基于制

① 本研究得到国家社科基金项目“北方汉语和阿尔泰语言的接触及其演变机制研究”（项目编号：16BYY038）的资助。

约借贷的语言结构因素的考察，相继提出和讨论了“借贷等级（hierarchy of borrowability）”，如 Whitney（1881），Haugen（1950），Muysken（1981）等。在借贷等级中，语言中开放类的实词项目（content items），如名词和形容词，（在语言接触中）最容易被借用；而那些封闭类的语法功能项目（function items），如介词和连词，则最不可能被借用（Winford 2003a：51）。下面是 Muysken（1981）提出的内容相对较为全面的借贷等级（Winford 2003a：51）：

nouns>adjectives>verbs>prepositions>co-ordinating conjunctions>quantifiers>determiners>free pronouns>clitic pronouns>subordinating>conjunctions

不仅词汇可以借贷，语法结构同样也可以借贷。Thomason & Kaufman（1988）提出的“借贷的阶”（borrowing scale）就包含语言结构，并认为“借贷的阶”与语言接触强度、文化压力有关，如表 1 所示（Thomason & Kaufman 1988：74-76）[1]。

表 1　借贷的阶

语言接触情况（接触阶段）	借贷
（1）偶然接触（Casual contact）	只发生实词借用，非核心词先于核心词而借用
语言接触情况（接触阶段）	借贷
（2）轻度的接触（Slightly more intense contact）	连词、副词、助词等功能词借贷；少量的结构借用，如语音的、句法的和词汇语义特征的借贷
（3）较强的接触（More intense contact）	介词、派生词缀等功能词借贷；更多地借用（2）中的结构成分
（4）强的文化压力（Strong cultural pressure）	中等程度的结构借用：借用那些能引起类型变化的主要结构特征，如音系中借用新的区别特征、语序的借用等
（5）非常强的文化压力（Very strong cultural pressure）	大量的结构借用：借用那些能引起类型混乱的主要结构特征，如形态音位规则的增加、音系对立或语素音位规则的丢失等，语序结构规则的变化等

陈保亚（1996：133-137）基于德宏地区不同村寨傣汉接触情况的详细田野

调查，讨论了傣汉接触中借贷与音系繁化的关系，认为通过借贷，傣语的繁化呈现出三个层次：（1）出现填补音节空格的新音节；（2）出现填补音类空格的新音类（如 k^h、ts^h、$tɕ^h$、n、io、iu、ioŋ）；（3）出现新的区别性特征（如卷舌特征）。每一个繁化层都和傣汉语者汉化程度有关，汉化程度越高，繁化程度也越深。并且，通过德宏地区不同村寨的田野调查，三个繁化层的次序不能颠倒，第三个繁化层不出现在第二个繁化层之前，或第二个繁化层不出现在第一个繁化层之前，所以语音的借贷是有阶的，形成阶的原因是傣语音系的聚合关系。

语言接触的有阶性，也体现在母语干扰的各个阶段，很多学者对此进行了深入讨论，如 Weinreich（1953）、Thomason & Kaufman（1988）、Thomason（2001）、Winford（2003a，2003b，2007）等。陈保亚（1996）提出接触语言间可相互干扰，可统称为母语干扰，底层干扰只是母语干扰的特殊情况；母语干扰包括匹配、回归和并合。陈保亚（1996：62）基于德宏汉语和傣语的接触材料，讨论了语言接触中回归和并合的“有阶性”，认为语言有阶接触不是社会因素造成的，而是由以下三种结构因素所决定的：（1）不同类型的回归声母在傣汉语矩阵中造成的协合度的差异；（2）不同类型的声母并合给汉语声母矩阵的协合度造成的差异；（3）回归声母在汉语中的组合指数的差异。近年来，我们基于汉语和维吾尔语的接触材料的调查和分析，也进一步证实，维吾尔语和汉语接触过程中，接触的阶客观存在于母语干扰的匹配、回归、并合各个阶段，并体现在维汉声母、韵母、声调接触的各个层面（杜兆金 2012，2013；杜兆金、陈保亚 2012，2017a，2017b）。

第二语言习得是语言接触的重要领域。语言接触的有阶性也体现在第二语言习得过程中。二语习得研究领域的很多研究成果表明，学习者在习得二语过程中遵循着固定顺序。二语习得顺序研究包含两方面：一是学习者习得某个特定语言项目时所经历的动态发展过程（the sequence of acquisition）；二是学习者习得多个不同语言项目时的次序（the order of acquisition）不同，语言项目有的会先习得，有的会后习得（王建勤 2009：88）。特定语言项目习得发展过程研究包括习得否定句、疑问句、关系小句等。很多学者研究发现，不同母语背景的二语习得者在学习英语否定句时遵循着固定的顺序。Ellis（1994：99-100）基于学者们的研究成果，把二语习得者学习英语否定句的发展过程概括为四个阶段，如

表 2 所示。

表 2　英语否定句二语习得的发展过程

阶段	特征描述	例句
1	句外否定（external negation）	No you are playing here.
2	句内否定（internal negation）	Mariana not coming today.
3	情态动词否定（Negative attachment to modal verbs）	I can't play that one.
4	助动词否定（Negative attachment to auxiliary verbs）	She didn't believe me. He didn't said it.

多个不同语言项目的习得次序的研究，比较经典的研究是关于英语语素的习得研究。布朗（Brown，1973）通过对 3 名美国儿童习得 14 个英语语素的纵向追踪研究发现，3 名儿童习得英语语素遵循相似的顺序。布朗（1973）的研究是英语语素儿童母语习得研究的开创性的研究范例。在第二语言习得研究领域，英语语素的二语习得次序同样得到学者们的重视，并取得重要研究成果。Dulay 和 Burt（1973，1974）调查了不同地方、不同母语背景的西班牙儿童和汉语儿童学习英语 8 个语素、11 个功能词的情况，研究发现：尽管学习者的母语不同、年龄不同，但习得英语语素、功能词的顺序基本一致。Bailey，Madden and Krashen（1974）考察了成人习得 8 个英语语素的顺序，也得出了相似的结论，另外还发现成人习得语素的准确度顺序与儿童习得语素的顺序相似，被试年龄差异对习得顺序没有影响。Larsen-Freeman（1976）基于 4 种母语背景的被试者的不同任务的测试材料，进一步证实被试母语背景对语素的准确度顺序（accuracy order）影响很小，同时还发现二语习得顺序和英语母语者使用语素的频率有关，先被习得的语素往往是英语母语者使用频率很高的。基于上述研究，Bailey，Madden and Krashen（1974）、Krashen（1982）提出了“自然顺序假说”（natural order hypothesis）。Krashen（1982）详细列举了 9 项英语语法语素，认为把英语作为第二语言学习时，这 9 项语法语素习得的“自然顺序”是不变的。如图 1 所示（Krashen 1982：13）：

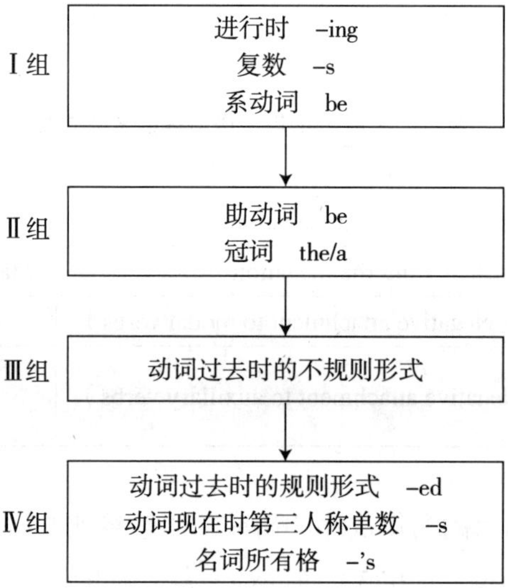

图 1 英语语法语素的二语习得阶段和习得顺序

二语习得过程中，学习者往往首先习得上图中 [I] 组语法语素，然后习得 [II] 组语素，然后才习得 [III] 组、[IV] 组语法语素，并且也不会出现跳跃性习得（如在没有习得 [II] 组语素的情况下，就习得了 [III] 组、[IV] 组语法语素）。英语语素习得遵循的固定发展过程或习得顺序，是语言接触有阶性的重要体现。

语言的有阶接触尤其体现在二语语音习得方面。很多学者的研究已经证明，外国留学生在习得汉语的元音、声母和声调时遵循固定的次序，并进行了深入探究和讨论。以汉语声调为例。汉语声调的特点以及无声调语言的母语者如何学习汉语声调，一直是学界研究和关注的重点，已有很多重要研究成果，如刘复（1924/1951）、Wang（1967）、Leung（1978）、Chiang（1979）、Chao（赵元任1930/1980）、Yip（1980，1993，1995，2002）、瞿靄堂（1985）、Bao（1990，1999）、朱晓农（2004）、Chen（2000）、Broselow、Hurttig & Ringen（1987）、余霭芹（1986）、沈晓楠（1989）、王韫佳（1995）等。在外国留学生习得汉语声调的顺序研究方面，余霭芹（1986）发现外国学生学习汉语声调时，阴平是最容易掌握的，其次是去声，再次是阳平，最难学的是上声，即汉语声调的习得顺序为：阴平>去声>阳平>上声。沈晓楠（1989）基于美国学生的调型错误和调域错误的分析，得出与之相反的结论：阳平、上声>阴平、去声。王韫佳（1995）通过对6个美国学生的调查发现，美国学生习得汉语声调的次序为：阴平、去声>阳平、上声。这与余霭芹（1986）的研究结论大致相同。可见，由于被试背景、测试材料或被试习得汉语的不同观察阶段等方面的差异，上述学者在外国留学生习得汉语声调的顺序方面，还存在观点的分歧，但外国留学生习得汉语声调确实会遵循一定的先后次序，这一点在学界已基本达成共识。

1.2 制约语言有阶接触的社会、结构因素的讨论

语言有阶接触的过程和机制，以及制约语言有阶接触过程的因素，一直是语言接触领域学者们关注的核心问题，经典性的研究包括Jakobson（1938）、Weinreich（1953）、Thomason & Kaufman（1988）、Thomason（2001）、陈保亚（1996，2005，2006）、Winford（2003a，2003b，2007）、汪锋（2006，2012）、沈钟伟（2007，2016）等。总体来看，学者们对社会因素和结构因素对语言接触过程和结果的制约作用，尚存在观点的分歧。Jakobson（1938）、Weinreich（1953）倾向于用语言结构因素来解释语言接触，Thomason（2001）倾向于用社会因素来解释接触；陈保亚（1996：152–153）基于德宏地区汉傣语言接触的研究，认为支配语言接触的决定性因素有两个方面：社会因素和结构因素。社会因素决定了接触的深度，结构因素决定了接触的阶，因此，结构因素和社会因素对语言接触的影响是互补的，互相不能取代。

在制约语言接触的语言结构因素方面，语音干扰是学者们普遍关注的核心问题之一。梅耶（Meillet 1925）、布龙菲尔德（Bloomfield，1997）以Ascoli（1870）的底层理论来讨论接触中的干扰问题。Jakobson（1938）、Weinreich（1953）、Thomason & Kaufman（1988）、Thomason（2001）、Winford（2003a，2003b，2007）、Winford & Migge（2007）、沈钟伟（2007，2016）等也都谈到了语言接触的底层干扰，尤其是语音干扰现象。Weinreich（1953：14–19）指出，当双语者把第二语言的一个音位等同于母语中某个音位，并以自己的母语音位规则产出时，就会出现语音干扰。例如尽管Romansh 语的 ɛ 和 Schwyzertütsch 语的 æ 发音不同，但 Romansh 母语者会将 Schwyzertütsch 语中的 læ·bɑ（to live）发成 lɛ·bɐ。陈保亚（1996）提出基于音

值相似，双语者会以母语音位来匹配第二语言音位，如傣族人学汉语时会把汉语西南官话的“黑” $xə^{31}$ 读成 $xɤ^{31}$。

在二语习得领域，学者们围绕第二语言语音习得的过程和机制，以及制约二语语音习得的关键性因素，展开了深入系统的研究，并取得了一系列重要研究成果。不少学者强调了母语和学习目标语的语音系统的差异在二语语音习得中的重要作用，并在此基础上探讨二语语音习得的过程和机制，如 Weinreich（1953）、Lado（1957）、Thomason & Kaufman（1988）、Thomason（2001）、Odlin（1989）、Winford（2003a）、Matras（2009）、Hickey（2010）、Bohn & Best（2012）、Chang & Mishler（2012）、Chang（2016）等，同时也有学者注意到了母语和目标语之间超音段韵律系统差异及其对二语语音习得的影响，比较重要的研究成果包括 Beckman（1986）、Yip（1993，1995）、Major & Kim（1996）、Levi（2005）、Jun（2005）、Altenberg（2005）、Wu（2006）、Chang（2009，2012a）、Yiu（2012）、Yakup（2013）、Chang & Bradley（2012）、Kim（2014）、Li and Post（2014）、Mennen & de Leeuw（2014）、Mennen（2015）、Ozcelik（2015）、Glewwe（2015）、Yakup & Sereno（2016）、Wee（2016）、Schwartz（2016）、Li（2017）、Chang（2020）等，这些研究可统称为音系差异观。随着研究的不断深入，不少学者注意到语音音质相似在二语语音习得中的积极作用，如 Best（1995，1999）、Flege（1995，1999，2002）、Strange，Levy and Lehnholf（2004）、Best & Tyler（2007）、Strange（2011）等，并继而讨论了二语语音感知和语音产出之间的复杂关系，如 Leather（1996）、Brown（2000）、Wang，Jongman and Sereno（2003）、Chang（2012b）、Kartushina et al（2015）等，可称为音质相似观。随着转换生成语法和语言类型学对人类语言普遍性研究的重视，在二语习得领域学者们开始尝试从语音普遍性（尤其是语音标记性）角度来考察二语语音习得，如 Brière（1968）、Eckman（1977，1991）、Prince & Smolensky（1993）、McCarthy & Prince（1993）、Major（2001）等，可称之为语音普遍性观。上述学者关于语言接触机制和过程的讨论以及制约语言接触、二语语音习得的关键性因素的探讨，对我们认识语言有阶接触过程及制约语言有阶接触的因素，具有重要参考价值。

Shapiro（1976）、Battistella（1990）把语言标记称为一种“可赋值的超级语言结构”（evaluative superstructure）。Battistella（1990：1）认为这种超级语言结构的产生与人类语言的编码活动有关，且形式上存在着难易二极对立的蕴涵等级：“This evaluative superstructure imposed by the linguistic code takes the form of an implicit hierarchization of polar terms such that one term of an opposition is simpler and more general than its opposite. ”语音标记性低，则易于习得，反之则相对较难习得。语音标记性与语音习得难度的这种相关性，在儿童母语习得研究领域得到很多学者研究的支持（Jakobson 1966，1968）。但在语言学习的场合，由于习得者面临两种语音系统的接触和碰撞，第二语言语音习得必然比母语语音习得要复杂得多。两个标记性高的语音成分，尽管对习得者而言都是习得的难点所在，但依然会出现有的语音先习得，有的语音后习得。例如，从世界语言的分布来看，由两个元音相连构成的音段（如普通话的双元音韵母），在世界语言中分布数量很少，根据语音标记性的分布标准，普通话的双元音韵母是标记性高的语音成分。根据 Eckman（1977）的“标记差异假说”（markedness differential hypothesis），二语习得者在习得普通话的双元音韵母时会面临同样的困难。然而田野调查中我们发现，维吾尔族人在习得汉语韵母时，存在如下三个习得顺序：“[ia] > [ei] > [əu]”“[ɤ] > [ai]”“[au] > [uo]”（即 [ia] 先于 [ei] 而习得，[ei] 又先于 [əu] 习得，等等），从而客观形成了普通话韵母习得的“回归的阶”（陈保亚 1996：30）。制约这些韵母“回归的阶”产生的因素是什么？前述音系差异观、音质相似观和“标记差异假说”等均对此无法做出较为合理的解释。

本文以无声调的维吾尔语和有声调的汉语的自然接触为例，对上述问题展开进一步探讨。具体研究中，我们深入新疆吐鲁番市葡萄沟乡达甫散盖村进行了为期 2 个月的田野调查，调查了 46 位维吾尔族发音人[2]（发音人基本信息情况，见附录 1），考察了维吾尔族人习得普通话韵母的特点[3]，在此基础上区分了类型标记性和个别标记性，提出标记差异连续统与语音习得难度等级关系模型，并借助该模型阐释维吾尔族人汉语韵母习得顺序问题，继而深入探究制约语言接触的阶的语言结构因素。本文调查所用词（字）表主要选自《吐鲁番汉语方言音系》（周磊 1998）中的“吐鲁番同音字汇”，同时也参考了《乌鲁木齐方言词典》（周磊 1995）等。选词（字）共计 1062 例，含 200 核心词。选词（字）坚持如下原则：（1）单音节词（字）为主，每个音节至少选 3 个词（字），音节分布上兼顾吐鲁番汉语方言和普通话，争取每个音节都有分布；（2）简单易读。

2 标记差异连续统与语音习得难度等级

2.1 类型标记性与个别标记性的区分

布拉格学派提出了标记性（markedness）概念，并以某一区别特征的存在与否作为标记性的赋值标准（Trubetzkoy 1939；Jakobson 1941，1963）。语言类型学家（Greenberg 1963/1966，1966；Gundel et al 1986；Comrie 1989；Croft 1990，2003；Battistella 1996）强调了标记性赋值的分布潜能（distributional potential）标准：在世界语言中分布广泛的项目是无标记的，否则是有标记的。Thomason & Kaufman（1988：26–27）把标记性从外延上分为两大类：第一类是类型学意义上的标记性，分布广泛的，则标记程度低；第二类是基于第一语言（母语）习得的标记性，首先学会的，则标记性程度低。近几十年来，国内外很多学者对语言的标记性问题多有论述，研究内容涉及语音、词汇、语法、语义等多个层面（Gundel et al. 1986；Thomason & Kaufman 1988；Battistella 1996；沈家煊 1997；Fang 2009；王韫佳 2003；陆丙甫 2009；石定栩 2006；吴福祥 2005；董秀芳 2007；Eckman 2008，2010，2012；乐耀 2011；Davidson 2015）。

一般来说，无标记的或者说标记性程度低的语言成分，人们比较熟悉，学习起来困难不大；而有标记的或标记性程度高的语言成分，人们掌握起来相对较困难。这一点很早就有学者注意到了。Lado（1957）基于语言结构的差异提出"对比分析假说"（contrastive analysis hypothesis，即 CAH），在二语习得领域和语言接触领域都产生了重要影响。对比分析假说认为，人们易于掌握（目标语中）那些与自己母语相同的语音成分，而难于掌握（目标语中）那些与母语相异的部分。Johnson（2002）也提出，学习者的母语和第二语言间的差异性是二语习得的学习困难的原因所在，由语言差异性而产生的习得中的语言偏误源自母语的干扰。这些学者所论述的母语干扰，很多情况下指的就是第一语言、第二语言的差异性，及基于这些差异而产生的语言结构特征的标记性状态对语言学习的影响。

为方便研究，本文把标记性区分为两大类。第一类是类型学意义上的标记性，与 Thomason & Kaufman（1988）所区分的第一类标记性相同：在世界语言中分布广泛的，则标记程度低，可称之为“类型标记性”（typological markedness）。Brière（1968）从 [ħ]、[x] 在世界语言的分布差异的角度，对美国学生学习 [ħ] 比学习 [x] 要困难进行了解释。从 [ħ]、[x] 在世界语言的分布来看，喉壁清擦音 [ħ] 的分布比舌根清擦音 [x] 的分布小。根据标记理论的分布标准，在世界语言中分布广泛的语音，其标记性较低；反之则标记性高。很明显，[ħ] 的标记性比 [x] 的标记性要高，因此美国学生学习 [ħ] 时困难较大，而学习 x 时困难相对较小。显然，Brière（1968）所讨论的 [ħ]、[x] 语音标记性差异，根据的是语音 [ħ]、[x] 在世界语言中的分布情况，属于类型标记性。

第二类标记性是相对具体语言而言的：在某一个语言中使用频率高的，则标记程度低；反之，在一个语言中不存在或使用频率低的，标记程度高，可称之为“个别标记性”（individual markedness）。在二语习得或语言接触的场合，二语习得者根据自己的母语经验或已经掌握的二语知识，目标语中陌生的那些语音成分标记性高，反之则标记性低。个别标记性基本上包括了 Thomason & Kaufman（1988）所说的基于第一语言习得的标记性，但二者也存在差别。根据我们对个别标记性的界定，A 语言中没有而 B 语言中有的语音，对 B 语言的母语者来说，其个别标记性程度也高。如汉语中有 [tʂ]、[tʂ‘]、[ʂ]、[ʐ]，维吾尔语中没有这组音，[tʂ]、[tʂ‘]、[ʂ]、[ʐ] 对维吾尔语母语者来说是个别标记程度高的音位。

就一特定语音成分 X 和语言 A 而言，存在如下三种情况：

（1）语言 A 中没有 X；

（2）语言 A 中有 X，且 X 的使用频率低；

（3）语言 A 中有 X，且 X 的使用频率高。

一般来说，X 的个别标记性程度自上而下依次降低，即（1）的 X 个别标记性程度最高，（2）的 X 个别标记性程度居中，（3）的 X 个别标记性程度最低。

这样，我们就可以依据语言中语音成分的有无及语音成分使用频率的高低，来观察语音成分个别标记性程度的高低排序情况。

在一个语言中使用频率高的语音，往往也是母语者首先学会的、标记程度低的语音。不仅如此，根据我们的界定，某一个语言中没有而其他语言中有的语音，对该语言的母语者来说，其个别标记性程度也高。可见，个别标记性的外延大于 Thomason & Kaufman（1988）所说的习得标记性的外延。引入个别标记性概念，是为了更方便观察维汉语音类型学特点的差异对维汉语言接触的制约和影响。

个别标记性的取值具有相对性，即个别标记性是就某一语言的母语者而言的。例如 [tʂ]、[tʂ‘]、[ʂ]、[ʐ] 对维吾尔语母语者来说是个别标记性程度高的音，但对汉族人来说则是个别标记性程度低的音。另外，个别标记性的取值会发生变化。如果某维吾尔族人经过学习最终学会了 [tʂ]、[tʂ‘]、[ʂ]、[ʐ]，则这些音位对该维吾尔族人来说，则变成个别标记性程度低的音位。相比较而言，类型标记性则具有绝对性，其取值不会因母语者的不同而发生变化。如根据分布标准，[i] 是无标记的，[y] 是有标记的，它们的取值对所有语言的母语者来说都一样，标记值一般也不会发生变化。

2.2 标记差异连续统与习得难易等级关系模型

区分类型标记性和个别标记性的意义在于，能够深入分析语言接触中双语者所遇到的困难程度或特定语音回归所遇到的阻力大小。个别标记性有两种取值：个别标记性高和个别标记性低。类型标记性也有两种取值：类型标记性高和类型标记性低。在语言接触的环境下，假设 X 为接触目标语中的语音，则 X 的类型标记性和个别标记性的取值，必然会存在如下四种逻辑可能性：

（I）X 的个别标记性高，X 的类型标记性高；

（II）X 的个别标记性高，X 的类型标记性低；

（III）X 的个别标记性低，X 的类型标记性高；

（IV）X 的个别标记性低，X 的类型标记性低。

每一种逻辑可能性下，双语者学习 X 所遇到的困难程度是不一样的。一般来说，在上述四种逻辑可能性中，排列越靠上双语者学习 X 的难度越大，或者说 X 回归的阻力越大；反之，排列越靠下双语者学习 X 的难度越小，或者说 X 回归的阻力越小。

对目标语学习者而言，语音 X 的类型标记性、个别标记性取值与习得难易等级的关系，见表 3。

表 3　语音 X 的类型标记性、个别标记性取值与习得难易等级的关系

	X 个别标记性	X 类型标记性	X 是否母语成分	习得 X 难易程度
I	高	高	否	困难
II	高	低	否	较困难
III	低	高	是	较容易
IV	低	低	是	容易

Eckman（1977：321）的标记差异假说包括如下几点：（a）目标语中那些与母语不同，而且比母语标记性高的部分更难学习。（b）学习目标语中那些与母语不同且比母语标记性高的部分的相对困难程度与标记性的相对程度一致。（c）目标语中那些与母语不同，但标记性低于母语的部分不是学习的难点。通过对比发现，Eckman 标记差异假说所说的（a）对应的是上面的第 I 种逻辑可能性，（c）对应的是第 II 种可能性；而（b）则表明了困难程度与标记程度的相关关系，即标记程度越高，学习困难越大，标记程度越小，学习困难也越小。Eckman（1991）提出的“结构同一性假说”（structural conformity hypothesis）把标记理论领域扩大至母语和目标语相同的部分，而不仅仅局限于母语、目标语相异部分，实际上讨论的是第 III 和 IV 两种逻辑可能性。

由于个别标记性、类型标记性存在程度上的差别，从高到低构成一个连续统，相应也就形成一种学习的困难程度等级。每一种逻辑可能性下，双语者学习 X 所遇到的困难程度是不一样的。一般来说，在上述四种逻辑可能性中，排列越靠上双语者学习 X 的难度越大。

母语中有而习得目标语中没有的语音，个别标记性程度低，故不是学习的困难所在。这种情况也就是语言接触中的“匹配落空”（陈保亚 1996）。对比分析假说和标记性差异假说均没有考虑到“匹配落空”情况。这说明，语言的差异部分是否会造成习得困难，要视不同的母语者来做具体分析。

以英语和德语阻塞音的清浊对立在词中位置的分布差异为例。英语中阻塞音的清浊对立可分布在词首、词中和词末位置，德语中这种对立仅分布在词首、词中位置，在词末位置阻塞音的清浊对立发生了“中和”（neutralize），即浊阻塞音全部变成了清阻塞音。Moulton（1962）研究表明，对学习英语的德语母语者来说，习得英语词末位置阻塞音的清浊对立是非常困难的；而对学习德语的英语母语者来说，习得德语词末位置阻塞音清浊的不对立（即全部中和为清阻塞音），相对较容易。对于这种不平衡性现象，Eckman（2008：98）称之为“困难的方向性”（directionality of difficulty）。习得困难的方向性跟相关语音成分或结构的类型标记性程度有关。词末位置存在清浊阻塞音的对立，是类型标记性高的语言结构，因此德语母语者学习起来会感到很困难；而词末位置不存在清浊阻塞音的对立，是类型标记性程度相对较低的语言结构，因此英语母语者学习起来相对较容易。

Eckman 所说的标记性实际就是类型标记性。但如前所述，类型标记性相同的条件下，个别标记性程度若存在差别，学习的困难程度也会存在差别。由于 Eckman 没有对标记性做进一步区分，因此也就无法深入观察学习者困难程度的等级大小。如果仅从二语习得角度看，似乎可以忽略这些细微的差别；但从语言接触的角度看，与类型标记性、个别标记性相关的语言习得困难程度等级会有重要的价值：一方面，它会影响语言接触的进程；另一方面它也是造成语言接触有阶性的一个重要原因。

下面我们结合维吾尔语和汉语接触中维族汉语韵母的回归情况，进一步观察标记差异连续统对语言有阶接触过程和结果的重要制约作用。

3　元音标记性等级与维族汉语韵母回归的阶

3.1　元音的类型标记性等级

本文以分布标准（即元音在世界语言的分布）作为判定元音标记性的客观标准。Crothers（1978：105）通过对 206 种语言样本的统计，归纳出常见元音系统类型及其在语言中的分布情况，见表 4。

表 4 Common Vowel Systems types（引自 Lindblom 1986：16）

Number of vowels in system	Frequency of occurrence in corpus	Vowel qualties（normalized）
3	23	ia u
4	13	i ɛ a u
	9	i ɨ a u
5	55	i ɛ a u ɔ
	5	i ɛ ɨ a o
6	29	i ɛ ɨ a u ɔ
	7	i e ɛ u o ɔ
7	14	i ɛ ɨ ə a u o
	11	i e ɛ a u o ɔ
9	7	i e ɛ ɨ ə a u o ɔ

观察发现，表中所列 173 种语言样本都有元音 [i]、[a]、[u]，而元音 [ɛ]、[o]、[e]、[ə] 则只分布在部分语言中（分别占 81.8%、23.1%、14.5% 和 12.1%）。根据分布标准，[i]、[a]、[u] 是无标记元音，而元音 [ɛ]、[o]、[e]、[ə] 相对 [i]、[a]、[u] 来说是有标记的。

Maddieson（1984：205–262）在附录 B 中详细列举了世界基本元音在加州大学洛杉矶分校音档库采样语言中的分布情况。本文把普通话和维吾尔语的单元音与 Maddieson 语言样本中相应的元音对应起来。根据 Maddieson（1984）提供的语料，我们整理出汉语、维吾尔语所有单元音在 Maddieson 语言样本中的分布数据及百分比。李辉（2008）收集了世界各主要语系的 621 种语言和方言样本，分析了基本元音音位总量和元音音系类型的分布。世界各语系的不同基本元音总量的语种数和代表语种情况，见附录 2。依据李辉（2008）提供的语料，我们对基本元音在世界各语系 621 种语言（方言）中的分布情况进行了统计。这两组统计数据的基本情况，见表 5。

表 5 世界基本元音在语言（方言）中的分布

元音		a	i	u	o	e	ɛ	ə	y
Maddieson（1984）（317 种语言）	语言数量	274	271	254	88	83	116	67	21
	比重（%）	86.4	85.5	80.1	27.8	26.2	36.6	21.1	6.6
李辉（2008）（621 种语言）	语言数量	613	615	561	471	458	209	195	135
	比重（%）	98.7	99.	90.3	75.9	73.8	33.7	31.4	21.7

从表 5 可以看出，[i]、[a]、[u] 三个元音在语言中的分布比重远高于其它元音，[ɛ]、[o]、[e]、[ə] 的分布次之，而 y 的分布比重则最小。依据分布标准，[a]、[i]、[u] 的类型标记程度最低，[ɛ]、[o]、[e]、[ə] 的类型标记程度次之，[y] 的类型标记程度最高。尽管 [a]、[i]、[u] 在世界语言中分布相对较广，但其类型标记程度也并非完全相同。Jakobson（1968）研究认为，儿童元音习得的顺序是 [a] ＞ [i] ＞ [u]，即在通常情况下，儿童最先习得的元音是宽元音 [a]，然后是宽元音和窄元音的对立 [a]–[i] 和 [a]–[u]，并且这种习得顺序是不可逆的（not reversible）。可见 [a] 的类型标记程度比 [i]、[u] 还要低。

基于以上分析，我们认为元音 [i]、[a]、[u]、[ɛ]、[e]、[ə]、[o]、[y] 的类型标记程度至少存在如下等级：[a] ＞ [u]，[i] ＞ [o]，[e]，[ɛ]，[ə] ＞ [y]。

3. 2 维族汉语韵母回归的阶

维吾尔语和汉语韵母匹配完成后，维吾尔族汉语韵母开始逐渐向汉语韵母靠拢。从汉语韵母来看则是回归，包括音值回归和音类回归两种。以汉语单音节词“风、菜、舌”为例。维吾尔族人以 [oŋ] 匹配汉语的 [ɤŋ]，如“风”[fɤŋ]−[foŋ]；以 [ɛ] 匹配 [ai] 和非舌根音后的 [ɤ]，如“菜”[tsʻai]−[sɛ]，“舌”[ʂɤ]−[ʃɛ]。田野调查中我们发现，随着接触的加深，维吾尔族汉语元音 [o] 向汉语元音 [ɤ] 回归，[ɛ] 向汉语元音 [ai] 和 [ɤ] 回归。其中 [o] 向 [ɤ] 的回归是音值回归；而 [ɛ] 回归出 [ai] 和 [ɤ]，则既有音值回归，又有音类回归。

韵母音值回归存在回归程度的差异。我们以“夏、妹、走”为例来观察维吾尔族韵母 [a]、[i]、[u] 向汉语韵母 [ia]、[ei]、[əu] 回归速度的差异。为观察维吾尔族汉语韵母的回归情况，本文使用回归度这一量化参项。回归度指完成韵母回归的维吾尔族发音人在该组发音人中所占的百分比。表 6 是各组维吾尔族发音人

“夏、妹、走”韵母的回归情况。[4]

表 6 “夏、妹、走”韵母的回归（条件：农民，小学或初中）[5]

词例	编号	汉语	维族汉语	12 岁以下	13~20 岁	21~35 岁	36~50 岁	50 岁以上
夏	157	ɕia	ʃa	ia/1	ia/1	ia/1	ia/0. 67	ia/0. 17
妹	494	mei	mi	ei/0. 83	ei/1	ei/0. 63	ei/0. 33	ei/0
走	339	tsəu	zu	əu/1	əu/0. 86	əu/0. 38	əu/0. 17	əu/0

整体上看，随着发音人年龄减小，“夏、妹、走”韵母回归程度越来越高。“12 岁以下”和“13~20 岁”两个年龄段发音人基本上完成了回归，分别读作 [ia]、[ei]、[əu]。“21~35 岁”“36~50 岁”和“50 岁以上”年龄段发音人，韵母 [ia] 回归程度明显高于 [ei] 回归程度，韵母 [ei] 回归程度明显高于 [əu] 回归程度。从性别看，男性发音人和女性发音人“夏、妹、走”韵母的回归同样体现出上述特点，见表 7、表 8。

表 7 “夏、妹、走”韵母的回归（条件：男性，农民，小学或初中）

编号	词例	汉语	维族汉语	12 岁以下	13~20 岁	21~35 岁	36~50 岁	50 岁以上
157	夏	ɕia	ʃa	ia/1	ia/1	ia/1	ia/0. 67	ia/0. 17
494	妹	mei	mi	ei/0. 67	ei/1	ei/0. 6	ei/0. 33	ei/0
339	走	tsəu	zu	əu/1	əu/ 1	əu/0. 4	əu/0. 33	əu/0

表 8 “夏、妹、走”韵母的回归（条件：女性，农民，小学或初中）

编号	词例	汉语	维族汉语	12 岁以下	13~20 岁	21~35 岁	36~50 岁
157	夏	ɕia	ʃa	ia/1	ia/1	ia/1	ia/0. 67
494	妹	mei	mi	ei/1	ei/1	ei/0. 67	ei/0. 33
339	走	tsəu	zu	əu/1	əu/0. 75	əu/0. 33	əu/0

上述 [ia]、[ei]、[əu] 回归程度的差异主要是基于葡萄沟乡达甫散盖村维吾尔族人的材料，而根据我们对葡萄沟乡其他村，如巴格日村、拜西买里村等维吾尔族人的调查，尽管 [ia]、[ei]、[əu] 的回归程度和速度各不一样，但韵母 [ia]、

[ei]、[əu] 的回归次序相同，即韵母 [ia] 最先回归，回归的度最高，韵母 [ei] 次之，韵母 [əu] 最低。这说明，维吾尔语和汉语接触中韵母 [ia]、[ei]、[əu] 的回归存在如下的阶：[ia] > [ei] > [əu]。

3.3 标记差异连续统与维族汉语韵母回归的阶的内在关联

语音标记性对维吾尔语和汉语韵母接触的影响，突出表现在维族汉语韵母的回归方面。结合本文田野调查材料的分析，我们发现“[ia] > [ei] > [əu]”回归的阶，与韵母 [ia]、[ei]、[əu] 的类型标记性、个别标记性均有关。

以“[ia] > [ei]”回归的阶为例，维吾尔语有 8 个基本元音：[i]、[y]、[u]、[e]、[ø]、[o]、[ɛ]、[a]。从个别标记性看，组成汉语双元音韵母 [ia]、[ei] 的元音 [i]、[a]、[e]，对维吾尔族人来说是个别标记性低的元音。因此双元音 [ia]、[ei] 对维吾尔族人来说个别标记性差别不大，或可视为基本相同。这至少说明，[ia]、[ei] 个别标记性差异，对“[ia] > [ei]”回归的阶的产生影响不明显。

根据前文讨论的元音类型标记性程度等级，元音 [i]、[a]、[u] 的类型标记性低于元音 [o]、[e]、[ɛ]、[ə] 的类型标记性。标记程度低的单元音，往往是那些人类语言中常见的、易于学习的元音。我们认为，由类型标记性低的单元音组成的双元音韵母，其类型标记性也相对较低。例如 [i]、[a]、[u] 类型标记性低，由这些元音构成的双元音韵母（如 [ai]、[ia]、[au]、[ua] 等），相比其他双元音韵母（如 [uə]、[əu]、[ei]、[ie] 等），类型标记性相应也低，因此也是人们相对较容易掌握的韵母。可见“[ia] > [ei]”回归的阶的产生，主要是由二者的类型标记性差异造成的：韵母 [ia] 的类型标记性低于韵母 [ei]，韵母 [ia] 相对较早回归出来。汉语双元音韵母 [ia]、[ei] 在习得难度等级中的位置，如表 9 所示。

表 9　汉语双元音韵母 [ia]、[ei] 在习得难度等级中的位置

	X 个别标记性	X 类型标记性	X 是否母语成分	习得 X 难易程度	
I	高	高	否	困难	
II	高	低	否	较困难	
III	低	高	是	较容易	ei
IV	低	低	是	容易	ia

韵母的类型标记性相同，而个别标记性不同，也会产生韵母回归的阶。韵母回归的阶“[ei] > [əu]”属于这种情况。从类型标记性来看，元音 [i]、[u] 类型标记性低，元音 [e]、[ə] 类型标记性较高。因为双元音韵母 [ei]、[əu] 都是由类型标记性低的元音和类型标记性高的元音组合而成，[ei]、[əu] 的类型标记性差别不大，可视为相同。从个别标记性来看，普通话韵母 [ei] 中的单元音 [e] 和 [i]，普通话韵母 [əu] 中的 [u]，对维吾尔族人来说都是个别标记性低的元音，普通话韵母 [əu] 中的 [ə] 对维吾尔族人来说则是个别标记性相对较高的元音。可见，就普通话韵母 [ei]、[əu] 而言，[ei] 的个别标记性低，[əu] 的个别标记性高。“[ei] > [əu]”主要是由 [ei]、[əu] 个别标记性差异引起的。普通话韵母 [ei]、[əu] 在习得难度等级中的位置，如表 10 所示。

表 10　普通话双元音韵母 [ei]、[əu] 在习得难度等级中的位置

	X 个别标记性	X 类型标记性	X 是否母语成分	习得 X 难易程度	
I	高	高	否	困难	əu
II	高	低	否	较困难	
III	低	高	是	较容易	ei
IV	低	低	是	容易	

接下来我们考察一对多匹配的音值回归、音类回归情况，以“赖、窄、乐、者”为例。维汉韵母匹配中，维吾尔族人以 [ɛ] 来匹配普通话韵母 [ai] 和非舌根音后的 [ɤ]，形成“一对二”的匹配。匹配完成后，维吾尔族汉语韵母开始向对应的普通话韵母 [ai]、[ɤ] 回归。各年龄段发音人“赖、窄、乐、者”韵母的回归情况见表 11。

表 11　“赖、窄、乐、者”韵母的回归（条件：农民，小学或初中）

编号	词例	汉语	维族汉语	12 岁以下	13~20 岁	21~35 岁	36~50 岁	50 岁以上
691	赖	lai	lɛ	ai/0.	ai/0. 86	ai/0. 5	ai/0. 17	ai/0
417	窄	tʂai	ʤɛ	ai/0. 3	ai/0. 83	ai/0. 63	ai/0. 5	ai/0
354	乐	lɤ	lɛ	ɤ/0. 86	ɤ/1	ɤ/0. 86	ɤ/0. 83	ɤ/0. 33
934	者	tʂɤ	ʤɛ	ɤ/0. 5	ɤ/1	ɤ/0. 88	ɤ/0. 83	ɤ/0

观察发现，各年龄段发音人单元音韵母 [ɤ] 的回归程度普遍高于双元音韵母 [ai] 的回归程度。根据我们对葡萄沟乡各村维吾尔族人的调查发现，韵母 [ɤ]、[ai] 遵循同样的回归次序，即单元音韵母 [ɤ] 回归的度较高，双元音韵母 [ai] 相对较低。换句话说，维汉韵母接触中存在如下回归的阶：[ɤ] ＞ [ai]。

韵母回归的阶 [ɤ] ＞ [ai] 是由 [ɤ]、[ai] 的类型标记性和个别标记性共同引起的。对维吾尔族人来说，[ɤ]、[ai] 都是个别标记性高的韵母。由于维吾尔语中不存在两个元音相连的音段，故 [ɤ]、[ai] 尽管个别标记性都高，但还存在程度上的差别：[ɤ] 个别标记性比 [ai] 的个别标记性低。从类型标记性来看，单元音韵母 [ɤ] 的类型标记性低、双元音韵母 [ai] 的类型标记性高。可见，跟 [ai] 相比，[ɤ] 的个别标记性和类型标记性都相对较低，个别标记性和类型标记性共同造成韵母回归的阶 [ɤ] ＞ [ai]。汉语韵母 [ɤ]、[ai] 在习得难度等级中的位置，如表 12 所示。

表 12　普通话韵母 [ɤ]、[ai] 在习得难度等级中的位置

	X 个别标记性	X 类型标记性	X 是否母语成分	习得 X 难易程度	
I	高	高	否	困难	ai
II	高	低	否	较困难	
III	低	高	是	较容易	
IV	低	低	是	容易	ɤ

同为单元音韵母或双元音韵母，也可能存在回归的阶。以“扫、锁”为例，维汉韵母匹配中，维吾尔族人以 [o] 匹配普通话韵母 [au] 和 [uo]。匹配完成后，维吾尔族汉语韵母 [o] 开始向普通话韵母 [au]、[uo] 回归。各年龄段发音人“扫、锁”韵母的回归情况见表 13。

表 13　“扫、锁”韵母的回归（条件：农民，小学或初中）

编号	词例	汉语	维族汉语	12 岁以下	13~20 岁	21~35 岁	36~50 岁	50 岁以上
65	扫	sau	so	au/0. 67	au/1	au/0. 75	au/0. 67	au/0
383	锁	suo	so	uo/0. 33	uo/1	uo/0. 63	uo/0. 5	uo/0

“50岁以上”发音人仍处于匹配状态，尚未开始回归；“36~50岁”“21~35岁”的发音人均处于回归状态；“13~20岁”发音人则完成了回归。就每一个词的韵母回归来看，随着发音人年龄的减小，回归程度逐渐提高。很明显韵母[au]的回归程度高于韵母[uo]，韵母[au]会先于韵母[uo]而回归出来。而我们通过调查葡萄沟乡其他各村维吾尔族人发现，韵母[au]同样会先于韵母[uo]而回归。这说明，普通话韵母[au]、[uo]回归的阶[au] > [uo]是客观存在的。

韵母[au]、[uo]回归的阶也是由标记性引起的。从个别标记性看，组成韵母[au]和[uo]的元音[a]、[u]、[o]，对维吾尔族人来说都是个别标记性低的元音。换句话说，韵母[au]和[uo]对维吾尔族人来说个别标记性差异不显著，或可视为基本相同。这至少说明，[au] > [uo]主要不是由个别标记性差异造成的。从类型标记性看，复元音韵母[au]中的[a]、[u]的类型标记性都很低，而韵母[uo]中存在着类型标记性较高的元音[o]，因此韵母[au]的类型标记性低于[uo]的类型标记性。可见韵母[au]、[uo]回归的阶，主要是由[au]、[uo]的类型标记性差异引起。普通话韵母[au]、[uo]在习得难度等级中的位置，如表14所示。

表14　普通话韵母[au]、[uo]在习得难度等级中的位置

	X个别标记性	X类型标记性	X是否母语成分	习得X难易程度	
I	高	高	否	困难	uo
II	高	低	否	较困难	au
III	低	高	是	较容易	
IV	低	低	是	容易	

韵母回归的阶，是维汉接触中客观存在的一个可观察事实。通过以上分析我们看到，韵母回归的阶是由韵母个别标记性差异和类型标记性差异引起的，“[ia] > [ei] > [əu]”“[ɤ] > [ai]”“[au] > [uo]”等普通话韵母回归的阶，均与韵母标记性差异有关。

4 结 语

本文基于维吾尔语和汉语接触的田野调查材料，结合维吾尔族人学习普通话韵母的习得顺序（即“[ia] > [ei] > [əu]”“[ɤ] > [ai]”“[au] > [uo]”）为例，从语音类型学角度考察标记差异连续统对二语语音习得顺序的重要制约作用。本文把标记性分为类型标记性和个别标记性。个别标记性、类型标记性存在程度的差别，构成一个从高到低排列的连续统，相应也就形成学习的困难程度等级。区分类型标记性和个别标记性，能够深入分析语言接触中双语者所遇到的困难程度的大小。语音类型标记性和个别标记性所构成的语音标记差异连续统是制约语言接触的阶的一个重要因素。

语言接触中回归的阶是客观存在的可观察的事实。语言接触本质上是有阶接触。语言“有阶”接触现象的存在，一方面受互相接触语言的音系结构本身的制约（陈保亚 1996），另一方面也受语音类型标记性、个别标记性制约。也就是说，语言“有阶”接触的产生的原因，既与接触语言的音系结构本身有关，同时也与语音成分个别标记性、类型标记性的差别而构成的学习困难程度等级密切相关。语言标记性，作为一种超级语言结构，同样对语言有阶接触具有重要制约作用。只有综合考虑接触语言结构本身的特殊性和人类语言的普遍性，才能更加深入认识二语习得顺序和语言“有阶”接触等现象。

附 注

[1] 表 1、表 2 和图 1 的原文均为英文，由作者译为中文。

[2] 本研究对发音人按年龄段进行分组。A 组：12 岁以下。B 组：13~20 岁。C 组：21~35 岁。D 组：36~50 岁。E 组：50 岁以上。每组并按调查顺序先后给发音人编号。

[3] 田野调查中我们发现，吐鲁番地区，既有吐鲁番汉语，也有地方普通话——吐鲁番地区的地方普通话与普通话的韵母系统基本相同；维吾尔族人在日常生活中大量接触的是地方普通话。因此，本文以吐鲁番的地方普通话作为维吾尔语和汉语接触的接触目标语。

[4] 表中“/”前韵母代表普通话韵母，“/”后的数字代表维吾尔族汉语韵母的回归度。下同。

[5] 在表 6 中，“12 岁以下”年龄段的发音人，“妹”的回归程度低于“13~20 岁”

年龄段，这是由于该年龄段大多是三、四年级的小学生，识词率受到一定限制。严格来说，若将学历限制为“小学或初中文化”，应该将“12 岁以下”年龄段的发音人排除，但为了方便比较和观察，在相关表格中也将小学生的回归程度一并列出。

参考文献

[美] 布龙菲尔德（Bloomfield）（1997）：《语言论》，袁家骅、赵世开、甘世福译，商务印书馆，北京。

陈保亚（1996）：《论语言接触与语言联盟——汉越（侗台）语源关系的解释》，语文出版社，北京。

陈保亚（2005）：语言接触导致汉语方言分化的两种模式，《北京大学学报（哲学社会科学版）》第 2 期，43–50 页。

陈保亚（2006）：从语言接触看历史比较语言学，《北京大学学报（哲学社会科学版）》第 2 期，30–34 页。

董秀芳（2007）：词汇化与话语标记的形成，《世界汉语教学》第 1 期，50–61 页。

杜兆金（2012）：维汉接触中声母匹配的特征基础，Journal of Chinese Linguistics，40（2）：345–361.

杜兆金（2013）：维汉接触中的母语干扰机制研究——基于标记理论和维汉语音类型学特点差异，北京大学博士学位论文。

杜兆金、陈保亚（2012）：元音三维声学空间与维汉韵母匹配，Language and Linguistics，13（5）：845–885.

杜兆金、陈保亚（2017）：语音标记性与维汉声调匹配，Language and Linguistics，18（3）：383–429.

杜兆金、陈保亚（2017）：母语类型的多维干扰——维吾尔语重音模式匹配汉语声调的机制，《民族语文》第 5 期，43–60。

乐耀（2011）：从“不是我说你”类话语标记的形成看会话中主观性范畴与语用原则的互动，《世界汉语教学》第 1 期，69–77 页。

李辉（2008）：人类语言基本元音体系的多样性分析，《现代人类学通讯》

第 2 期，42–51 页。

刘复（1924/1951）：《四声实验录》，中华书局，北京。

陆丙甫（2009）：也谈“有 / 无标记”的歧解及解决之道，《当代语言学》第 3 期，260–266 页。

［法］梅耶（Meillet）（2008）：《历史比较语言学中的比较方法》，岑麒祥译，世界图书出版公司北京公司，北京。

瞿霭堂（1985）：汉藏语言调值研究的价值和方法，《民族语文》第 6 期，1–14 页。

沈家煊（1997）：类型学中的标记模式，《外语教学与研究》第 1 期，4–13 页。

沈晓楠（1989）：关于美国人学习汉语声调，《世界汉语教学》第 3 期，158–168 页。

沈钟伟（2007）：语言转换和方言底层，丁邦新编，《历史层次与方言研究》，上海教育出版社，上海，106–134 页。

沈钟伟（2016）：横向传递和方言形成，Journal of Chinese Linguistics Monograph Series，26：21–54.

石定栩（2006）：关于“有标记”的歧解，《当代语言学》8 卷 1 期，86–88 页。

汪锋（2012）：语言接触与语言比较——以白语为例，商务印书馆，北京。

王建勤（2009）：《第二语言习得研究》，商务印书馆，北京。

王韫佳（1995）：也谈美国人学习汉语声调，《语言教学与研究》第 3 期，126–140 页。

王韫佳（2003）：第二语言语音习得研究的基本方法和思路，《汉语学习》第 2 期，61–66 页。

吴福祥（2005）：汉语体标记“了、着”为什么不能强制性使用，《当代语言学》7 卷 3 期，237–250 页。

余霭芹（1985）：声调教法的商榷，第一届国际汉语教学讨论会组织委员会编，《第一届国际汉语教学讨论会论文选》，北京语言学院出版社，北京，235–241 页。

李荣、周磊（1995）：《乌鲁木齐方言词典》，江苏教育出版社，南京。

朱晓农（2005）：《上海声调实验录》，上海教育出版社，上海。

Altenberg, E. P. （2005）The perception of Word Boundaries in a Second Language. Second Language Research, 21（4）: 325–358.

Ascoli, G. I. （1870）Corsi di Glottologia：Lezioni di Fonologia Comparata. Turin and Florence：Ermanno Loescher.

Bailey, N. ,C. Madden and S. Krashen（1974）Is there a “Natural Sequence” in Adult Second Language Learning? Language Learning, 24（2）: 235–243.

Bao, Z. （1990）On the Nature of Tone. Ph. D. dissertation, MIT.

Bao, Z. （1999）The Structure of Tone. Oxford：Oxford University Press.

Battistella, E. （1990）Markedness：The Evaluative Superstructure of Language. Albany：The State University of New York Press.

Battistella（1996）The Logic of Markedness. Oxford：Oxford University Press.

Beckman, Mary E. （1986）Stress and Non–stress Accent. Dordrecht：Foris.

Best, C. T. （1995）A Direct–realist View of Cross–language Speech Perceptions. In W. Strange,Ed. , Speech Perception and Linguistic Experience：Theoretical and Methodological Issues, 171–204. Timonium, MD：York Press.

Best, C. T. （1999）The Development of Language–specific Influence on Speech Perception and Production in Preverbal Infancy. In Proceedings of ICPhS, 99：1261–1264, San Francisco.

Best, C. T. and M. D. Tyler（2007）Nonnative and Second–language Speech Perception：Commonalities and Complementarities. In O. S. Bohn and M. J. Munro, Ed. , Language Experience in Second Language Speech Learning：In Honor of James Emil Flege, 13–34. Amsterdam, The Netherlands：John Benjamins Publishing.

Bohn, O. S. and Catherine T. Best（2012）Native–language Phonetic and Phonological Influences on Perception of American English Approximants by Danish and German listeners. Journal of Phonetics, 40（1）, 109–128.

Brière, E. （1968）A Psycholinguistics Study of Phonological Interference. The Hague：Mouton.

Broselow, E. , R. Hurtig and C. Ringen（1987）The Perception of Second Language Prosody. In G. Ioup and S. Weinberger, Ed. , Interlanguage Phonology: The Acquisition of a Second Language Sound System, 350–361. Cambridge, MA: Newbury House.

Brown, C.（2000）The Interrelation Between Speech Perception and Phonological Acquisition from Infant to Adult. In J. Archibald, Ed. , Second Language Acquisition and Linguistic Theory, 4–64. Malden, MA: Blackwell Publishers.

Brown, R.（1973）A First Language: The Early Stage. Cambridge, MA: Harvard University Press.

Chang, C. B.（2009）English Loanword Adaptation in Burmese. Journal of the Southeast Asian Linguistics Society, 1: 77–94.

Chang, C. B.（2012）Phonetics vs. Phonology in Loanword Adaptation: Revisiting the Role of the Bilingual. In S. Berson, A. Bratkievich, D. Bruhn, A. Campbell, R. Escamilla, A. Giovine, L. Newbold, M. Perez, M. Piqueras–Brunet, and R. Rhomieux, Ed. , Proceedings of the 34th Annual Meeting of the Berkeley Linguistics Society: General Session and Parasession on Information Structure, 61–72. Berkeley, CA: Berkeley Linguistics Society.

Chang, C. B.（2012）Rapid and Multifaceted Effects of Second–language Learning on First–language Speech Production. Journal of Phonetics, 40（2）, 249–268.

Chang, C. B.（2016）Bilingual Perceptual Benefits of Experience with a Heritage Language. Bilingualism: Language and Cognition, 19（4）: 791–809.

Chang, C. B. and A. Mishler（2012）Evidence for Language Transfer Leading to a Perceptual Advantage for Non–native Listeners. Journal of the Acoustical Society of America，132（4）: 2700–2710.

Chang, Z.（2020）Tonal Adaptation of Loanwords in Mandarin: Phonology and Beyond. Dissertations. City University of New York（CUNY）.

Chang, Z. and D. Bradley（2012）Tonal Assignment for English Loanwords in Mandarin：An Experimental Approach. Abstract for oral presentation in CUNY Graduate Center.

Chao, Y. （1930/1980）A System of Tone-letters. La Maitre Phonetique, 45：24–47. Reprinted in Fangyan, 1980（2）：81–82.

Chen, M. Y. （2000）Tone Sandhi. Cambridge：Cambridge University Press.

Chiang, T. （1979）Some Interferences of English Intonations with Mandarin Tones. International Review of Applied Linguistics, 17：245–250.

Comrie, B. （1989）Language Universals and Linguistic Typology（Second Edition）. Chicago：The University of Chicago Press.

Croft, W. （1990）Typology and Universals. Cambridge：Cambridge University Press.

Croft, W. （2003）Typology and Universals（Second Edition）. Cambridge：Cambridge University Press.

Crothers, J. （1978）Typology and Universals of Vowel Systems. In J. H. Greenberg, C. A. Ferguson, and E. A. Moravcsik, Ed., Universals of Human Language, Vol. 2：Phonology, 93–152. Stanford：Stanford University Press.

Davidson, L. （2015）Phonetic and Phonological Factors in the Second Language Production of Phonemes and Phonotactics. Language & Linguistics Compass, 5（3）：126–139.

Dulay, H. C. and M. K. Burt（1973）Should We Teach Children Syntax? Language Learning, 23：245–258

Dulay, H. C. and M. K. Burt（1974）Natural Sequence in Child Second Language Acquisition. Language Learning, 24（1）：37–53.

Eckman, F. R. （1977）Markedness and the Contrastive Analysis Hypothesis. Language Learning, 27：315–330.

Eckman, F. R. （1991）The Structural Conformity Hypothesis and the Acquisition of Consonant Clusters in the Interlanguage of ESL Learners. Studies in Second Language Acquisition, 13：23–41.

Eckman, F. R. （2008）Typological Markedness and Second Language

Phonology. In J. G. Hansen-Edwards and M. L. Zampini, Ed. , Phonology and Second Language Acquisition, 95-115. Philadelphia and Amsterdam：John Benjamins Publishing Company. Eckman, F. R. （2010）Markedness and the Contrastive Analysis Hypothesis. Language Learning, 27（2）：315-330.

Eckman, F. R. （2012）Second Language Phonology. In S. M. Gass and A. Mackey, Ed. , The Routledge Handbook of Second Language Acquisition, 91–105. New York, NY：Routledge.

Ellis, R. （1999）The Study of Second Language Acquisition. 上海外语教育出版社，上海 .

Fang, S. （2009）Contrastive Analysis, Markedness and Second Language Acquisition. Journal of Language and Literature Studies, 5：117-118.

Flege, J. E. （1995）Second-language Speech Learning：Theory, Findings, and Problems. In W. Strange, Ed. , Speech Perception and Linguistic Experience：Issues in Cross-language Research, 233-277. Timonium, MD：York Press.

Flege, J. E. （1999）The Relation Between L2 Production and Perception. In Proceedings of ICPhS, 99：1273-1276, San Francisco.

Flege, J. E. （2002）Interactions between the native and second-language phonetic systems. In T. P. P. Burmeister & A. Rohde, Ed. , An Integrated View of Language Development：Papers in Honor of Henning Wode, 217-224. Trier：Wissenschaftlicher Verlag.

Glewwe, E. （2015）Tonal Assignment in English Loanwords in Mandarin Chinese. Dissertations & Theses. Gradworks.

Greenberg, J. H. （1963/1966）Some Universals of Grammar with Particular Reference to the Order of Meaningful Elements. In Joseph H. Greenberg, Ed. , Universals of Language（Second Edition）, 73–113. Cambridge, MA：The MIT Press.

Greenberg, J. H. （1966）Language Universals：With Special Reference to Feature Hierarchies. The Hague：Mouton.

Gundel, J. , K. Houlihan & G. Sanders（1986）Markedness Distribution in

Phonology and Syntax. In F. Eckman, E. Moravcsik& J. Wirth, Ed. , Markedness. New York: Plenum Press, 107–138.

Haugen, E. (1950) The Analysis of Linguistic Borrowing. Language, 26, 210–231.

Hickey, R. (2010) The Handbook of Language Contact. Wiley–Blackwell, A John Wiley & Sons, Ltd. , Publication.

Jakobson, R. (1931) Über die Phonologischen Sprachbünde. Travaux du Cercle Linguistique de Prague, 4: 234–240.

Jakobson, R. (1938/1962) Sur la Théorie Des Affinitésphonologiques Entre les Language. In Selected Writing, 1: 234–246, The Hague: Mouton.

Jakobson, R. (1941/1968) Child Language, Aphasia, and Phonological Universals. The Hague: Mouton.

Jakobson, R. (1963/1966) Implications of Language Universals for Linguistics. In Joseph H. Greenberg, Ed. , Universals of Language (Second Edition), 263–278. Cambridge, MA: The MIT Press.

Johnson, K. (2002) An Introduction to Foreign Language Learning and Teaching. Beijing: Foreign Language Learning and Research Press.

Jun, S. A. (2005) Prosodic Typology. In Sun–Ah Jun, Ed. , Prosodic Typology: The Phonology of Intonation and Phrasing, 430–458. Oxford: Oxford University Press.

Kartushina, N. , A. Hervais–Adelman, U. H. Frauenfelder, and N. Golestani (2015) The Effect of Phonetic Production Training with Visual Feedback on the Perception and Production of Foreign Speech Sounds. Journal of the Acoustical Society of America, 138 (2), 817–832.

Kim, T. E. (2014) Preservation and Deletion in Mandarin Loanword Adaptation. International Journal of Chinese Linguistics, 1 (2): 214–243.

Krashen, S. D. (1982) Principles and Practice in Second Language Acquisition. University of Southern California, Los Angeles.

Lado, R. (1957) Linguistics Across Cultures: Applied Linguistics for

Language Teachers. Ann Arbor: University of Michigan Press.

Larsen-Freeman, D. (1976) An Explanation for the Morpheme Acquisition Order of Second Language Learners. Language Learning, 26: 125-134.

Leather, J. (1996) Interrelation of Perceptual and Productive Learning in the Initial Acquisition of Second-language Tone. In A. James and J. Leather, Ed., Second-language Speech: Structure and Process, 75–101. Berlin, Germany: Mouton de Gruyter.

Leung, K. C. (1978) The Cantonese Students in the Mandarin Class: Some Special Problem. Journal of Chinese Language Teachers Association, 13: 51-55.

Levi, S. V. (2005) Acoustic Correlates of Lexical Accent in Turkish. Journal of the International Phonetic Association, 35 (1): 73-97.

Li, A. and B. Post (2014) L2 Acquisition of Prosodic Properties of Speech Rhythm: Evidence from L1 Mandarin and German Learners of English. Studies in Second Language Acquisition, 36 (2), 223–255.

Li, J. (2017) Tonal Adaptation of English Loanwords in Contemporary Mandarin. Journal of Chinese Linguistics, 45 (2): 423-450.

Lindblom, B. (1986) Phonetic Universals in Vowel Systems. In John J. Ohala and Jeri J. Jaeger, Ed., Experimental Phonology, 13-44. London: Academic Press, INC.

Maddieson, I. (1984) Patterns of Sounds. Cambridge: Cambridge University Press.

Major, R. C. and E. Kim (1996) The Similarity Differential Rate Hypothesis. Language Learning, 46: 465-496.

Major, R. C. (2001) Foreign Accent: The Ontogeny and Phylogeny of Second Language Phonology. Mahwah, NJ: Lawrence Erlbaum Associates.

Matras, Y. (2009) Language Contact. Cambridge: Cambridge University Press.

McCarthy, J. and A. Prince (1993) Prosodic Morphology I: Constraint Interaction and Satisfaction. Amherst, MA: University of Massachusetts and New

Brunswick, NJ：Rutgers University.

Mennen, I. and E. de Leeuw（2014）Beyond Segments：Prosody in SLA. Studies in Second Language Acquisition, 36（2）, 183–194.

Mennen, I.（2015）Beyond Segments：Towards a L2 Intonation Learning Theory. In E. Delais–Roussarie, M. Avanzi, and S. Herment, Ed. , Prosody and Language in Contact：L2 Acquisition, Attrition and Languages in Multilingual Situations, 171–188. Berlin, Germany：Springer Verlag.

Moulton, W. G.（1962）The Sounds of English and German. Chicago：University of Chicago Press.

Muysken, P.（1981）Creole Tense/Mood/Aspect Systems：The Unmarked Case? In Pieter Muysken, Ed. , Generative Studies on Creole Languages, 181–199. Dordrecht：Foris.

Odlin, T.（1989）Language Transfer：Cross–linguistic Influence in Language Learning. Cambridge：Cambridge University Press.

Ozcelik, O.（2015）Stress or Intonational Prominence? Word accent in Kazakh and Uyghur. Turkic Languages, 19（2）：163–192.

Prince, A. and P. Smolensky（1993）Optimality Theory：Constraint Interaction in Generative Grammar. New Brunswick, NJ：Rutgers University Center for Cognitive Science.

Schwartz, G.（2016）Word Boundaries in L2 Speech：Evidence from Polish Learners of English. Second Language Research, 32（3）, 397–426.

Shapiro, M.（1976）Asmmetry：An Inquiry into the Linguistic Structure of Poetry. Amsterdam：North Holland.

Strange, W. , E. Levy, and R. Jr. Lehnholf（2004）Perceptual Assimilation of French and German Vowels by American English Monolinguals：Acoustic Similarity does not Predict perceptual Similarity. Journal of the Acoustical Society of America, 115（5）, 2606.

Strange, W.（2011）Automatic Selective Perception（ASP）of First and Second Language Speech：A Working Model. Journal of Phonetics, 39（4）,

456–466.

Thomason, S. G. and T. Kaufman（1988）Language Contact, Creolization, and Genetic Linguistcs. Berkeley：University of California Press.

Thomason, S. G.（2001）Language Contact. Edinburgh：Edinburgh University Press Ltd.

Trubetzkoy, N.（1939/1969）Principles of Phonology.（Translation of Grundzuge der Phonologie, Prague）. Berkeley and Los Angeles：Unversity of California Press.

Wang, Feng（汪锋）（2006）Comparison of Languages in Contact：The Distillation Method and the Case of Bai. In Language and Linguistics Monograph Series B：Frontiers in Linguistics III. Taipei：Institute of Linguistics, Academia Sinica.

Wang, W. S–Y.（1967）Phonological Features of Tone. International Journal of American Linguistics, 33（2）：93–105.

Wang, Y., A. Jongman, and J. A. Sereno（2003）Acoustic and Perceptual Evaluation of Mandarin Tone Productions before and after Perceptual Training. Journal of the Acoustical Society of America, 113（2）, 1033–1043.

Wee, L. H.（2016）Tone Assignment in Hong Kong English. Language, 92（2）：67–87.

Weinreich, U.（1953/1964）Language in Contact：Findings and Problems. The Hague：Monton.

Whitney, W. D.（1881）On Mixture in Language. T–ansactions of the American Philosophical Association, 12, 5–26.

Winford, D. & B. Migge（2007）Substrate Influence on the Emergence of the TMA Systems of the Surinamese Creoles. Journal of Pidgin & Creole Languages, 22（1）：73–99.

Winford, D.（2003）An Introduction to Contact Linguistics. Oxford：Blackwell Publishing Ltd.

Winford, D.（2003）Contact–induced Changes：Classification and Processes.

Diachronica, 22（2）：373–427.

Winford, D.（2007）Some Issues in the Study of Language Contact. Journal of Language Contact, Thema 1：22–40.

Wu, Hsiao-hung Iris（2006）Stress to Tone：A Study of Tone Loans in Mandarin Chinese. In F. -F. Hsieh and M. Kenstowicz，Ed.，MIT Working Papers in Linguistics 52：Studies in Loanword Phonology, 227–263.

Yakup, Mahire（2013）Acoustic Correlates of Lexical Stress in Native Speakers of Uyghur and L2 Learners. Lawrence, KS：University of Kansas dissertation.

Yakup, Mahire and Joan A. Sereno（2016）Acoustic Correlates of Lexical Stress in Uyghur. Journal of the International Phonetic Association, 46（1）：61–77.

Yip, M.（1980/1990）The Tonal Phonology of Chinese. Cambridge, MA：The MIT Doctoral Dissertation. Published in 1990. New York：Garland Publishing.

Yip, M.（1993）Cantonese Loanword Phonology and Optimality Theory. Journal of East Asian Linguistics, 2（3）：261–291.

Yip, M.（1995）Tone in East Asian Languages. In John A. Goldsmith，Ed.，Handbook of Phonological Theory, 476–494. Oxford：Basil Blackwell.

Yip, M.（2002）Tone. Cambridge：Cambridge University Press.

Yiu, C. Y.（2012）Tonal Adaptation of English Loanwords in Early Cantonese. Journal of Chinese Linguistics, 40（1）：190–215.

附录 1

吐鲁番市葡萄沟乡达甫散盖村发音人基本情况

编号	姓名	性别	年龄	职业	文化程度	学习汉语
A1	木卡带斯	女	8 岁	学生	小学	3 年
A2	艾克丹	女	8 岁	学生	小学	3 年
A3	帕合热丁	男	11 岁	学生	小学	4 年
A4	比拉力	男	10 岁	学生	小学	4 年
A5	沙合扎提	女	10 岁	学生	小学	4 年
A6	比拉力江	男	9 岁	学生	小学	3 年
B1	买热亚枯丽	女	13 岁	学生	小学	6 年
B2	祖力皮亚•祖农	女	12 岁	学生	小学	6 年
B3	库尔班	男	13 岁	学生	小学	6 年
B4	阿不都沙拉木	男	12 岁	学生	小学	6 年
B5	祖合热古丽	女	17 岁	务农	初中	9 年
B6	开比努尔•艾尼	女	16 岁	学生	高中	11 年
B7	依力哈木•阿布都拉	男	18 岁	学生	高中	6 年
B8	古扎丽努尔•阿布来提	女	18 岁	导游	初中	3 年
B9	伊力亚尔	男	13 岁	学生	小学	6 年
B10	哈力旦•吐尔逊	女	17 岁	务农	初中	6 年
B11	祖木来提古丽	女	19 岁	务农	初中	9 年
C1	艾尼•吾甫尔	男	27 岁	农民	高中	9 年
C2	萨拉木阿不力夫	男	23 岁	农民	高中	5 年
C3	吾拉木江•玉苏甫	男	23 岁	商人	初中	10 年
C4	帕提古丽•艾买提	女	25 岁	农民	高中	15 年
C5	米热古丽•克依木	女	33 岁	教师	大专	20 年
C6	乌日古丽•瓦哈甫江	女	23 岁	农民	初中	10 年
C7	沙地克依布拉依	男	27 岁	自由职业	高中	10 年
C8	古扎丽努尔	女	25 岁	农民	初中	6 年
C9	木拉提	男	26 岁	农民	小学	自幼自学
C10	阿不都外力•克依木	男	31 岁	商人	初中	4 年
C11	卡哈尔	男	31 岁	农民	小学	3 年

续 表

编号	姓名	性别	年龄	职业	文化程度	学习汉语
C11	卡哈尔	男	31 岁	农民	小学	3 年
C12	卡哈尔	男	28 岁	保安	初中	6 年
C13	努尔曼	女	23 岁	农民	初中	6 年
C14	巴哈尔古丽•米吉提	女	30 岁	农民	高中	10 年
C15	安尼瓦尔	男	26 岁	工人	大专	9 年
D1	阿不来提	男	41 岁	农民	初中	初中 3 年
D2	阿古丽	女	36 岁	农民	初中	9 年
D3	热依汗古力	女	45 岁	商人	中专	8 年
D4	吾斯曼	男	36 岁	农民	初中	6 年
D5	祖农	男	40 岁	农民	小学	3 年
D6	吾古丽汗•克衣木	女	36 岁	农民	初中	5 年
D7	吾尔买•吐尔逊	男	37 岁	司机	高中	8 年
E1	吾守尔	男	72 岁	农民	小学	自然习得
E2	阿不力米提•伊明	男	60	农民	小学	自然习得
E3	吾甫尔•吐尔逊	男	65 岁	农民	小学	自然习得
E4	米吉提	男	62 岁	农民	小学	自然习得
E5	阿不力木	男	52	农民	初中	自然习得
E6	吾斯曼	男	59	农民	初中	自然习得
E7	巴吾东•艾比布力	男	53	农民	高中	自然习得

(Super/Sub)	Basic Vowel Quality Inventory 基本元音音位总量																Language example 语言范例		
FAMILY 语群	2	3	4	5	6	7	8	9	10	11	12	13	14	15	16	20	Language	Inventory	Vowel Qualities
Khoisan				9													Sandawe	5	ieaou
Niger-Congo				9	2	12	2	2	2	1							Yoruba	7	ieɛaɔou
Nilo-Saharan						1		3	2								Maasai	9	iɪeɛaɔoʊu
Afro-Asiatic		1	6	6	7	6	1										Hebrew	5	ieaou
																	Egyptian Arabic	5	ieɑou
Basque				1	1												Basque	5	ieaou
Burushaski				1													Burushaski	5	ieaou
Caucasians	2	1		3	3	1	1		1	1							Georgian	5	ieɑɔu
Dravidian				2		1		1									Tamil	5	ieaou
Indo-European,general		1	1	15	16	8	9	5	5	3		1	2				Latin	5	ieaou
																	Italian	8	ieɛaəɔou
Indo-European,Germanic						1	1			2	1	2	2	3	2		English	13	iɪeɛɜæɑʌəɒɔʊu
Andamanese					1	1											Ongan	6	ieaəou
Australians	1	23	4	6	2	1	1										Sydney	3	iau
Papuans		1	1	9	4	2	1										Naasioi	5	ieaou
Daic					1	1		6	1								Thai	9	ieɛaɤɯɔou
Taiwanic				1	3												Atayal	6	ieaəou
Malayo-Polynesian		9	5	32	9	7	2		2	1							Tagalog	5	iɛaou
Austro-Asiatic						1	1	1	1								Vietnamese	9	iɨeɛaəɔou
Hmong-Mien					1		1										White Hmong	6	iɨeaɔu
Tibeto-Burman				3	2	1	1	1	1								Tibetan	8	ieɛaøouy
Chinese,general					3		5	7	1	2	1						Manderin,Standard	10	ɿʅiɛɑɤəouy
Chinese,Wu								2	12	11	14	15	6	5		1	Wu,Pinghu	13	ɿieɛaɯɐəɔøouyʮ
Yenisian						1											Ket	7	iɨɛaəɔu
Uralic					4	2	2	3	3								Hungarian	7	ieaøouy
Altaic,general					2	4	12	5	2		1	1					Altay	8	ieaɯøouy
Altaic,Islander				3	1			1									Japanese	5	ieaou
Palaesiberian					1												Nivkh	6	ɪeæɤou
Chukchi-Kamchatkan				3													Chukchi	5	ieaou
Eskimo-Aleut		3	1														Inuit	3	iau
Na-Dene			7	3	6	2	1										Navajo	4	iɛao
Algonquian-Wakashan		7	11	6	7	1	1										Massachusett	4	iaəu
Macro-Siouan		1	5	8	1												Lakota	5	ieaou
Penutian			1	2	4	1											Maidu	6	iɨeaou
Aztec-Tanoan			2	6	10												Shoshone	5	iɨaou
Chibchan-Paezan		1	2	2	2	1											Uw Cuwa	5	ieaou
Hokan			3	4	1												Pomo	5	ieaou

附录 2　世界各语系的不同基本元音总量的语种数和代表语种（李辉 2008）

（杜兆金：273165　山东曲阜曲阜师范大学文学院 duzj2006@163. com）

从语言接触视角看韩国汉字音层次的特点

卢慧静

提　要： 关于韩国汉字音的底层和层次分析，时贤多已论及，但有不同看法。分歧的主要原因是对层次的定义不同，或缺乏分析层次的标准，或忽略语言接触的对应方式等。本文根据层次分析理论指出，韩国汉字音的鱼韵的庄组和非庄组有不同对应，是有声母条件的对应，应该处理为同一层次；不应把一些零星的例子看作为独立的层次。还有，前人根据韩国汉字音不分舌音、不分唇音而认为韩国汉字音的舌音和唇音反映上古音层。但是本文根据语言接触方式指出，舌音和唇音以等值匹配和相似匹配的方式对应，只能证明舌音和唇音是中古以前（包括中古）的层次，而没有充分的理由证明为上古音层。根据理论性强的分层理据，韩国汉字音可以分析为单一层次。笔者认为汉韩接触虽有悠久的历史，但层次比较简单，原因是汉韩接触后汉字的主要功能仍然是文献上的表意，由部分人学习或传授，并且经过统一体系而规范化，因此，韩国汉字音层次由单一的主流层次和零星的例子为构成。这就是以文本为接触媒介的非自然接触的特点。

关键词： 语言接触　韩国汉字音　层次　匹配　舌音　唇音　鱼韵　庄组

韩国汉字音是两个处在不同空间的语言群体通过文献或文字的接触这一非自然接触途径而形成的，其形成和流传方式跟汉语方言有所不同。本文从语言接触视角，讨论韩国汉字音层次的特点。

1　韩国汉字音层次研究分歧的主要原因

关于韩国汉字音的底层和层次分析，前人已有很多研究。但是韩国汉字音的历史层次和具体层次的处理有很多分歧，韩国汉字音的代表研究如下：

马伯乐（2005）：5 世纪南方吴音。

高本汉（1940）：6–7 世纪隋唐时期的长安音。

朴炳采（박병채 1966、1977）：7–8 世纪切韵系中原音。

河野六郎（1968、1979）、李基文（이기문 1961、1998）：8–9 世纪唐代长安音。

有坂秀世（1944）：10 世纪宋代开封音说。

分歧的主要原因是，对层次的定义不同、缺乏分析层次的标准、忽略语言接触的对应方式等。

早期的研究目的是寻找韩国汉字音的主流对应所反映的历史层次，朴炳采和河野六郎开始全面分析韩国汉字音的整个体系和具体层次，尤其是河野六郎对韩国汉字音研究的影响力最大。之后的研究从河野六郎出发，调整具体细节问题，基本上认定了韩国汉字音的复层说，主流层次为中古音，个别细节分析有所分歧。他把韩国汉字音分为四个层次：慧琳音系之前层、慧琳音系层、北宋开封音系层、近代音系层。

下面我们看河野六郎的具体分层例子，讨论韩国汉字音层次分析需要分析的理据。

表 1　河野六郎（1968/1979：501–503）的韩国汉字音层次

	A 层	B 层	C 层	D 层
	慧琳音系之前	**慧琳音系**	**北宋开封音系**	**近代音系**
虞（甲）		유 ju		루 lu（娄）
虞（乙）		우 u	모 mo（侮）	
侯	고 ko（叩）	우 u	모 mo（母）	
尤（甲）		유 ju		
尤（乙）		우 u	모 mo（谋）	
东三（甲）		융 juŋ		
东三（乙）		웅 uŋ	봉 poŋ（风）	풍 p^huŋ（风）융 juŋ
钟（乙）		옹 oŋ	봉 poŋ（封）	융 juŋ

河野六郎的韩国汉字音层次分析在以下几个方面有重新考虑的余地：一是相同的韵母同时处理为不同层次。如虞韵的“우 u”同时出现在 B 层和 D 层（루 lu（娄）），侯韵的“오 o”同时出现在 A 层和 C 层（如고 ko（叩）和

모 mo（母）)，东三韵的“융 juŋ”同时出现在 B 层和 D 层，钟韵 B 层有“옹 oŋ”，但 C 层中还有“봉 poŋ”。二是有条件的不同对应分为不同层次，或一旦出现不同音值就处理为不同层次。如虞侯尤韵的主流对应是“우 u（유 ju）”[1]，分析为 B 层，但是侯韵的部分明母字（如某母牧）、尤韵的明母字、虞韵的个别例子“侮”字为“오 o”，都处理为 C 层。三是零星的个别例子处理为独立的层次。如侯韵的个别字“고 ko（叩）”分析为 A 层。四是分层单位没有统一，有时为韵母，有时为整个音节。如东韵的主流对应是“웅 uŋ（융 juŋ）”，分析为 B 层，但是个别唇音声母的音节“풍 pʰuŋ”同时处于 D 层，钟韵的主流对应是“옹 oŋ”，分析为 B 层，但是个别唇音声母的例子“봉 poŋ”处理为 C 层。

目前，汉语方言的层次研究已经进入了成熟的阶段。根据层次分析法，我们可以看出以上研究没有统一分层单位，缺乏分析层次的标准和理据，有很多进一步研究的空间。韩国汉字音的层次分析也应该利用层次分析法加强理论性和客观性。

2　韩国汉字音层次分析的几个理据

2.1　层次的定义

有关层次的定义和分析单位的研究，就如何看待语言（方言）自源性的内部音变的和外源性的语言接触而言，可分为把内部音变也算作层次的“同源异源层次派”与只把接触算作层次的“异源层次派”。诸家对层次的定义、分析单位以及术语的比较如下表：

表 2　诸家对层次的定义

	演变	接触	单位
王福堂（2003）	同源层次	异源层次	
潘悟云（2007）	内部音变层	借词层	音节
潘悟云（2010）	本体层 （超前层 / 主体层 / 滞后层）	外借层	音节

续　表

	演变	接触	单位
王洪君（2006）	阶段	层次	声韵调（韵类）
陈忠敏（2007）		层次	声韵调（韵类）

韩国汉字音的层次分析方法，按照研究目的可以选择“同源异源层次派”或者“异源层次派”的方法，“同源异源层次派”的方法适合于研究汉字音内部的发展过程，“异源层位派”的方法适合于研究汉韩接触和语言接触所产生的音韵系统。以往的韩国汉字音研究有的不区分同源和异源成分，有的则区分。

王洪君（2006：72）指出，一个方言同时存在“（1）词音字音中以声韵调为单位的文白逐次替换而在字音分合关系上向权威靠拢的进程；（2）音类音值自身演化（如高化、低化、唇化）而在音值以致字音分合关系上又偏离权威方言的进程”，因此要严格区分异源音系叠置的层次和单音系自源性分化或某个音类自源性演变的演变阶段。

我们按照王洪君（2006）的阐述把山西祁县方言“井”字的层次的早晚和演变的先后图示如下：

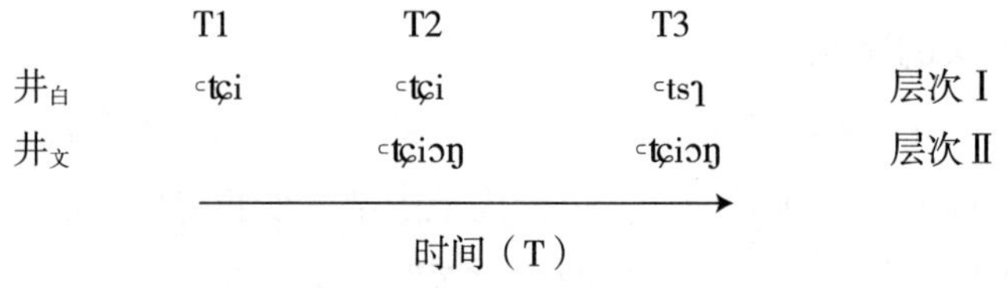

图 1　山西祁县方言“井”字的层次

本文认为，为了明析破解不同语言之间的接触所产生的层次，应该区分自身演变和外部因素导致的变化。尤其是韩国汉字音是以文本接触为主要途径的非自然语言接触[2]，接触匹配后形成了汉字音。之后汉字音由于韩语内部的语言演变而经历了出现各种新音类或新音值的变化，如送气音的产生、元音转移、韵尾的内破化、腭化、中高元音的圆唇化等（李基文이기문 1998）；有些没有参与这种演变的音则一直没有变化。韩国汉字音的形成过程错综复杂，而且没有

文白异读，因此，如果不区分层次的早晚和演变阶段的先后，所谓的“层次”会太多，很难说清楚韩国汉字音的性质。比如，“中”字在 16 世纪文献《训蒙字会》（1527）、《新增类合》（1576）里为듕 tjuŋ；17 世纪至 18 世纪韩语发生腭化后在《华东正音通释韵考》（1747）、《奎章全韵》（1796）里“中”为즁 tsjuŋ；19 世纪以后韩语发生变化，声母ㄷ t、ㅌ th、ㅈ ts、ㅊ tsh、ㅅ s 后介音消失，现代韩国汉字音为중 tsuŋ。演变阶段上“中”중 tsuŋ 处于듕 tjuŋ→ 중 tsuŋ 演变的后期阶段，但层次上“中”듕 tjuŋ、“中”즁 tsjuŋ、“中”중 tsuŋ 都处于同一个出发点的演化，是同一个层次。

	T1	T2	T3	
中	듕tjuŋ	즁tsjuŋ	중tsuŋ	层次Ⅰ
丸$_1$	환hoan	환hoan	환hoan	层次Ⅰ
丸$_2$			완oan	（层次Ⅱ）

时间（T）→

图 2　韩国汉字音“中”“丸”的演变

再如“丸”환 hoan。16 世纪文献《新增类合》（1576）里“丸”为환 hoan，现在丸药、弹丸等“丸”字一般读환 hoan，但是唯一在“丸子”완자 oantsa 这一词里读완 oan。卢慧静（2014：145）指出“丸”读零声母是通过“丸子”的传入而形成的，완 oan 是后期借入的读音。[3] 虽然这是孤例，还不能将其看作独立的层次，但是汉语方言中也可以找到匣母“丸”字读零声母的例子。[4] 我们暂时把“丸”的异读音看作为不同的层次。

如果我们不严格区分演变阶段和层次，只看时间顺序而罗列的话，韩国汉字音的层次会很多、很复杂，很难掌握韩国汉字音的演化过程。我们将韩国汉字音的层次和演变阶段整理如下表：

表 3　韩国汉字音的层次和演变阶段

汉语	接触	层次	演变	例子
A	→	I		丸환 hoan（丸药）
			I-1	中듕 tjuŋ
			I-2	中즁 tsjuŋ
			I-3	中중 tsuŋ
B	→	Ⅱ		丸완 oan（丸子）[⑤]

2.2　有条件的对应

15 世纪中世韩国汉字音鱼韵的对应为：

A 组ㅗ o：初초 tsho，楚초 tsho，础초 tsho，梳소 so，蔬소 so。

B 组ㅓ ə：居거 kə，巨거 kə，鱼어 ə，许허 hə。

C 组ㅕ jə：蛆져 tsjə，处쳐 tshjə，书셔 sjə，鼠셔 sjə，序셔 sjə；
如여 jə，吕려 ljə，女녀 njə。

A 组、B 组、C 组的对应有声母条件：A 组是庄组字，B 组是见系字，C 组是以母和日母等零声母的字与泥母和来母等 n- 和 l- 声母的字以及精组、知组、章组等塞擦音和擦音声母的字，C 组的精组、知组、章组等塞擦音和擦音声母字随着韩语的演变（介音消失）而与 B 组合并。

以往的很多韩汉音研究根据音值来讨论 A 组的层次，有的认为反映上古音（崔希秀최희수 1986；李润东이윤동 1997），有的认为反映北宋开封音（河野六郎 1968/1979），有的认为反映唐代以后的近代音（有坂秀世 1944），基本上都把庄组字跟非庄组字分开，设定一个独立的层次。表 4 是河野六郎（1968/1979：503）的鱼韵层次，把庄组放在 C 层：

表 4　中世韩国汉字音鱼韵（开口）的层次（河野六郎 1968/1979：503）

	A 层	B 层	C 层	D 层
鱼（甲）		여 -jə		쥬（豬）-yu
鱼（乙）		어 -ə	ṣ 오 -o	

对鱼韵的层次看法有分歧的主要原因是：（1）诸家是在默认汉语和韩语接触时只有鱼韵的庄组字进入韩汉音体系这一前提下讨论庄组字的层次；（2）忽略了鱼韵庄组字跟非庄组的对应是有条件的对应。我们可以假设鱼韵的汉韩匹配有如下两个模型，前人认为韩汉音的鱼韵庄组字的形成过程属于（b）：

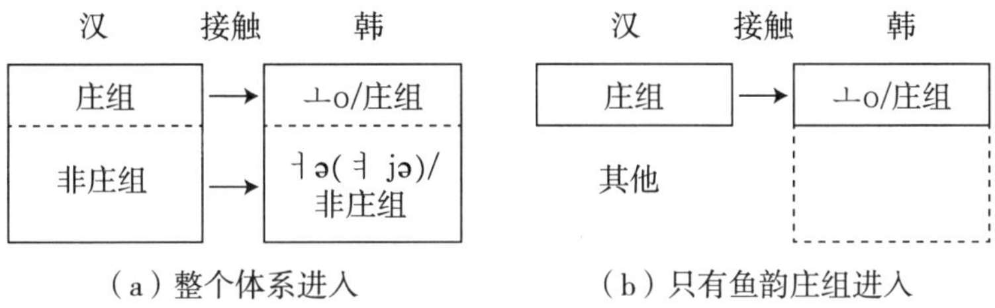

图 3　汉韩匹配模式（鱼韵）

韩国汉字音侵韵也有庄组和非庄组的对应。伊藤智ゆき（2007：126）部分同意庄组字可能反映比较新的发展阶段。但是，她还指出，不可能只有庄组字进入韩国汉字音系统，汉语的庄组发生变化后，已经分开的庄组和非庄组作为整个体系一律进入韩国汉字音，这样的解释更有说服力。因此，她不同意只把庄组看作为不同的层次，认为应该是整个鱼韵的庄组和非庄组在已经发生变化的阶段进入韩汉音系统，形成一个层次。中古后期韵图里三等韵庄组字排在二等，可知介音的脱落（麦耘 2002），在汉语方言和越南汉字音中已很普遍，韩汉音鱼韵也可能正好反映这一发展过程的起始阶段。

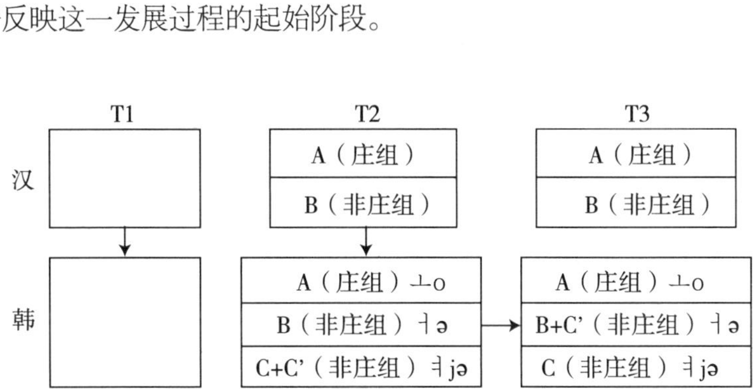

图 4　韩国汉字音鱼韵层次形成的模式

在发生语言的接触和匹配时，不可能只有某一组声母的新读音进来，而是整个系统进来形成新的层次。而且，鱼韵的读音ㅗ o 只出现在庄组字，是有条件的对应，应该处理为与ㅓ ə、ㅕ jə 同一的层次。因此，从整个对应上看，鱼韵是单一层次，反映汉语发生庄组声母介音消失后庄组和非庄组分离的阶段。

2. 3　零星的例外

韩国汉字音有很多不符合对应规律的零星例字，大部分是类推音或者是误读字，少数字不能辨别读音的来源。很多学者讨论来源不明的少数字，细究其历史层次。比如，“锁”的读音是쇄 soai（swaj>[sʰwɛ]），《新增类合》（1576）为쇄 soai，《训蒙字汇》（1527）为솨 soa，现代韩国汉字音为쇄 soai。“锁”쇄 soai 是戈韵一等字（a 和 oa）的例外。李润东（이윤동 1997：139）根据李方桂的上古音构拟，认为“锁”쇄 soai 的韵尾 -i 则反映上古音 -r>-j 演变的阶段，可能是上古音的进入，中世韩汉音的솨 soa 反映后期的中国音。还有，韩国汉字音钟韵的主流对应是oŋ/joŋ，有少数例外，如“胸凶匈”흉 hjuŋ 等。李润东还根据李方桂的上古音构拟 -juŋ，指出“胸凶”的读音흉 hjuŋ 跟中国上古音的音值相同，因此反映上古音。但是，河野六郎（1968/1979）虽然没有解释清楚钟韵的例外“胸凶匈”흉 hjuŋ，但是把钟韵的 -juŋ 处理为 D 层，所以我们可以推理他认为“胸凶匈”흉 hjuŋ 反映近代音。

各家对个别字有不同的层次分析，但是我们还得反思把这些例外字处理为层次是否合理。陈忠敏（2013：117）指出：“在个别的情形下孤例的音类变异也可能是层次的反映。不过孤例所反映的层次必须有同类或邻近方言对应层次的印证。”但是，以往的研究很少考虑、观察别的汉字音，缺乏层次的系统性。韩国汉字音可以在与之同类的非自然接触所产生的越南汉字音和日本汉字音里找到平行的现象。如果韩国汉字音的孤例也在越南汉字音或日本汉字音中出现，可以将其连接起来组成一片，构成一个层次。但是，如果没有找到平行的例外，我们很难判断，不能随意定为某一层次，只能处理为例外。韩国汉字音是通过非自然接触产生的，以文字、文献等为传播媒介，以私塾等教育方式为世代韩人口耳相传，15 世纪有了韩文后才有了固定形式。汉字音是字音分合关系或大的语音范畴类的匹配，音值可以有较大的差异。根据个别字的音值与汉语的某一时期的构拟音进行比较而辨别层次，更不合理。这些问题是韩国汉字音层次分析的难点。

3 非自然语言接触的匹配

韩国汉字音端知不分、重轻唇不分，有人认为韩国汉字音舌音和唇音的历史层次反映上古音。但是，我们从语言接触的匹配方式看，韩国汉字音端知不分、重轻唇不分不一定反映上古音。

陈保亚（1996：21）把两个语言的匹配概括成四种基本方式：

（A）一对一匹配（等值匹配）；

（B）一对多匹配（相似匹配）；

（C）多对一匹配（条件匹配）；

（D）零匹配（匹配落空）。

汉语和韩语的语音系统不一致，汉韩非自然接触形成韩国汉字音体系时以几种方式进行匹配。下面我们观察舌音和唇音的汉韩匹配方式，讨论韩国汉字音舌音和唇音的历史层次。

韩国汉字音的端组和知组声母从15、16世纪到现在都不区分，由于韩语内部演变，三四等端组和知组字从塞音变为塞擦音。

表5 各时期韩国汉字音舌音的读音（卢慧静 2014：98）[6]

	15、16世纪韩汉音	17、18世纪韩汉音	现代韩汉音
端组一等	t、th	t、th	t、th
知组二等	t、th	t、th	t、th
知组三等	t、th	t、th、ts、tsh	ts、tsh
端组四等	t、th	t、th、ts、tsh	ts、tsh

早期的韩汉音研究认为韩汉音不分端知反映上古音。但是我们考虑韩汉匹配方式，韩国汉字音不分端知可能反映上古汉语舌音不分的阶段，也可能反映汉语舌音分化之后还没塞擦音化之前的阶段。汉韩匹配模式（舌音）如下（卢慧静 2014：104）[7]：

（一）如果古代韩语有浊音声母

舌音分化前（韩→汉）：

t→$_{端知}$t	等值匹配
d→$_{定澄}$d	等值匹配

舌音分化后（韩→汉）：

t→$_{端}$t	等值匹配
↘$_{知}$ȶ	相似匹配
d→$_{定}$d	等值匹配
↘$_{澄}$ȡ	相似匹配

（二）如果古代韩语没有浊音声母

舌音分化前（韩→汉）：

t→$_{端知}$t	等值匹配
↘$_{定澄}$d	相似匹配

舌音分化后（韩→汉）：

t→$_{端}$t	等值匹配
↘$_{知}$ȶ	相似匹配
↘$_{定}$d	相似匹配
↘$_{澄}$ȡ	相似匹配

图 5　韩汉匹配模式（舌音）

上古汉语舌音不分时汉韩匹配是一对一的等值匹配，但是舌音分化后汉语的知组声母变为舌面塞音，因为韩语只有舌尖中塞音，没有其他舌音部位的塞音，韩语可能用近似的舌尖中塞音去匹配舌面塞音，这样匹配的结果还是跟上古音一样。因此，我们不能说韩汉音不分端知就反映上古汉语不分舌音的层次。

我们再看唇音的匹配。韩语从古至今一直没有轻唇音，所以汉韩匹配时也用相似匹配的方式匹配，所以韩汉音不分轻重唇不一定反映上古汉语帮非不分的层次[8]。韩汉唇音匹配模型（帮非不分）如下（卢慧静노혜정 2016：73）：

（一）如果古代韩语有浊音声母

唇音分化前（韩→汉）：

p→$_{帮非}$p	等值匹配
b→$_{並奉}$b	等值匹配

唇音分化后（韩→汉）：

p→$_{帮}$p	等值匹配
↘$_{非}$f	相似匹配
b→$_{並}$b	等值匹配
↘$_{奉}$v	相似匹配

（二）如果古代韩语没有浊音声母

唇音分化前（韩→汉）：

p→$_{帮非}$p	等值匹配
↘$_{並奉}$b	相似匹配

唇音分化后（韩→汉）：

p→$_{帮}$p	等值匹配
↘$_{非}$f	相似匹配
↘$_{並}$b	相似匹配
↘$_{奉}$v	相似匹配

图 6　韩汉匹配模式（唇音）

韩汉唇音匹配模型（非敷合流）如下（노혜정 2016：74）：

韩→汉匹配（非敷合流前）：		韩→汉匹配（非敷合流后）：	
$p\rightarrow_{\text{非}}pf$	相似匹配	$p\rightarrow_{\text{非敷}}f$	相似匹配
$\searrow_{\text{敷}}pf'$	相似匹配	$\searrow_{\text{奉}}v$	相似匹配
$\searrow_{\text{奉}}bv$	相似匹配		

图 7　韩汉匹配模式（唇音，非敷合流）

因此，从语言接触的匹配方式看，我们不能简单地把韩国汉字音唇音声母的历史层次处理为汉语不分帮非（或非敷）的层次。

4　韩国汉字音的历史层次

我们根据以上的分层理据（即（1）从接触的角度分析韩国汉字音的层次，不包括进入之后在韩语内部发生的演变；（2）有条件的对应处理为同一层次；（3）排除零星的孤例；（4）考虑匹配的方式），可以认为韩国汉字音的层次是单一的。下面我们再讨论这一层次到底反映哪一个历史层次。

本文采用亲缘分群方法分析韩国汉字音与中古文献之间的关系。与韩国汉字音比较的中古文献为《切韵》《汉书注》（641）、玄应《一切经音义》（638-649）、《后汉书注》（675-680）、朱翺反切（934-965）、《晋书音义》（747）、《五经文字》（776）、慧琳《一切经音义》（798）、《声音倡和图》（1011-1077）、《尔雅音图》（961-974）、晚唐西北沙洲方音（736-929）。[9] 本文选用 PHYLIP 软件包的 Penny 程序来运算，运算方法和材料基本上跟卢慧静（2014）、卢慧静（2018）相同，中古文献有所改变。为了更仔细观察，本文删除了《玉篇》和《经典释文》，添加了中古的 4 种文献：《后汉书注》《晋书音义》《五经文字》以及“晚唐西北沙洲方音”。

亲缘分群根据如下中古汉语中有意义的 46 个语音特征，见表 6。

表 6　划分韩国汉字音与中古文献的 46 个分类特征

编号	特征	编号	特征	编号	特征	编号	特征
1	重轻唇分	13	鱼虞不分	25	痕不独立	37	清青不分
2	明微分	14	模虞不分	26	寒桓合	38	青不独立

续 表

编号	特征	编号	特征	编号	特征	编号	特征
3	端知分	15	祭齐不分	27	删山不分	39	蒸登不分
4	泥娘不分	16	皆佳不分	28	仙元不分	40	尤幽不分
5	从邪不分	17	泰不独立	29	仙先不分	41	侯不独立
6	船禅不分	18	怪夬不分	30	宵萧不分	42	侵不独立
7	东冬不分	19	灰咍不分	31	肴豪不分	43	覃谈不分
8	东钟不分	20	臻真不分	32	歌戈合	44	衔咸不分
9	江宕不分	21	废不独立	33	麻不独立	45	盐添不分
10	支脂不分	22	真欣不分	34	阳唐不分	46	严凡不分
11	脂之不分	23	谆文不分	35	庚$_{2}$耕不分		
12	微不独立	24	魂不独立	36	庚$_{3}$清不分		

12 种文献和韩国汉字音的 46 个分类特征如下[10]：

12　　46

000SK　　0001011011110010100010000011110011011111001111

000QY　　0000000000000000000000000000000000000000000000

4CAHL　　1111011101110011010010000110110100101101001111

3CAHS　　1011000001100000010100000110000100110001001100

3CAXY　　1110000000100000000100000110000100110001000101

3CAHH　　1110011101101001010100011010110100100000001100

3LYJS　　0010001000101000100100000110000000000000001001

3CAWJ　　1110001000000001010000000111110010101101001111

4SZSZ　　1111011111111011110111111111111111111111101111

4JLZA　　1111110001000000101010010001000010011000000001

4LMEY　　1111011111111011110111111111111110111111001111

4BLSY　　1111001111110011110111111111111111111111001111

程序得出了一个最俭省的树型，树图如下：

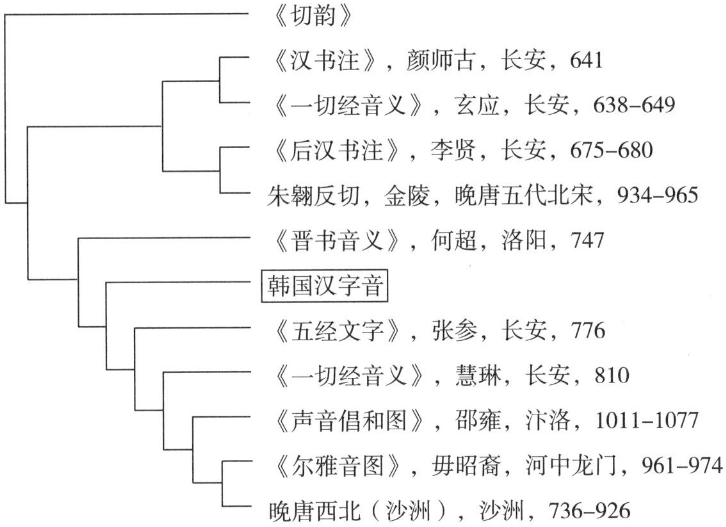

图 8　韩国汉字音与中古文献的亲缘分群（Camin-Sokal 算法，46 个特征）

树型有两个分支，一个分支有《汉书注》《一切经音义》《后汉书注》等 7 世纪的长安音和十世纪的朱翱反切，另一个分支有八世纪以后的文献，韩国汉字音处于《晋书音义》（747）和《五经文字》（776）的中间。通过以上的结果，我们确认了韩国汉字音跟慧琳音系确实很近，但利用更客观的计量分析，我们可以更具体地指出韩国汉字音的历史层次具体处于比慧琳音系稍早的阶段，大概是 8 世纪中叶的北方音。

5 结　语

关于韩国汉字音的底层和层次分析，时贤多已论及，但有不同看法。分歧的主要原因是对层次的定义不同，或缺乏分析层次的标准，或忽略语言接触的对应方式等。本文根据层次分析理论指出，韩国汉字音的鱼韵的庄组和非庄组的不同对应是有声母条件的对应，应该处理为同一层次；不应把一些零星的例子看作为独立的层次。还有，前人根据韩国汉字音不分舌音、不分唇音而认为韩国汉字音的舌音和唇音反映上古音层次。但是本文根据语言接触方式指出，舌音和唇音以等值匹配和相似匹配的方式对应，只能证明舌音和唇音是中古以前（包括中古）

的层次，而没有充分的理由证明为上古音层。根据理论性强的分层理据，韩国汉字音可以分析为单一层次。根据计量分析方法，本文发现韩国汉字音的历史层次处于《晋书音义》（747）和《五经文字》（776）中间，大概是8世纪中叶的北方音。

我们认为汉韩接触虽有悠久的历史，但层次比较简单，原因是汉字传递到韩国后其主要功能仍然是文献上的表义，由部分人学习或传授，并且经过统一体系而规范化。因此，韩国汉字音层次由单一的主流层次和零星的例外构成。这就是以文本为接触媒介的非自然接触的特点。

附 注

[1] 우 u 和유 ju 是以声母为条件的互补分布。

[2] 陈保亚（2007：1–2）把语言接触分为自然接触和非自然接触。自然接触是指在同一空间不同语言的相互接触，两个语言群体在同一空间展开接触，汉语和少数民族语言在相同地区进行的接触属于自然接触，也可以称为口语接触；非自然接触是指两个语言群体通常不是在同一空间展开接触，而是由部分人到异地学习或传授第二语言，书面语学习先于口语学习，第二语言学习过程首先是通过书写在文本上的文字和文字而展开的，也可以称为文本接触。

[3] 对于丸子进入韩国的时期，还需要中韩交流史等方面的考察。

[4] 韩国 hoan[hwan]/oan[wan]，北京 uan，武汉（文）uan（白）yɛn，扬州 uõ，厦门（文）uan（白）ĩ，广州 jyn，梅县 ian。汉语方言材料引自北京大学中国语言文学系语言学教研室编（2003/2008：270）。

[5] “丸”（丸子완자 oantsa）是孤例，目前我们还没有充分的证据处理为独立的层次，该层次是一个假设。此外，韩国还没认定“완 oan ”是汉字音，没有收入于汉字字典。具体论述可以参考卢慧静（2014：145）。

[6] 卢慧静（2014：98）是根据李准换（이준환 2008：238）的表 23 调整而做的。

[7] 本文的拟音是王力（1985）体系。李方桂（1980）、Baxter & Sagart（2014）等把知母 ȶ 和澄母 ȡ 构拟为 ʈ 和 ɖ。无论是哪个拟音，分析匹配的结果没有变化。

[8] 韩国汉字音唇音的分化体现在介音上，具体讨论可以参考卢慧静（노혜정 2016）。

［9］这些文献的46个语音特征材料参考张渭毅（2011）。

［10］文献首位数字代表：初中唐为3、晚唐五代北宋为4、其它为0。文献首位数字后两个英文字母代表地点，如长安为CA；文献最后两个字母代表文献名，如《切韵》为QY。如果书名超过两个字，只选取前两个字；如果书名相同或非文献，以作者名为代表，如慧琳《一切经音义》为HL。4CAHL就是晚唐五代北宋时期长安的慧琳《一切经音义》。分类按照46个特征的顺序而排列，0为“否”，1为“是”。

参考文献

北京大学中国语言文学系语言学教研室编（2003/2008）：《汉语方音字汇（第二版重排本）》，语文出版社，北京。

陈保亚（1996）：《论语言接触与语言联盟——汉越（侗台）语源关系的解释》，语文出版社，北京。

陈保亚（2007）：非自然接触在语汇层面的无界有阶性质——上古汉语核心字在日语中的分布，《中国语中国文化》第4号，1–13页。

陈忠敏（2007）：语言层次的定义及其鉴定的方法，丁邦新主编《历史层次与方言研究》，135–165页，上海教育出版社，上海。

陈忠敏（2013）：《汉语方言语音史研究与历史层次分析法》，中华书局，北京。

［瑞典］高本汉（Karlgren，Bernhard）（1940）：《中国音韵学研究》，赵元任、罗常培、李方桂译，商务印书馆，上海。

李方桂（1980）：《上古音研究》，商务印书馆，北京。

［韩］卢慧静（노혜정）（2014）：《语言接触与语言层次研究——以韩国汉字音为例》，北京大学博士学位论文，北京。

［法］马伯乐（Maspero，H）（2005）：《唐代长安方言考》，聂鸿音译，中华书局，北京。

麦耘（2002）：汉语语音史上“中古时期”内部阶段的划分——兼论早期韵图的性质，潘悟云主编《东方语言与文化》，147–166页，东方出版中心，上海。

潘悟云（2007）：历史层次分析的目标与内容，丁邦新主编《历史层次与方言研究》，22–35 页，上海教育出版社，上海。

潘悟云（2010）：历史层次分析的若干理论问题，《语言研究》第 2 期，1–15 页。

王福堂（2003）：汉语方言语音中的层次，《语言学论丛》第 27 辑，1–10 页，商务印书馆，北京。

王洪君（2006）：层次与演变阶段——苏州话文白异读析层拟测三例，《语言暨语言学》第 7 卷第 1 期，63–86 页。

王力（1985）：《汉语语音史》，中国社会科学出版社，北京。

张渭毅（2011）：论中古音分期问题，《汉声——中国音韵学的继承与创新（上）》，159–210 页，中国文史出版社，北京。

有坂秀世（Arisaka，Hideyo）（1936）：漢字の朝鮮音について（关于汉字的韩国汉字音），《方言》6. 4，16–25 页。

有坂秀世（Arisaka，Hideyo）（1944）：《国語音韻史の研究（国语音韵史的研究）》，明世堂，日本。

河野六郎（Kōno，Rokurō）（1968/1979）：朝鲜汉字音の研究（朝鲜汉字音的研究），收入《河野六郎著作集（2）》，295–512 页，平凡社，東京，1979 年。

伊藤智ゆき（Itō，Chiyuki）（2007）：《朝鮮漢字音研究（朝鲜汉字音研究）》，汲古書院，東京。

노혜정（卢慧静）（2015）：한국한자음의층위분석방법론연구（韩国汉字音的层次分析方法论研究），《중국어문논총（中国语文论丛）》第 67 辑，61–91 页。

노혜정（卢慧静）（2016）：중고한어순음분화와한국한자음순음의층위：언어접촉과언어대응방식을중심으로（中古汉语唇音分化与韩国汉字音唇音的层次），《외국학연구（外国学研究）》35 집，61–90 页。

노혜정（卢慧静）（2018）：하위집단화（subgrouping）방법을이용한中古漢語문헌과非自然接觸한자음의관계연구（中古汉语文献与非自然接触的汉字音的关系研究——亲缘分群方法），《중국어문논총（中国语文论丛）》第 86 辑，1–35 页。

박병채（朴炳采）（1966）：고대국어의한자음연구（古代韩国语的汉字

音研究），《아세아연구》22，1–70 页。

박병채（朴炳采）（1977）：《고대국어의연구：음운편（古代韩国语的研究：音韵篇）》，고려대학교출판부，서울。

이기문（李基文）（1998）：《（신정판）국어사개설（（新订版）国语史概说）》，태학사，서울。

이윤동（李润东）（1997）：《한국한자음의이해（韩国汉字音的理解）》，형설출판사，서울。

이준환（李准换）（2008）：《근대국어한자음의체계와변화（近代韩国汉字音的体系和变化）》，성균관대학교 박사학위논문（成均馆大学博士学位论文）。

최희수（崔希秀）（1986）：《조선한자음연구（朝鲜汉字音研究）》，黑龙江朝鲜民族出版社，牡丹江。

Baxter & Sagart（2014）Old Chinese：A New Reconstruction，Oxford University Press，New York.

Felsenstein，J.（2013）PHYLIP（Phylogeny Inference Package）version 3. 695. Distributed by the author. Department of Genome Sciences，University of Washington，Seattle. https：//cran. r-project. org/web/packages/Rphylip/citation. html.

引书目录

최세진（崔世珍），《训蒙字会》（1527），东京大学本。

유희춘（柳希春），《新增类合》（1576），罗孙本。

박성원（朴性源），《华东正音通释韵考》（1747），木板本。

이덕무（李德懋），《奎章全韵》（1796），木板本。

（卢慧静：韩国，高丽大学中国学研究所 luhuijing@gmail. com）

再论纳语卷舌韵母的演变①

——兼论定性－富集两轮比较法

李子鹤

提　要：本文在总结前人的纳语历史比较研究的基础上，结合逐级比较与远程比较，平衡语言材料的深度和广度，提出定性－富集两轮比较法。在这一方法指导下，利用丽江坝、玛丽玛萨、永宁等三个纳语组语言（方言）重新构拟了原始纳语与卷舌韵母相关的韵类，通过比较藏文、缅文、嘉戎语中的对应语素，梳理了每个韵类的音变规律，讨论了原始纳语阶段每个韵类的音值。结果显示原始纳语中存在至少4个与卷舌韵母相关的韵类，-r-介音、塞擦音与擦音声母都是纳语历史演变中重要的音变条件，卷舌韵母的来源不仅有鼻音韵尾，还有软腭爆发音韵尾和-r-介音。

关键词：纳语组　定性－富集两轮比较法　卷舌韵母　语音对应

引　言

纳语[1]的描写和历史比较研究，近年来取得了很大进展，已经积累了十几个语言（方言）点的描写材料（Michailovsky & Michaud 2006；Michaud 2006，2008；米可 2009；Lidz 2010；米可、徐继荣 2012；李子鹤 2013a；Michaud & He 2015；李子鹤 2019）。在此基础上，以解决纳语历史地位问题为主线，Jacques & Michaud（2011）、李子鹤（2013b）先后提出了原始纳语（纳西语）的构拟。

Jacques & Michaud（2011）用了丽江纳西语（Naxi）、永宁纳语（Na，也称摩梭话）、木里水田话（Laze）3个语言（方言）的材料建立对应，而且直接将纳语与藏文、缅文、茶堡嘉戎语等保守的亲属语言进行比较。李子鹤（2013b）

① 本研究受到北京大学引导专项经费支持。

则用了丽江、宝山、玛丽玛萨、宁蒗、永宁 5 个语言（方言）的材料（后来修订中又加入波湾方言的材料），先不比较其他亲属语言，仅建立纳语内部的对应，构拟原始纳语（纳西语）之后，再与亲属语言进行比较，尝试分析原始纳语与亲属语言亲缘关系的远近。在此后的进一步研究中，我们感到两个版本的原始纳语构拟各有其优势和局限。Jacques & Michaud（2011）一开始就认为比较保守的亲属语言，有利于解释对应关系，对语音演变规律有较多的发现，但构拟的音类和音值是否都在原始纳语阶段并不明确；李子鹤（2013b）及后来的修订则提供了纳语各个方言面貌和方言之间音类差异的概览，而且对“原始纳语”（纳西语）阶段的音类有比较明确的总结，但仅用纳语内部材料，对音值构拟和音变规律的解释力不强。

随着近年来材料的进一步积累，我们认为有必要继续修订补充原始纳语的构拟，结合上述两项研究的优点，为最终得出纳语确定的历史地位提供更好的基础。本文将以卷舌韵母的构拟为例来讨论我们目前使用的方法。

此前我们专门讨论过原始纳语卷舌韵母的来源和演变（Li 2014），在描写卷舌韵母在各个方言中分布的基础上，通过语音对应可以建立 2 个原始语的音类。李子鹤（2013b）和 Li（2014）都将这两个音类构拟为 *ɚ 和 *ro。Jacques & Michaud（2011）的构拟中，与卷舌韵母相关的音类也有两个，但所辖语素不同，而且音值分别构拟为 *iN 和 *U。前者指主要元音为 i，带有部位不定的鼻韵尾；后者则是一个类似 u，但只与小舌音和齿龈塞擦音声母搭配的韵母。接下来我们首先进行方法论的讨论，然后具体论述卷舌韵母构拟的改进。

1　方法论：定性 - 富集两轮比较法

我们要讨论的第一个问题是逐级比较与远程比较的关系。逐级（step-wise）比较要求按照谱系树的层级，先运用最低层级的语言材料构拟其原始语；若干最低层级语言的原始语构拟完成后，再用这些原始语构拟更高一个层级的原始语，以此类推。远程（teleo-）比较也叫跨级比较，直接比较在谱系树上层级相差较多、亲缘关系相对较远的几个语言。

在汉藏语研究中，汪锋（2006）为了比较经历过深度接触的语言，在陈保亚（1999）提出的“完全对应”“普遍对应”等原则基础上提炼出“还原比较法”，这是逐级比较的思路；李子鹤（2013b）的原始纳语（纳西语）构拟，则是顺着这一思路进一步完善了工作程序。逐级比较的优点是能更好地确定语言演变的阶段，避免把形式上相似的创新现象与存古现象混同起来。但逐级比较也有局限，就是在比较的语言发生了很多简化性的结构创新的情况下，较小范围内的比较难以恢复音变过程，从而对音变规律的解释不足，这在上面分析两个版本纳西语构拟的时候已经提到过。汉藏语研究中也不乏远程比较的例子，Benedict（1972）、Matisoff（2003）等时间跨度较大的比较研究、龚煌城（2004）的一系列汉、藏、缅比较研究，都是远程比较。陈忠敏（2007）也论证了采用远程比较的合理性。Jacques & Michaud（2011）一定程度上也利用了远程比较。远程比较有利于构拟更合理的原始形式，解释对应规律，但对于谱系树上较低层级的原始语构拟来说，构拟形式所处的演变阶段可能不易明确，也有可能将形式相似的创新和存古混同起来。

我们目前的做法是将逐级比较和远程比较结合起来。第一步先进行逐级比较，把谱系树的某一个最低层支系内的语言材料尽量收集完全，并且将比较限制在这个支系之内。但是这一步可以先只确定音类，不一定确定具体音值。第二步进行远程比较，利用谱系树上层级高的、面貌保守的亲属语言与这个底层支系的语言进行比较，尽量恢复音变过程，解释音变规律。第三步再返回来，根据第二步对音变规律的认识，讨论这个底层支系的原始语的每一个音类在这个支系的原始语阶段最可能的音值。

第二个问题是如何平衡语言材料的广度和深度。历史比较法是在印欧语研究中发展起来的。印欧语有比较好的语文学传统，因此欧洲的历史比较语言学家都掌握了丰富的文献材料，在收集材料方面没有遇到大的困难。然而汉藏语研究中，多数语言没有文献资料，现代语言学意义上的描写研究也还很不充分。在广度上，很多语言（方言）长期以来没有记录（这个问题已经随着语保工程的开展有所缓解）；在深度上，有过记录的语言材料准确性和丰富性也不足。因此，收集材料就成了汉藏语历史比较中必须首先走，又走得很艰难的一步。为了在材料的广度与深度难以兼顾的条件下提高汉藏语历史比较研究的效率，我们认为构拟可以分为两轮。

第一轮为定性构拟。在拟定进行比较的范围内，尽可能多地将能够获得材料的语言（方言）纳入构拟。可以先用统一的词表，每个语言（方言）收集2000条左右常用词语，在此基础上初步建立语音对应。这一轮的目的是找出拟定进行比较的范围内能够体现的音类差异，同时检验是否有一种或几种语言（方言）与其他语言（方言）亲缘关系过远；如有则可以考虑调整比较的范围。

第二轮为富集构拟。在第一轮构拟的基础上，选择纳入比较的语言（方言）中对构拟的贡献大，又相对容易获取材料的几个，补充词汇材料，再次进行更详尽的比较。富集构拟要尽可能多地收集词汇。从经验来看，至少要在3000以上，而且不能只用翻译通用语言（如汉语）的词汇的方式，否则会遗漏很多反映本地文化中特有但又很基本的事物的词汇，也无法收集到由于语义范畴划分不同，在通用语言中没有对应词的词汇。这一阶段收集词汇往往需要收集长篇语料，从自发产出的语料里提取词汇。

把上述两个问题结合起来看，第一步逐级比较的过程也是第一轮定性构拟的过程，完成之后进行筛选语言（方言）、补充材料的工作，然后进行第二轮富集构拟。富集构拟中运用远程比较，将保守的亲属语言也纳入比较，这样可以更好地解释音变规律，同时由于有了第一步逐级比较的基础，在第二步远程比较完成后，我们再进行第三步，确定音类在所要构拟的演变阶段的音值。这一整套过程可称为“定性－富集两轮比较法”。这一套方法仍是基于历史比较法的，是历史比较法在汉藏语历史比较具体应用中的细化。

在原始纳语的构拟中，李子鹤（2013b）的构拟可以视为完成了第一步逐级比较和第一轮定性构拟的工作。本文将进行筛选语言、富集构拟的工作，将纳语组语言与藏文、缅文、嘉戎语进行远程比较，尽量恢复音变过程，最后再讨论原始纳语阶段各个音类的音值。

2　原始纳语富集构拟的材料与卷舌韵母的重新对应

根据李子鹤（2013b）原始纳语构拟中得出的经验，我们选择丽江坝纳西语（LJ）、玛丽玛萨话（MM）、永宁纳语（YN，也称摩梭话）来进行原始纳语的富集构拟。丽江坝纳西语的材料来自孙堂茂（2012）的《纳西－汉－英词典》，该词典收录了丽江坝区内多个差异不大的方言的材料，可视为对丽江坝方言的时间深度很浅的内部构拟。玛丽玛萨话的材料来自作者2011—2019年间的实地调查。永宁纳语的材料来自Michaud（2015）的在线词典。这三个语言（方言）积累的词汇都达到了3500条左右，能够满足富集构拟的需要。

与李子鹤（2013b）选择的材料相比，纳西语宝山方言能反映的原始语音类差异，基本被囊括在丽江坝方言的内部构拟之中；宁蒗摩梭话与玛丽玛萨话差异相对较小，且很多是晚期的，以现代音类为条件的变化。因此，在短期内无法对这两个语言（方言）做出深入研究的条件下，我们不将其纳入第二轮富集构拟。

在富集构拟的过程中，我们发现了与卷舌韵母相关的5组语音对应。本节中列出对应规则和代表性实例，下一节讨论与亲属语言的对应时将给出更多对应实例。

表1　与纳语组卷舌韵母有关的对应第I组

LJ	MM	YN	声母条件	实例（LJ：MM：YN）	实例数
ɚ	a	a		tɚ˥：ʈa˩：ʈa˨“关（门）”	20
ɚ	iɛ̃	ã	0：0：0	ɚ˧：iɛ̃˧：ã˧“铜”	1
ɚ	ɯ	a	Ʈʂ：Ts：Ʈʂ	ʈʂɚ˥：tsɯ˩：ʈʂa˥“关节”	3
LJ	MM	YN	声母条件	实例（LJ：MM：YN）	实例数
ɚ	i/ɯ	i	Ts：Ts：Ts	ts^{h}ɚ˧：ts^{h}i˧：ts^{h}i˧“热”	10
ɚ	e	a	tɕ^{h}：k^{h}：q^{h}	tɕ^{h}ɚ˧：k^{h}e˧：q^{h}a˧“折断”	3

表2　与纳语组卷舌韵母有关的对应第II组

LJ	MM	YN	声母条件	实例（LJ：MM：YN）	实例数
ɚ	ɚ	a		xɚ˩：xɚ˩：ha˥“石灰”	6
ɚ	ɚ	ɯ	Ʈʂ：Ʈʂ：Ʈʂ	–：ʈʂɚ˩kɣ̩˥：kɣ̩˧ʈʂɯ˥“指甲”	5

表3　与纳语组卷舌韵母有关的对应第III组

LJ	MM	YN	声母条件	实例（LJ：MM：YN）	实例数
ɚ	ɚ	ɣ̩	P：Ʈʂ：P	pɚ˥：ʈʂɚ˩：pɣ̩˩“梳子”	2
ɚ	i	ɣ̩	Ʈʂ：Tɕ：Ʈʂ	ʈʂ^{h}ɚ˧：tɕ^{h}i˩：ʈʂ^{h}ɣ̩˧“媳妇”	3

表 4　与纳语组卷舌韵母有关的对应第 IV 组

LJ	MM	YN	声母条件	实例（LJ：MM：YN）	实例数
ɚ	o	ɣ̩		bɚ˩：bo˧：bɣ̩˩ “牦牛”	17

表 5　与纳语组卷舌韵母有关的对应第 V 组

LJ	MM	YN	声母条件	实例（LJ：MM：YN）	实例数
ɚ	o	wa		dɚ˧：ɖʐo˧：ɖwa˧ “池塘”	5

表 6　与纳语组卷舌韵母有关的对应第 VI 组

LJ	MM	YN	声母条件	实例（LJ：MM：YN）	实例数
ɚ	o	ɻ̩	Tʂ：Ts：Tʂ	ʈʂhɚ˥：tsho˩：ʈʂhɻ̩˥ “肺”	3

3　纳语组卷舌韵母的来源

以往的研究中，Jacques & Michaud（2011）、李子鹤（2013b）、Li（2014）都认为纳语的卷舌韵母与鼻音韵尾有关，Jacques & Michaud（2011）还认为与 *TS-、*Q- 两组声母有关。但经过富集构拟和远程比较，我们发现纳语卷舌韵母的来源比以往研究揭示的情况更复杂。下面我们分组进行讨论。

在远程比较中，藏文的材料主要来自《藏汉大词典》和黄布凡主编（1992），拉丁转写采用 Wylie 方案。缅文的材料主要来自 Benedict（1976）和黄布凡主编（1992），拉丁转写采用 Hill（2019）方案。嘉戎语的材料来自 Jacques（2016）的茶堡嘉戎语在线词典。藏文词形前的 √ 表示动词的词根。

在下面的论述中，双方括号 [[]] 表示不规则的反映形式，↙ 表示借用成分。多音节词中，语言之间的可比较部分如在第一音节，则不加标记；如不在第一音节，则可比较部分加括号（ ）。

表 7　第 I 组对应语素与亲属语言的对应

汉义	LJ	MM	YN	WT	WB	RG
脓	mbɚ˧	ba˩ʈʂʰɣ̩˧	ba˨		prañ̃ñ	
关（关门）	tɚ˥	ʈa˩	ʈa˨	gtan “门闩”		
裙子	tʰɚ˩	ʂu˧kʰua˧	ʈʰa˧qʰwɤ˧	mthang		tɯ–rti
横（横的）	le˧（dɚ˩）	la˩（ɖa˧）	ɖa˧			
按	nɚ˥	na˨	ɳa˥	√nan		
骨节	ʈʂɚ˥	tsɯ˨go˨	ʈʂa˥	tshigs	chac < *tsik	
握（握笔）	ʈʂʰɚ˥		[[ʈʂʰɻ̩˨]]	√chang		
洗（洗衣）	ʈʂʰɚ˧	tsʰɯ˧	ʈʂʰa˧	gtsang “干净”	caṅ	χtɕi
强盗	ɕi˧（dzɚ˩）	xĩ˥（dzɯ˩）	/	jag “流寇”		
肝	sɚ˥	si˧	si˨	mchin	asaññḥ < *siŋḥ	tɯ–mtshi
木头	sɚ˧	si˧	si˧	shing	sac < *sik	si
刮（刮毛）	sɚ˥	si˥	si˥	gzhar		
种子	lɚ˥	la˨	ɻa˨	ljang “嫩苗”		
脖子	tɕɚ˧pɚ˩	ie˧ʈʂu˧	ʁa˧ʈɣ̩˥	mjing	laññ– < *liŋ	
风	xɚ˧	ma˧（xã˧）	hã˧	lhags		
切（切菜）	xɚ˥	xã˩	ha˥	√shag “撕开”		saʁ “撕开”

这一组对应语素，在藏文中，对应的韵母有多个，包括 an、ang、ag、ing、

ig，但对应是有条件的。如果藏文对应语素的韵母是 ang，则各种发音部位、发音方法的声母都有；如果藏文对应语素的韵母是 ag、ing、ig，则声母都是齿龈或龈腭的塞擦音、擦音；如果藏文对应语素的韵母是 an，则声母是齿龈爆发音、鼻音。在缅文中对应的韵母也有多个，韵腹都是 a，韵尾是硬腭或软腭的鼻音、爆发音。根据前人的研究，缅文中这些语素有一部分本来的韵腹也是 i，如“木头”“脖子”（Wolfenden 1938：167）。嘉戎语中的对应语素则韵母都是 i。

声母的这种分布，提示我们这可能是一项条件音变。进一步观察可发现，藏文中韵母为 ag、缅文中韵母为 ak，声母为爆发音、鼻音、边近音的，在三个纳语组语言中的对应方式为 ɑ：ɑ：ɑ。

表 8　纳语组中 ɑ：ɑ：ɑ 的对应

汉义	LJ	MM	YN	WT	WB	RG
干吃（粉末状食物）	mɑ˥	mɑ˧˩	mɤ˩			moʁ
磨（石磨）	ly̩˧（tʰɑ˥）	ly̩⊔（tʰɑ˥）	hã˩（thɑ˧˩）	'thag		
锋利	tʰɑ˥	tʰɑ˥	thɑ˥		thak	
织	dɑ⊔	dɑ⊔	dɑ˧˩	√tag	rak <*C−tak	taʁ
黑	nɑ⊔	nɑ˥	nɑ˩˧	nag	nak	ɲaʁ
手	lɑ⊔	lɑ⊔	lo˩	lag	lak	tɯ−jaʁ
打（打人）	lɑ˥		lɑ˥	gtag< 古 >		lɤt
能干的人，壮丁	lɑ˧lɑ⊔	lɑ˧lɑ˧			rak “有能力的”	
气	sɑ˥	sɑ˧˩	so˥	srog	sak “生命”	
下（下楼）	zɑ⊔	zɑ⊔	zɑ˩	zags		
分叉	gɑ˥lɑ˧	kɑ⊔lɑ˥	kɤ˩lo˥ “树枝”		khak	

这一组对应，跟本文归纳的对应组 I，根据声母是否具有 [+consonantal，+continuant] 这组特征互补。

藏文中韵母为 ing，缅文（古缅甸语）中韵母为 iŋ/ik；声母为爆发音、鼻音、边近音的，在三个纳语组语言中的对应方式为：

ɯ：ɯ：ɣ̩/ l，n–__；

i：i：ɣ̩/ m，t–__

表 9　纳语组中 ɯ：ɯ：ɣ̩、i：i：ɣ̩ 的对应

汉义	LJ	MM	YN	WT	WB	RG
地（田地）	lɯ˧	ɭɯ˧	lɣ̩˧	zhing（<*ljing)	lay	tɯ–ji
心脏	[[nɣ̩˥me˧]]	nɯ˧mɛ˧	nɣ̩˩mi˩	snying	nhac< *ˀnik	tɯ–sni
名字	mi˩	xĩ˧	mɣ̩˧ʈʂa˥	ming	amaññ< *miŋ	–rmi
脚跟	gue˩（tʂhi˩）	mɣ̩˧（ʈhɯ˧）	mɣ̩˧ʈʰɯ˧	rting		

说明：玛丽玛萨话中，/ʈhɯ/ 音节与 /ʈhi/ 音节无对立。“脚跟”一词也可音位化为 mɣ̩˧（ʈhi˧），因此是符合对应规则的。

这一组对应，也是根据声母是否具有 [+consonantal，+continuant] 这组特征，跟本文归纳的对应组 I 互补的。

由此可见，纳语组中归纳出的对应组 I，来自原始藏缅语阶段的多个韵母（反映在藏文中是 an、ang、ag、ing、ig 等），演变过程是先按声母的条件分化，分化的条件为是否具有 [+consonantal，+continuant] 这组特征，即跟爆发音、鼻音声母组合的为一类，跟塞擦音、擦音声母组合的为另一类。然后韵尾相同的再合流。具体可表示为表 10：

表 10　从原始藏缅语到原始纳语的韵母分化 — 合流

原始藏缅语韵母（藏文韵母代表）	声母条件	纳语组对应
ang	所有声母	本文第 I 组
ag	爆发音、鼻音、边近音	ɑ：ɑ：ɑ
	塞擦音、擦音	本文第 I 组
ing	爆发音、鼻音、边近音	ɯ：ɯ：ɣ̩/ l，n–__；i：i：ɣ̩/ m，t–__
	塞擦音、擦音	本文第 I 组

续　表

原始藏缅语韵母（藏文韵母代表）	声母条件	纳语组对应
ig	所有声母	本文第 I 组 ɯ：ɯ：ɣ̩/ l，n-__
an	齿龈爆发音、鼻音	本文第 I 组

Jacques & Michaud（2011）和 Li（2014）都认为，纳语中这一组涉及卷舌韵母的对应所反映的原始语韵母是带鼻音韵尾的。但由以上分析可见，这组对应不仅体现鼻音韵尾的痕迹，而且还反映了软腭爆发音韵尾的演变。原始藏缅语中的韵母经过了以声母为条件的分化，再重组为原始纳语的韵类。

表 11　第 II 组对应语素与亲属语言的对应

汉义	LJ	MM	YN	WT	WB	RG
污垢		ɖɚ˩mu˩	ɖa˩dʑi˧	dri		
骡子	dɚ˩	ɖɚ˩	[[dɑ˧i˩]]	drel		
事情	ʂɚ˧	ʂɚ˧		bsral		
混合	ʂɚ˩ 搅浑	ʂɚ˩ 摇晃	ʂwa˧	√sre		
七	ʂɚ˧	ʂɚ˧	ʂɯ˧		hnac	
指甲		la˩（tʂɚ˩）kɣ̩˥	kɣ̩˧（tʂɯ˥）	khrab		tɯ−ɖʐɯ
摘（摘花）	tɕʰɚ˧	tʂʰɚ˩			phrat< *prat	
伸出	dʑɚ˧ 耷拉	ɖʐɚ˧		√grad		
石灰	hɚ˩	xɚ˩	ha˥			
长	ʂɚ˩	xɚ˩le˧	ʂa˧	ring	rhaññ < *ˀriŋ	ʐi

这一组对应，藏文中的对应语素特点是都有 -r- 介音，或者声母本身就是 r-，主要元音有 a、e、i，都是前元音；三个前元音的对立，以及后面韵尾的区别，在有 -r-（r-）的条件下，到了原始纳语里被中和了。缅文中的对应语素也是有 -r- 介音，或者声母本身就是 r-，主要元音都是 a，但“长”的 a 元音是从 *i 元音变来的（Wolfenden 1938：167），“七”的对应不属于这一类，还不清楚如何解释。嘉戎语的对应语素都是卷舌塞擦音、擦音声母，也显示出原始语

中 -r-（r-）的痕迹。

不过，-r- 介音导致的这种音变并非没有条件。如果原始藏缅语层面有软腭爆发音韵尾，则会发生另外一种音变：

表 12　纳语组 a：a：a 与亲属语言 -r- 介音或 r- 声母的对应

汉义	LJ	MM	YN	WT	WB	RG
鸡	a˩	la˥	a˨		krak	
卡（在某处）	a˩	la˥				raʁ
悬崖	a˩	la˩tsʰɣ̩˥	a˩pʰa˧	brag "岩石"		

这一组语素在藏文、缅文、嘉戎语的对应语素分别有 -g、-k、-ʁ 韵尾，都提示原始藏缅语阶段有软腭爆发音韵尾。这三个语素在纳语组中的音变与对应组 II 很不相同，而对应组 II 的语素在藏文、缅文、嘉戎语中的对应形式恰好没有软腭爆发音韵尾。因此有无软腭爆发音韵尾也是原始藏缅语到纳语组的音变中的一个语音条件。

软腭爆发音韵尾的存在，阻断了 -r- 介音在纳语组中引起的韵母卷舌化音变。因此我们可以看出这两项音变的相对年代关系："原始藏缅语 *-rV> 纳语组对应组 II/__ 非软腭爆发音韵尾" 这项音变，至少不晚于 "原始藏缅语 *-ra> 纳语组 a：a：a /__ 软腭爆发音韵尾" 这项音变。否则第二项音变发生后会接着发生第一项音变，而不是保留 a 韵母。

对应组 II 恰好与对应组 IV 形成对比。对应组 IV 反映了原始语中的后元音在 -r- 介音的条件下被中和为一类。我们后面详细论述。

表 13　第 III 组对应语素与亲属语言的对应

汉义	LJ	MM	YN	WT	WB	RG
写	pɚ˥↙	ɖʐɚ˧↙		√bri< *ri		
梳子	pɚ˥me˧	ʈʂɚ˩mɛ˧	pɣ̩˩mi˩		phri	
染料	zɑ˥（ʈʂʰɚ˧）	tsʰy˧（tɕʰi˨）	ʈʂʰɣ̩˧dʑi˧	btsos		

续 表

汉义	LJ	MM	YN	WT	WB	RG
媳妇（儿媳）	ʈʂʰɚ˧ me˧	tɕʰi˩mɛ˧	ʈʂʰʏ˧mi˧	skyes dman/ skyes ma	khywe ma	
拧（拧毛巾）	ʂɚ˥	ɕi˩ “掰”	ʂʏ˧˥			

对应组 III 的对应实例中，“写”很可能是借词：“写”藏文的词根是 bri，但是这个词在原始藏语阶段本来是 *ri，在藏语中先经历了 *ɦr- > 'dr- 的音变（“Conrady's law”，Hill 2019：17；Li 1933：149），现在时形式变为 *'dri，然后又经历了形态的类推，变为 'bri（Hill 2005）。纳语组显然不应该经历过藏语的音变，“写”应该与藏语中的 ri 对应，但丽江、玛丽玛萨的形式说明原始纳语中的形式应该有音节首的 p-/b-。这样的形式与藏文中类推之后的 bri 能形成对应，但与音变之前的 ri 无法对应。因此原始纳语的“写”应该是较晚阶段的藏语借词。

“媳妇”这个词，缅文中的 khywe ma 是跟纳语组对应的。藏文中有 skyes dman 和 skyes ma 两种拼写形式，按第一种拼写形式，纳语组中第二音节的声母不符合对应规律。藏文的 dm- 在纳语组中的对应应该是 x、h 等擦音，例如：

红：藏文 dmar；丽江 xy˩；玛丽玛萨 xĩ˩；永宁 hʏ̃˩˧。

人：藏文 dmi；丽江 ɕi˧；玛丽玛萨 xĩ˧；永宁 hĩ˧。

而“媳妇”在纳语组中第二音节都是 m，更可能是与第二个词形对应。

这样，“媳妇”“染料”这两个词在藏文中可能的对应形式都有 -s 韵尾。但藏文 -s 韵尾的语素在纳语组中还有其他形式的对应（另文论述），而且找不到语音条件，因此对应的性质不明确，我们暂时不进一步讨论。

这样，只有纳语组“梳子”与缅文的对应是比较确定的，这可能说明在声母为唇音，有 r 介音的条件下，原始藏缅语阶段的 i 与 e、a 没有合流，但只有这一个例子，我们并不是很肯定这种条件。

表 14　第 IV 组对应语素与亲属语言的对应

汉义	LJ	MM	YN	WT	WB	RG
刺猬	[[py˩]]	po˧	kʰu˧tsʰi˧ （pɣ̩˩）tsʰi˥		phru	
白	pʰɚ˩	pʰo˩sa˧	pʰɣ̩˨		phru	
猪崽	bɚ˧bɚ˨zo˧	wɑ˩（bo˧）	ba˧（bɣ̩˥）	phrug		
牦牛	bɚ˩	bo˧	bɣ̩˨	brong	proṅ “水牛、野牛”	qa−mbrɯ
苍蝇	bɚ˧lɚ˥	mbo˩ɭo˧	bɣ̩˧ɻ̩˧	sbrang		
掺 （掺水）	[[tsʰɑ˧]]	ʈʂʰo˧	ʈʂʰv˥	dron		

这组对应与对应组 II 恰好形成对照，藏文、缅文中的对应语素也都有 −r− 介音，同时以后元音 o 或 u 为主要元音。−r− 的环境中和主要元音的结果是主要元音还保留前后的区别，但舌位高低、韵尾差异几乎全被中和（唇音声母条件下 i 还保留一些痕迹）。

纳语的语音演变中，韵尾的部位是一个条件，比如 −k 尾和 −ng 尾会有相同的演变（见本文第 I 组的论述）。但如果有 −r− 介音，韵尾的差别在演变中就没有体现了。这对我们进一步研究音变的相对年代问题可能会有启发。

“苍蝇”的演变值得专门讨论。从对应组 IV 中来看，藏文的对应语素是 a 元音，似乎是例外。但纳语中的一些动物词有另外一种演变规律：纳语中的两个音节，分别对应于藏文复辅音声母中的主要辅音 / 复辅音整体 + 韵母和介音 + 韵母。除“苍蝇”外，类似的例子还有：

蛇：WT. sbrul：LJ. ʐɿ˩：MM：bu˩ʐu˧：YN. ʐɣ̩˧ba˧.

蚂蚁：WT. grog：LJ. ʈʂʰuɑ˥uɑ˧：MM. ʈʂʰuɑ˩ʐo˧：YN. ʈʂʰɣ̩˧ɻ̩˥

Matisoff（1973）、Baxter（1992）、潘悟云（2000）等都主张上古汉语乃至原始汉藏语存在“一个半音节”，即一个次要音节 + 一个主要音节构成的语素。一个半音节是一些语言中复辅音的来源之一。纳语中的这些双音节动物名，有可能是从“一个半音节”发展到了双音节。

表 15　第 V 组对应语素与亲属语言的对应

汉义	LJ	MM	YN	WT	WB	RG
客人	bɚ˧	xĩ˧（wo˧）	hĩ˧（ba˧）			tɯ−pi
腐烂	tʂʰɚ˧	tsʰo˧	tʂʰwa˧		阿昌 tɕuŋ55 “浸没”	
池塘	ndɚ˧	pa˧（dʐo˩）	ɖwa˧	dong/ldong “深坑”	twaṅ（<*tong）	
渡（渡河）	ndɚ˩	ɖʐo˨˩	[[ɖa˨˩]]	’dong “走”		
一窝菌（一种野生菌）	zɿ˧mu˥ɖʐɚ˩	mv̩˥ɖʐo˩				

这一组对应语素在藏文、缅文、嘉戎语的对应语素也比较少，藏文中两个对应语素声母都是 ong，缅文中“池塘”这个语素也有对应语素 twaṅ，也就是来自古缅甸语中的 $o_1$ng（Hill 2011：711）。“渡”在原始藏缅语中被构拟为 *（d/t）wan“走、出来”（Matisoff 2003：269），与“池塘”韵母也是同类（但与古缅甸语中反映形式为 o_2 的韵类不同，将另文论述）。“腐烂”，阿昌语的 ung 对应于缅文的 wang，但意义上联系不够密切。

对应组 VI，Jacques & Michaud（2011）已经发现，将其音值构拟为 *U，认为音节首的 r− 前冠音使得韵母变为卷舌。由于语素数量少，在藏文、缅文中有对应的只有一个语素，因此我们也暂时没有更好的解释，有待于进一步研究。第 VI 组对应语素请见表 16。

表 16　第 VI 组对应语素与亲属语言的对应

汉义	LJ	MM	YN	WT	WB	RG
咳嗽	tʂɚ˧	tso˧	tʂɻ̩˧			
肺	tʂʰɚ˥	tsʰo˩	tʂʰɻ̩˥		chut	tɯ−rtsʰɤs（<*rtsʰɔs）
满	ʂɚ˥	ʂo˥	ʂɻ̩˥			

综上所述，纳语组中与卷舌韵母有关的 6 组对应语素与亲属语言的对应可总结为下表（表 17）：

表 17　6 组对应语素与藏文、缅文、嘉戎语对应总结

对应组	WT	WB	RG
I	ag，ang，ig，ing/Ts，Tɕ an/T	ang，ac，aññ	i，ɯ
II	ra，re，ri	ra，*ri	i，ɯ/Tʂ
III	?	ri（？）	?
IV	ro，ru	ro，ru	rɯ
V	ong	waṅ	?
VI	?	?	?

5　纳语组卷舌韵母的音值推测

对应组 I 反映的韵母音值构拟为 *–eɣ。构拟的依据有：

（1）韵尾位置上，软腭爆发音与鼻音已经合流，但与开音节仍保持区别（开音节韵母的对应另文论述）。韵尾位置的辅音容易弱化，是常见的演变。罗常培（1933：60，68）发现唐五代西北方音中有 *–ŋ>–ɣ、*–t>–r 的变化，韩国汉字音有 *–t>–l 的变化，这说明爆发音韵尾和鼻音韵尾都可能弱化为同部位的浊擦音或响音。因此，软腭爆发音与鼻音如果合流，最可能的就是都变成软腭部位的浊擦音或响音，其中更常见的音是软腭浊擦音。

（2）韵腹位置上，有高元音和低元音的合流，但都是有 [–back] 特征的元音。因此韵腹在前后维度上，应该是一个有 [–back] 特征的元音。在高低维度上，最可能是一个中元音。一方面，元音高化是常见的音变，低元音变为中元音是自然的；另一方面，高元音如果与弱化的鼻音韵尾相配，往往会变低，比如法语 vin[vɛ̃]“葡萄酒”、tin[tɛ̃]“锡”，相对于其拼写形式（可视为音系底层形式）都发生了高元音变为中元音的变化。因此，这个韵类的韵腹构拟为 *e 最合适。

对应组 II 反映的韵母音值构拟为 *–re。纳语组中有些语言的反映形式是卷舌韵母，声母是卷舌声母，与藏文、缅文、嘉戎语的对应语素都有 –r– 介音，因此可以推断 –r– 介音是存在于原始纳语阶段的。韵尾有无的差别已经被 –r–

介音中和，因此无须构拟韵尾；韵腹从来源看有 a、e、i，也被 -r- 介音中和，考虑到与对应组 IV 的平行性，我们为对应组 II 构拟前中元音 e。

对应组 III 只有一个确定的例子，仅根据这个例子，我们可以构拟 *ri，但证据强度不足，我们暂不确定这个音类和音值是否成立。

对应组 IV 反映的韵母音值构拟为 *-ro。这一组对应与对应组 II 是平行的，藏文、缅文的对应语素是后元音 o 或 u，因此我们认为对应组 IV 有 -r- 介音，韵腹是后中元音 o。

对应组 V 反映的韵母音值构拟为 *-oɣ。这一组对应与对应组 I，在藏文、缅文中的对应语素都有软腭鼻音韵尾，但韵腹是后元音。因此我们认为这一组与对应组 I 有平行的演变，韵尾也弱化为 ɣ，韵腹是相应的后元音 o。

对应组 VI 的音值尚无法确定。

6 结论与余论

我们在纳语组中找出了 6 组与卷舌韵母相关的对应，并且通过比较藏文、缅文、嘉戎语等保守的亲属语言，梳理了这 6 组对应的来源，讨论了这些对应所反映的原始纳语阶段的韵母音值。其中 4 组的音类和音值是比较肯定，而且可以形成一个比较整齐的系统：

I：*-eɣ　　V：*-oɣ

II：*-re　　IV：*-ro

与卷舌韵母相关的对应，对我们认识纳语组的音变规律有启示：第一，-r- 介音、塞擦音与擦音声母，都是纳语历史演变中重要的中和条件。第二，卷舌韵母的来源不仅有鼻音韵尾，还有软腭爆发音韵尾和 -r- 介音，这说明从原始藏缅语到原始纳语，韵母中的音段发生了融合，介音、韵尾在韵腹上留下了特征，而非直接失落。

从本文研究的案例可见，运用定性 - 富集两轮比较法可以有效地结合逐级比较和远程比较的优点，既能尽量还原原始语的音类，确定原始语阶段的音值，又能对音变规律做出较好的解释。我们只有尽量理清从原始藏缅语到原始纳语的音变，同时运用同样的方法理清彝语等重要的亲属语言的音变，才能最终解决纳西语历史地位的问题。

附　注

[1] 国内一般称为“纳西语”，但有些族群被识别为纳西族，语言与自称“纳西”的纳西族的语言关系也很密切，却不认同纳西族，也有一些语言上与自称“纳西”的纳西族关系密切的族群被识别为其他民族。而且这些族群的自称绝大多数都包含可音译为“纳”的语素。因此，从语言角度和母语者认同的角度，我们认为“纳语”是一个更合适的名称。又由于这些族群的语言之间有一定差别，通话有困难，因此我们认为“纳语”是一群亲缘关系较为密切的语言的总称，可称为“纳语组”（Naish）。

参考文献

陈保亚（1999）：《20世纪中国语言学方法论》，山东教育出版社，济南。

陈忠敏（2007）：跨级比较与汉藏语研究，《语言暨语言学》第2期，403–416页。

龚煌城（2004）：《汉藏语研究论文集》，北京大学出版社，北京。

黄布凡主编（1992）：《藏缅语族语言词汇》，中央民族大学出版社，北京。

李子鹤（2013）：《原始纳西语及其历史地位研究》，北京大学博士学位论文。

李子鹤（2013）：玛丽玛萨话概况，《汉藏语学报》第7辑，91–117页，商务印书馆，北京。

李子鹤（2019）：原始纳西语前冠音的来源与演变，《中国语言学集刊》第12卷第2期，201–228页。

罗常培（1933）：《唐五代西北方音（国立中央研究院历史语言研究所单刊甲种之十二）》，国立中央研究院历史语言研究所，上海。

米可（2009）：木里水田话声调系统研究，《民族语文》第6期，28–33页。

米可、徐继荣（2012）：香格里拉县次恩丁村纳西语音系研究，《茶马古道研究集刊》第2辑，139–165页，云南大学出版社，昆明。

潘悟云（2000）：《汉语历史音韵学》，上海教育出版社，上海。

孙堂茂（2012）：《纳西汉英词典》，云南民族出版社，昆明。

Baxter, W. H. （1992）A Handbook of Old Chinese Phonology, Trends in linguistics：Studies and Monographs 64. Berlin：Mouton de Gruyter.

Benedict, P. K. （1976）Rhyming Dictionary of Written Burmese. Linguistics of Tibeto–Burman Area, 3（1）：1–93.

Benedict, P. K. （1972）Sino–Tibetan：A Conspectus. Cambridge：Cambridge University Press.

Hill, N. W. （2005）The Verb 'bri "to write" in Old Tibetan. Journal of Asian and African Studies, 69：177–181.

Hill, N. W. （2011）Multiple Origins of Tibetan. Language and Linguistics, 12（3）：707–721.

Hill, N. W. （2019）The Historical Phonology of Tibetan, Burmese, and Chinese. Cambridge：Cambridge University Press.

Jacques, G. & Michaud, A. （2011）Approaching the Historical Phonology of Three Highly Eroded Sino–Tibetan Languages：Naxi, Na, and Laze. Diachronica, 28（4）：468–498.

Jacques, G. （2016）Dictionnaire Japhug–Chinois–Français, version 1. 1. Paris：Projet Himal Co. http：//himalco. huma–num. fr/.

Li, F. –K. （1933）Certain Phonetic Influences of the Tibetan Prefixes upon the Root Initials. Bulletin of the Institute of History and Philology, 6（2）：135–157.

Li, Z. （2014）The Origin and Evolution of Retroflex Finals in Naish Languages. Journal of Chinese Linguistics, 42（2）：309–329.

Lidz, L. （2010）A Descriptive Grammar of Yongning Na（Mosuo）. Ph. D. Dissertation, Department of Linguistics, University of Texas.

Matisoff, J. （1973）Tonogenesis in Southeast Asia. Hyman, L. M. , Ed. , Consonant Types and Tone, 71–95. Southern California Occasional Papers in Linguistics, No. 1. Los Angeles：UCLA.

Matisoff, J. A. （2003）Handbook of Proto–Tibeto–Burman. Berkeley：University of California Press.

Michailovsky, B. & A. Michaud. （2006）Syllabic Inventory of a Western

Naxi Dialect, and Correspondence with Joseph F. Rock's transcriptions. Cahiers de linguistique – Asie Orientale, 35（1）：3–21.

Michaud, A.（2006）Three Extreme Cases of Neutralisation：Nasality, Retroflexion and Lip–rounding in Naxi. Cahiers de linguistique – Asie Orientale, 35（1）：23–55.

Michaud, A.（2008）Phonemic and Tonal Analysis of Yongning Na. Cahiers de linguistique – Asie Orientale, 37（2）：159–196.

Michaud, A. & L. He（2015）Phonemic and Tonal Analysis of the Pianding Dialect of Naxi（Dadong County, Lijiang Municipality）. Cahiers de Linguistique–Asie Orientale. 44（1）：1–35.

Michaud, A.（2015）Online Na–English–Chinese Dictionary（version 1. 0）. http：//himalco. huma–num. fr/dictionaries/SelectDictionary. php?dict=na.

Wang, F.（2006）Comparison of Languages in Contact：The Distillation method and the case of Bai. Taipei：Academia Sinica.

Wolfenden, S. N.（1938）Concerning the origins of Tibetan brgi̯ad and Chinese 八 " pwât ". T'oung Pao. 34（3）：165–73.

（李子鹤：100871　北京，北京大学中国语言学研究中心、北京大学中文系 lizh5635@163. com）

现代蒙古语喀尔喀方言汉语借词“茶”之借用初探①

袁　琳

提　要：借词是语言接触的产物。语言接触在同一时间和空间内也可以形成严格的、不弱于语言分化在同源词中留下的语音对应规律。鉴于此，本文选择现代蒙古语喀尔喀方言的汉语借词“茶”[ts^hae] 作为研究对象，将其与汉语“茶叶”建立完全对应，并结合蒙古语、汉语的历时音变规律进行了分析。本文认为，[ts^hae] 源自汉语“茶叶”二字，其借入年代不早于元代。

关键词：语言接触　完全对应　蒙古语　汉语借词　茶

引　言

现代蒙古语喀尔喀方言[1]汉语借词“茶”的读音是 [ts^hae]，西里尔蒙古文[2]写作 цай，其拉丁转写是 tsai。[3]

国内外学者普遍认为，蒙古语的“茶”一词借自汉语。例如，方龄贵（2004：118）在《蒙古语中汉语借词释例》一文中指出：“茶作‘茶’，显为汉语借词。”陈保亚、袁琳（2015）在《一条横贯欧亚大陆的北方茶马古道——基于 chaj 读音分布的语言地理学证据》中全面考察了读音 chaj 在北方草原丝绸之路沿线语言和方言中的分布，认为存在一条横贯欧亚大陆的北方茶马古道；此外，还初步讨论了读音 chaj 与汉字“茶叶”之间的关系。波兰籍蒙古学家科瓦列夫斯基（Kowalewski 1849：2073）认为，蒙古语的“茶”源自汉语的“茶”。

① 本研究得到国家社科基金“冷门‘绝学’和国别史等研究专项”项目“基于《华夷译语》等注音文献整理的中古蒙古语至现代蒙古语喀尔喀方言的语音演变研究”（项目编号：2018VJX049）的资助。本文中引用的元史资料得到了北京大学历史系党宝海副教授的指导，在此表示感谢！

主编《蒙英词典》的蒙古学家莱辛（Lessing 1960：160）也认为“茶”借自汉语的“茶”。蒙古国学者苏赫巴托尔（Сүхбаатар 1999：238-239）也曾指出，蒙古语的“茶”来自汉语“茶”，其在蒙古语中有三个义项：其一是茶树；其二是茶饮；其三是 17-18 世纪时期的一种货币单位。

尽管学者们已达成了普遍共识，但现代蒙古语喀尔喀方言的“茶”[ts^hae] 一词究竟源自汉语的“茶”还是“茶叶”，究竟何时借入，目前相关的语言学研究成果甚少。本文尝试运用语言接触理论，对其借用本字、借入年代进行研究。

1 本文所依据的研究理论

借词是语言接触的产物。语言接触研究是随着历史语言学的发展而不断深入展开的。

历史比较语言学是在印欧系语言比较研究的基础上发展起来的，在 19 世纪曾经取得了巨大成就。它用比较的方法确定语言之间的亲属关系以及这种关系的亲疏远近，重建原始语，把各亲属语言纳入母女繁衍式的直线发展关系之中。在历史比较语言学中，语音对应规律与同源词、同源关系互为充要条件。

进入到 20 世纪以后，随着语言研究的深入展开，萨丕尔（Sapir 1921/1949：192-206）、梅耶（1957：60-69）、布龙菲尔德（2009：418-451）等一些西方语言学家越来越关注同源关系的判定问题。1937 年，特鲁别茨科依（Трубецкой）发表了《语言学问题》（Вопросы языкознания）一文，[4]对谱系树理论和传统的“语系”这一概念提出了明确的质疑。他认为：“语言历史中既有分化发展，也有聚合发展。有时，划分发展的这两种形式甚至很困难。”（特鲁别茨科依 1982：21）正因为如此，他认为讨论印欧语问题时，仅仅考虑从单一原始印欧语纯分化发展的这一种假设是片面的，一定要考虑聚合发展的假设。他强调：“为了解释语音对应规律，完全不必借助这一组语言有共同的来源这一假设，因为这种规律也存在于一种非亲属语言从另一种非亲属语言大量的借用现象之中。”（特鲁别茨科依 1982：20）他还指出：“原则上语言的所有成分都可能被借用，而在发展的低级阶段，词汇的残存成分尤其经常从一种语言借入到另一种语言。”（特鲁别茨科依 1982：20）

就在西方学者如火如荼地进行研究之时，中国学者们在汉藏语系语言的发生学研究中也在正视语言接触现象，希望找出借用规律。较有代表性的研究如下：

20 世纪 30 年代，前中央研究院历史语言研究所对广西武鸣僮语进行了调查。1941 年，李方桂（2005）发表了《武鸣土语》一文，在其中专设一节讨论了汉语对武鸣土语的影响。他认为，武鸣土语中的汉语借字之多是由于两种语言接触时间长、程度深所致。这些借字往往读音不一，代表着不同的时空来源。尽管当时研究条件有限，但李方桂通过建立语音对应，特别是依据声调上显著的对应规律，初步区分了这些借字的空间来源。同时，他还将武鸣土语中汉语借字的声韵调与古汉语的声韵调进行了初步比较，找出了对应关系，并对有把握的音变事实进行了备注。

传统的历史比较法在确定语源关系时要剔除偶然的借用成分，但印欧语研究中区分同源词和借词的标准无法适用到当时的汉台语研究中。为了进一步探究借用的规律，李方桂（2012）在《台语中的若干古代汉语借词》一文中巧妙地选择了最早见于公元前一千多年的甲金铭文“地支”名称作为研究对象，比较了它们在汉语、阿函语、傣仂语和仲家语中的读音。他发现“地支”名称在上述语言中的声调对应关系十分严整，声母对应和韵母对应关系中也存在一些有把握的音变事实，借此推断出这些借词带有不少上古特色，其借贷的时期不可能晚于公元 6 世纪。由此可见，同一时间层面借词的语音对应也是有规律的。

作为 20 世纪 30 年代僮语调查队的一员，吴宗济（1958）着重对借用的空间规律进行了探究。他以切韵系韵书所代表的中古音韵系统作为出发点，将其与僮语中汉语借字的声韵调建立语音对应，发现了其中的规律性。针对中古音来源相同、借字今音不同的对应，吴宗济明确区分出官话系、粤系两个来源，并进而比较了这两个来源所辖借字的差异，从而证明出不同空间来源的借字也是有规律的。在文章末尾，他还简短、初步地提出了僮语、汉语音系互协的例证，为后来的研究奠定了基础。

随着田野调查的深入展开，学者们对僮语中汉语借词的认识越来越深入。《僮语中的汉语借词》（1962）一文从语音、词汇和语法修辞三方面对借词的一些特点进行了论述。仅就语音部分而言，作者重点探究了来自粤方言的老借词的规律。从老借词的现代读音来看，在僮语各方言土语中的音类均相同，但音值却呈现出纷繁复杂的局面。这并非乱无章法，反而也是有规律可循的，是由于接触的复杂性所致。从借词来源考虑，由于借用发生的时间不同，借词来源地域不一，会产生一字异读的情况。从僮语自身考虑，借词既要符合僮语内部的语音结构规律；借入之后，还有可能受到僮语内部方言土语之间的影响，乃至再次受到当地或邻近地区汉语的影响，致使今读音音值不同。解放以后，随着社会主义建设事业的飞跃发展，僮语中的汉语借词数量之多、涉及范围之广前所未有。这些新借词的读音也是有规律的，它们都是以音值接近为条件。结合以上内容来看，《僮语中的汉语借词》一文较为充分地考虑了接触的复杂性，勾勒出语言接触的多个维度；不仅如此，作者还初步揭示出蕴含在每个维度中的接触规律。

20 世纪 70 年代以来，描写接触现象、探究借用规律已成为许多学者调查研究的一个重要组成部分。此外，语言接触研究中所涉及的语言或方言种类也有所扩大，不仅语音，词汇和语法类的研究也日渐增多。[5]

自 1988 年起，陈保亚开始对傣、汉这两种自然接触的语言进行长期、全面的追踪，对语言接触机制进行了细致的研究。他（1996）认为，“母语干扰”和“借贷”是接触的两个重要过程。母语干扰是母语通过第二语言向目标语言结构施加的影响，大致分为匹配、回归、并合三阶段。无论处在哪一阶段，田野调查的事实都证明了傣汉语和汉语之间存在着严格系统的对应关系。而借贷是母语通过第二语言从目标语言借贷语言成分。由于第二语言在匹配中产生，在回归中变化，并且匹配和回归总是很有规则的，因此在同一空间和时间中借贷产生的借词和目标语言中的原词也保持了严格的语音对应。

从上述有关语言接触的研究成果来看，既然同一时空层面的借词有着严格的语音对应规律，而且这种严格性不弱于语言分化在同源词中留下的对应规律，那么我们就可以通过建立语音对应，结合语音演变规律，离析出借词的来源。

2　本文的研究步骤

本文在研究过程中将分两步走。

第一步：建对应。我们选择现代蒙古语喀尔喀方言的 [tsʰae] 作为研究对象，与汉语“茶叶”建立完全对应，从而充分保证辅音、元音借用的时空层次同一。

所谓完全对应，是指音节中的每一个成分都要对应（陈保亚 2015：484）。需要说明的是，分析蒙古语、汉语的语素音形时所采用的术语是不同的，我们在下文中将分开表述。从蒙古语的角度分析，我们会用到词首辅音、短元音、长元音、复合元音、元音间的辅音等术语；而从汉语音韵学的角度分析，则会用到声母、韵、调、开合等术语。由于蒙古语中不存在声调这一非音质音位，因此我们只在辅音、元音之间建立完全对应。

第二步：定来源。我们将结合蒙、汉两种语言的历时音变分析 [ts^hae] 的借用本字及借入时间。

3　本文所用的文献及研究成果

本文在研究中，尤其是考察蒙、汉两种语言的演变情况时，将参考如下文献及研究成果：

3.1　喀尔喀方言语音史方面

就现代蒙古语喀尔喀方言的语音史研究而言，符拉基米尔佐夫（Владимирцов 1929）所著《蒙古书面语与喀尔喀方言比较语法（Сравнительная Грамматика Монгольского Письменного Языка и Халхаского Наречия）》一书是我们重要的参考文献。因为符氏在书中不仅继承了兰司铁（Ramstedt 1903）在《书面蒙古语与库伦[6]土语在语音上的比较》（Das Schriftmongolische und die Urgamundart Phonetisch Verglichen）一文中提到的原则和方法，还结合自己的实际调查给出了大量细节，并将蒙古书面语、喀尔喀方言与蒙古语族的其他语言方言，乃至突厥语族的语言进行了比较，可以说，初步全面地梳理了喀尔喀方言的历时演变脉络。

不过，由于客观条件所限，符拉基米尔佐夫未能充分利用反映中古蒙古语[7]面貌的八思巴字[8]蒙古语文献和汉字注音文献，也未能充分结合近代蒙古语的记音材料。本文在参考《蒙古书面语与喀尔喀方言比较语法》一书相关结论的基础上，在蒙古语文献方面做了一些增补。例如，在八思巴字蒙古语文献方面，我们引用了以照那斯图（2000；2007）、呼格吉勒图（2004）、特木尔陶高（Tumurtogoo. D. 2010）为代表的国内外学者们全面、系统的研究成果；在汉字注音文献[9]方面，我们选择了《华夷译语》[10]甲种本[11]和乙种本[12]共有的杂字部分，以乙种本回鹘式蒙古文[13]为纲，考察了甲种本注音汉字的规律；在反映近代蒙古语情况的文献方面，我们统计了《蒙俄法词典》[14]中的拉丁注音情况。由此，我们对喀尔喀方言某些辅音、元音的演变增补了一些例证，以便进一步充分说明与 [tsʰae] 有关的蒙古语历时演变情况。

3.2 汉语语音史方面

1206 年，孛儿只斤部的铁木真统一了蒙古各部，建立了大蒙古国。1215 年，蒙古军占领金中都，从此便开启了蒙古语和以大都为代表的北方汉语长达一个半世纪（1215—1368）的大规模接触（祖生利 2005）。因此，我们选择了《汉语史稿》作为参考文献，其中关于通语历时音变的研究结论会为我们的分析提供重要证据。

4 现代蒙古语喀尔喀方言汉语借词“茶”[tsʰae] 的语音对应分析

4.1 词首辅音的对应

汉语借词“茶”的词首辅音是 [tsʰ−]。

现代蒙古语喀尔喀方言有四个塞擦音音位，分别是：/tʃ/、/ts/、/tʃʰ/、/tsʰ/。符拉基米尔佐夫（1988/1929：383−384，389−390）认为，喀尔喀方言的 /tʃ/ 和 /ts/ 与蒙古书面语[15]的 ǰ 对应，而 /tʃʰ/ 和 /tsʰ/ 与蒙古书面语的 č 对应。其中，/tʃ/ 和 /tʃʰ/ 来源于蒙古书面语中位于 i 前面的 ǰ 和 č，而 /ts/ 和 /tsʰ/ 则来源于蒙古书面语中位于非 i 的元音前面的 ǰ 和 č。/ts/ 和 /tsʰ/ 是比较新的音位，中期蒙古方言里还没有这一音位。

顺着符氏的思路，我们曾研究过《华夷译语》甲种本至《蒙俄法词典》编纂年代词首塞擦音的演变情况。（Chen. B.，L. Yuan 2019）在《华夷译语》甲种本和乙种本编写的年代，蒙古语中依然仅存两个塞擦音，以蒙古书面语 ǰ 和 č 开头的单词始终保持着 [tʃ–] 和 [tʃh–] 的读音。但是，在《蒙俄法词典》编纂的年代，分化规律已几近完成。即蒙古书面语ǰ后如果紧跟短元音 –i–，那么保持读音 [tʃ–] 不变；如果紧跟非 –i– 的短元音，那么则演变为 [ts–]。蒙古书面语 č 的分化亦如是。也同样是在《蒙俄法词典》编纂的年代，转折规律[16]刚刚发生作用，以蒙古书面语ǰ和 č 开头、且后面紧跟短元音 –i– 的部分单词经分化规律作用后，再次受到转折规律的支配，也变读为 [ts–] 和 [ts^{h}–] 了。[ts] 和 [ts^{h}] 后来逐渐音位化，最终与 /tʃ/ 和 /tʃh/ 共同构成了今喀尔喀方言四个塞擦音音位的格局。

值得注意的是，原始蒙古语中还存在两个齿 – 龈部位的爆发音[17] /*t/ 和 /*t^{h}/，它们分别有两个音位变体：当它们后面紧跟非 –i– 的短元音时，依然读作 [*t] 和 [*t^{h}]，这些读音中的大部分保持不变，在今喀尔喀方言中依然读作 [t] 和 [t^{h}]（符拉基米尔佐夫 1988：399）；而当它们后面紧跟短元音 –i– 时，则腭化为 [tʃ] 和 [tʃ^{h}]，与原始蒙古语中本来存在的两个塞擦音合流了（Poppe 1955/1987：103，114）。

我们再从汉语音韵史的角度考虑。“茶”是澄母麻韵开口二等字。[18] 宋代时期，澄母由塞音演变为塞擦音，与照系合流。同时，全浊声母的清音化也在这一时期发生。因此，宋代时期，“茶”的声母已读作送气塞擦音了。

结合上述内容，我们可首先假定“茶”在澄母塞擦音化之前借入蒙古语。由于匹配以音质的相似为条件，蒙古语会用 /t/ 进行匹配。但“茶”是麻韵二等字，王力先生对麻韵二等字的拟音为 a。舌音后的麻韵二等字读音自中古以来没有发生变化，不可能使得蒙古语 [t] 的读音腭化，也就不可能形成今读音 [ts^{h}ae]。由此，我们认为“茶”一定是在澄母塞擦音化、并且全浊声母清音化之后借入蒙古语的。彼时的蒙古语会用塞擦音 /tʃ^{h}/ 进行匹配。“茶”字的韵 a 满足分化规律，于是 [tʃ^{h}–] 演变为 [ts^{h}–]，形成了今天 [ts^{h}ae] 的词首辅音形式 [ts^{h}–]。《蒙俄法词典》中“茶”的记音是 tsai 和 tchai（Kowalewski 1849：2073），这充分说明了当时“茶”的词首辅音正由 [tʃ^{h}–] 向 [ts^{h}–] 演变。

“叶”是馀母字，其声母恰好为蒙古语复合元音的形成创造了条件。我们将在下文 4. 2 中详细论述。

4.2　元音的对应

现代蒙古语喀尔喀方言汉语借词“茶”的元音部分是复合元音 [-ae]。根据符拉基米尔佐夫（1988：290）的研究，今喀尔喀方言复合元音主要由两个音组演变形成，其一是 * 元音 +y ～ w ～ ɣ ～ g+ i，其二是 * 元音 +y> 元音 +i。这也就否定了 [ts^hae] 的本字不可能是单个汉字“茶”。

至于复合元音形成的时间，符氏没有明确。由于与古代蒙古语直接相关的资料缺失，[19] 因此，我们的研究还是从可观察的事实出发。

在八思巴字蒙古语文献中，复合元音 ai 已出现。在 a 和 i 两个元音之间虽用字母 y 表示，但这里的 y 不表示实际语音，仅作零辅音的标志表示两个元音连读（照那斯图 2007：47）。例如，词条“部落”，八思巴字写作 ，转写形式为 yi_1-mq。再如，词条“猪”，八思巴字写作 ，转写形式为 q-qyi_1（呼格吉勒图、萨如拉 2004：148，205）。

《华夷译语》甲种本的注音汉字也反映出复合元音 [ai] 已出现，但 [a] 和 [i] 连读还不甚紧密。我们先考察词首的情况。词首的回鹘式蒙古文  通常单用一个皆来部汉字注音，如：词条“驼奶”的注音汉字是“爱亦舌刺黑”。我们再考察词中的情况。词中的回鹘式蒙古文  有三种表示方式：①单用一个皆来部汉字注音，如：词条“榆”的注音汉字是“中凯刺孙”。②通过组合“皆来部汉字 + 汉字‘亦’”注音，如：词条“剪子”的注音汉字是“孩亦赤”。③通过组合“家麻部 / 歌戈部 + 馀母 / 影母字”注音，如：词条“好”的注音汉字是“撒因”。我们最后考察词末的情况。词末的回鹘式蒙古文  则全部单用一个皆来部汉字注音，如：词条“猪”的注音汉字是“中合中孩”。

实验语音学的最新成果表明，喀尔喀方言 /ai/ 类复合元音的起点和终点较为居中，并未达到目标元音的高度，因此认为将 /ai/ 记录为 /ae/ 更符合实际（Svantesson. J. et al. 2005：9）。

我们再来考察汉语的情况。“叶”是馀母叶韵开口三等字。我们都知道，馀母字在上古绝大部分与端透定相谐，小部分与邪母相谐。到了中古，馀母才演变成半元音 /j/。叶韵本是入声韵，收 [-p] 尾。在《中原音韵》时代，北方话中的入声韵全部消失。

由此，我们认为“茶叶”进入蒙古语的时间不会早于《中原音韵》，汉字

“茶”的韵与汉字“叶”的声韵组配在一起，恰好有助于喀尔喀方言复合元音 /ae/ 的形成。

4.3 小 结

综合 4.1 和 4.2 中的分析，我们认为 [ts^hae] 的借用本字是“茶叶”二字，而非单字“茶”，因为喀尔喀方言的复合元音由音组演变而来，单个汉字“茶”的韵无法为喀尔喀方言复合元音的产生创造条件。

“茶叶”进入蒙古语，应不早于元代；更具体地说，不会早于《中原音韵》编写的年代。彼时，汉字“茶”的声母已塞擦音化，同时全浊声母也已清音化，蒙古语用塞擦音 /$tʃ^h$/ 进行了匹配。同样在《中原音韵》编写的年代，蒙古语中已出现复合元音。汉字“叶”的声母已变成半元音，韵尾也已消失，汉字“茶”的韵 a[20]、结合汉字“叶”的声韵 iɛ[21] 正好满足喀尔喀方言复合元音 /ae/ 的形成条件。“茶叶”进入到蒙古语以后，在《蒙俄法词典》编写时期受到了塞擦音分化规律的支配，词首 [$tʃ^h$–] 演变为 [ts^h–]，从而形成了今天的读音 [ts^hae]。

5 余 论

我们研究的结论与历史资料的记载是一致的。

根据史卫民（1996：149–157）的研究，13 世纪初，蒙古人的饮料主要是马奶酒，还有各种家畜的奶。元朝建立后，曾在宣徽院设常湖等处茶园都提举司。[22] 不仅如此，建宁北苑武夷茶[23]、庆元范殿帅茶[24]等先后作为贡品上供。这些都说明宫廷已对茶叶发生兴趣。元朝皇帝饮茶的明确记载，则自武宗海山始。在《饮膳正要》卷二《诸般汤煎》的“井华水”一条中记载：

> 缘自至大初武宗皇帝幸柳林，飞放请皇太后同往观焉。由是道经邹店，因渴思茶，遂命普阑奚国公金界奴朵儿只煎造。公亲诣诸井选水，惟一井水味颇清甘，汲取煎茶以进。上称其茶味特异，内府常进之茶，味色两绝。乃命国公于井所建观音堂，盖亭井上，以栏翼之，刻石纪其事。自后御用之水，日必取焉，所造汤茶，比诸水殊胜，邻左有井，皆

不及也。[25]

由此可知，武宗此时已不是第一次接触茶，否则不可能有“因渴思茶”之感，也不可能品尝出“茶味特异”。茶不仅限于宫廷，也走进了百姓的生活。据《农书》所载：“夫茶灵草也。种之则利博，饮之则神清，上而王公贵人之所尚，下而小夫贱隶之所不可阙，诚生民日用之所资，国家课利之一助也。”[26]此外，元代诗歌、杂剧中的一些描写也证明了茶的普及。例如，马臻《都下初春》中描写大都的场景时称：“茶楼酒馆照晨光，京邑舟车会万光。”[27]再如，元杂剧《李素兰风月玉壶春》《月明和尚度柳翠》中都有“早晨起来七件事，柴米油盐酱醋茶”的表述。[28]以上这些都说明，茶在元代已成为上至宫廷、下至普通百姓的必需品。茶如此普及，不可能不对蒙古语产生影响。

元朝灭亡之后，蒙古人依然保持了对茶叶的需求，也保持了饮茶的习俗，从一些考察资料中我们可以窥见一斑。例如，俄蒙古学家阿·马·波兹德涅耶夫（Позднеевым）曾奉沙皇之命于1892年6月至1893年10月赴蒙古地区考察，他的记录中涉及蒙古人茶饮的描述有好几处。[29]

笔者曾于2003—2004年在蒙古国首都乌兰巴托市生活近一年，此后因公也多次前往蒙古国。根据笔者的观察，在煮开的茶水中加入鲜奶的奶茶是蒙古人每日必需的饮品。近年来，随着乌兰巴托市的生活节奏加快，都市蒙古人少煮奶茶；取而代之，当地人常常冲饮奶茶粉，或者直接饮用立顿等品牌的袋装红茶。尽管如此，喝茶的习惯依然保留。不仅如此，汉语借词[ts^hae]进入喀尔喀方言后具有了很强的构词能力。例如，tsai-nii ayaga 意为“茶碗”；tsai-nii gazar 本意是“茶馆”，现通常作“餐厅”使用；tsai-nii tsag 本意是“饮茶时间”，现指工作日的用餐休息时间。可见，“茶”依然是蒙古人日常生活中的必需品，[ts^hae]也成为了喀尔喀方言日常使用的高频词。

附　注

[1] 根据《蒙古学百科全书》（语言文字卷）第2页所载，现代蒙古语喀尔喀方言是蒙古全国21个省和乌兰巴托市全部人口的90%以上的人所操方言，其内部又可分为中部喀

尔喀土语、西部喀尔喀土语和东部喀尔喀土语。

[2] 根据《蒙古学百科全书》（语言文字卷）第 18 页所载，西里尔蒙古文又称“基里尔蒙古文”或“新蒙文”，是蒙古国的官方文字。它是以俄文字母为基础创制的一套文字，于 1946 年 1 月 1 日起正式启动。

[3] 笔者自 2001 年起学习蒙古语喀尔喀方言（主要是中部喀尔喀土语，特别是乌兰巴托市一带的口音）和西里尔蒙古文，目前已能用喀尔喀方言进行较为流利的交流，同时已熟练掌握西里尔蒙古文的书写规则，能够进行公文写作。因此，本文中的喀尔喀方言读音由笔者本人记录，国际音标的选用则根据《蒙古语的音系学》（The Phonology of Mongolian）一书；西里尔蒙古文的书写形式也由笔者本人完成，其中西里尔蒙古文的拉丁转写形式则依据蒙古国标准化委员会（Стандартчиллын үндэсний зөвлөл）2012 年 2 月 16 日第 3 号决议审议通过的《西里尔蒙古文拉丁转写标准》（Монгол кирил үсгийн латин хөрвүүлэг，编号为 MNS 5217：2012）完成。

[4] 本文引用的特鲁别茨科依的表述全部来自雷明于 1982 年发表在《国外语言学》上的译文《有关印欧语问题的一些看法》。该译文译自特鲁别茨科依论文的俄文文本（1937），校对时，则参照了德文文本（1939）。根据译者的研究，俄文文本有好些地方不同于德文文本。特此说明。

[5] 例如：聂鸿音（1988）、朝克（1988）、李绍年（1988）、贾晞儒（1989）、李亿哲（1990）、照那斯图（1991）、赵杰（1993）、吴安其（1994）、张兴权（1994）、王远新（1994）等学者的研究涉及了阿尔泰语系的语言，游汝杰（1982）、马树钧（1984）、李克郁（1987）、孙竹（1987）、宋金兰（1990；1991）、薛才德（1994）、贾晞儒（1994）、谢建猷（1994）等学者的研究则重点讨论了词汇或语法问题。

[6] “库伦”是今蒙古国首都乌兰巴托市的旧称。

[7] 根据鲍培（Poppe　1965：18–24）的研究，蒙古语族语言的历史可分为三个主要时期：古代（大概使用至 12 世纪）、中古（自 12 世纪至 15 或 16 世纪使用）和近代。中古蒙古语至少包括三种方言：南中古蒙古语、东中古蒙古语和西中古蒙古语。其中，东中古蒙古语是布里亚特和狭义蒙古语的祖先。东中古蒙古语较好地体现在八思巴字所记录的文献语言、《蒙古秘史》的语言和编写于 14 世纪的各种汉蒙词汇表中。

[8] “八思巴字是元世祖忽必烈特命国师八思巴创制的一种在藏文字母基础上改造而成的拼音文字。自元至元六年（1269）元世祖忽必烈颁布诏书正式启用以后，八思巴字便通

用于整个元代约一百余年。”“迄今发现的八思巴字文物证明，曾用八思巴字记录或译写过蒙古、汉、藏、梵、回鹘等多种语言文字，其中记录和译写蒙古语和汉语的文献居多。迄今已发现的八思巴字蒙古语文献有50余件，主要包括皇帝圣旨、皇太后懿旨、王子令旨、帝师法旨、禁约榜等官厅文书，还有宗教功德石刻、金银铜铁牌符、图书（残页）、墨书、题记等。”（呼格吉勒图、萨如拉2004：前言1–2页）八思巴字拼写蒙古语时遵循了“语音学原则”，即：根据蒙古语的实际口语进行了拼写。（照那斯图1980：40）因此，八思巴字所记录的蒙古语语音对于我们了解东中古蒙古语十分重要。

［9］《元朝秘史》和《华夷译语》同为研究东中古蒙古语的重要文献。《元朝秘史》原文所使用的文字，目前学术界比较一致的观点认为是回鹘式蒙古文。但由于原文已经散佚，我们今天所见的只是根据原文完成的汉字注音文献。（Poppe 1965：21–22）为了便于比较和考察音变事实，我们在研究中仅使用《华夷译语》。

［10］“《华夷译语》是明清两代官方编纂的若干种汉语（‘华’）和非汉族语言（‘夷’）的对译辞书的总称。”（冯蒸1981：57）根据张双福（1994：87–88）的研究，涉及蒙汉两种语言对照的《华夷译语》共有甲、乙、丙、丁四册。甲册的记音表现出作者对蒙古语音韵学研究有较深的造诣；丙、丁两册实为一册的两个部分，其中的天文门、地理门、时令门共计46个词条真实可靠，其余各门词条无疑是后人胡乱拼凑而成，或直接抄自甲册，或将甲册中单独两个词条硬捏在一起。

［11］《华夷译语》甲种本于明洪武十五年（1382）由翰林院侍讲火源洁奉命编译，明洪武二十二年（1389）刊行。甲种本由“杂字”和“来文”两部分组成。杂字部分包括“天文”等17个门类共计844个词条（计重复出现的词条），每个词条均用汉字标注出当时的蒙古语口语读音，无回鹘式蒙古文。例如：天，腾吉舌里。需要说明的是，词条“是”和“不拣甚么”的汉字注音各有2套，因此共计846个汉字注音的蒙古语单词。来文部分则包括《诏阿札失里》在内的12篇诏、敕、书、状，由“正文”“旁译”“总译”组成。其中，“正文”部分均是用汉字音写的蒙古语，“旁译”出现在蒙古语词或词组的右边，“总译”则出现在每句话的完了之处。但是，“总译”并非一以贯之。第1–5篇中的每句话后标有“总译”，但从第6篇《撒蛮荅失舌里等书》开始就不再标注了。

甲种本的汉字注音是十分精当的。针对蒙古语音系中有、而汉语音系中没有的语音，作者在《凡例》中专门说明道：“用汉字译写胡语，其中，间有有声无字者。今特借声音相近字样。”不仅如此，作者还明确了某些注音汉字作小注时的专门用途。例如：上标小注“舌”

表示舌头音，“必弹舌读之”，也就是我们今天所说的颤音。这些注音汉字的选用考究，标注细致，虽然个别词条（例如：词条“皮匠”）的注音存在小注漏标的情况，但这毕竟是极少数例，不影响甲种本通篇注音的系统性。由此可见，作者对于蒙汉两种语言的语音系统十分了解。到目前为止，关于作者火源洁的资料甚少，仅在甲种本《序》中存在这样的表述：“火源洁乃朔漠之族，生于华夏，本俗之文，与肩者罕，志通中国四书，咸明其意。”我们可以从中推断出火源洁是一位蒙汉兼通的双语者。结合甲种本注音汉字的选用和标注情况，我们相信这并非作者随意为之，因此我们选择甲种本用于研究。

［12］《华夷译语》乙种本是明永乐五年（1407年）设四夷馆后出版的，同样包含了“杂字”“来文”两部分，其中既有汉字注音，又有回鹘式蒙古文。不过，根据乌云高娃（2003：257）的研究，乙种本各抄本所收来文的篇目数量及内容均有所差异．不仅如此，来文部分的回鹘式蒙古文有许多拼写、语序、语法方面的错误。因此，本文暂不使用乙种本的来文部分。仅就乙种本的杂字部分而言，其中收录的门类与甲种本完全相同，但收录的词条总数比甲种本多1例（计重复出现的词条）。每个词条的左边也用汉字进行了注音，但是缺乏了上标、下标等小注汉字，可见乙种本不如甲种本注音精细。鉴于乙种本每个词条的右边均注有回鹘式蒙古文，我们将其与甲种本杂字部分的注音汉字进行对比研究。

［13］蒙古民族本无文字，1204年成吉思汗征服乃蛮之后才采用回鹘字母书写蒙古语。这种文字也因而被称之为“回鹘式蒙古语”。（道布 1981：28-29）

［14］波兰籍蒙古学家科瓦列夫斯基（Kowalewski）曾于19世纪赴蒙古地区进行了调查。《蒙俄法词典》（Dictionnaire Mongol-Russe-Français）就是他在参考了其他辞书的基础上结合自己的调查编写而成的。该词典共3卷，于1844年至1849年陆续出版。

我们曾简要论证过《蒙俄法词典》中蒙古语语音的方言属性（Chen. B.，L. Yuan 2019）。鉴于其中记录的蒙古语语音信息极有可能属于喀尔喀方言，此外，它还同时提供了书面语、口语两方面的信息，因此，《蒙俄法词典》也是我们研究中不可或缺的文献之一。

［15］蒙古书面语是一种用回鹘文字母书写的相当稳定的语言，是以某个极为古老的蒙古方言为基础形成的（符拉基米尔佐夫 1988：21）。

［16］“转折”是符拉基米尔佐夫的命名，俄文是перелома，可参见1929年版第176页。以下中译文引自1988年中译本第157页。“在蒙古书面语中，如果首音节里有i（<*ï和<*i），而下一个音节里是例如ɑ，e，u，ü中的某个元音，那末在喀尔喀方言里，在原来i的位置上就出现后一个音节的元音或是与之极为相似的元音。这种现象的产生乃是由于第二个

音节的元音过早出现的缘故，即发音器官在发出 i 和后续元音间的那个辅音之前就已形成发这个元音所必须的状态。这个过早出现的元音在获得了重音后，遂成为音节中的主要元音。原来的元音 i 或者完全消失，或者作为短滑音保存了下来；而如果 i 位于词首，则变成 j<i。鉴于在这类状况下，后一个元音好像钻进了第一个音节似的，所以这一极为常见的现象就被称为‘转折’。”

[17] 爆发音是瞬间除阻的塞音。参见朱晓农（2010）《语音学》第 190–191 页。

[18] 本文中汉字的中古音韵地位全部查自郭锡良（2010）的《汉字古音手册》（增订本）。

[19] 迄今所发现的最早的回鹘式蒙古文文献是大约刻于 1225 年的《成吉思汗石》。正因为如此，鲍培（1965：15，21）坦言没有与古代蒙古语直接相关的资料，这不是没有原因的。

[20] 根据《中原音韵表稿》，“茶”属家麻部，拟音是 a。参见《中原音韵表稿》第 108 页。

[21] 《中原音韵表稿》将“叶”归入零声母字，属车遮部，拟音是 iɛ。参见《中原音韵表稿》第 119 页。

[22] 据《元史》卷八十七《百官三》宣徽院所载：“常湖等处茶园都提举司，秩正四品。掌常、湖二路茶园户二万三千有奇，采摘茶芽，以贡内府。至元十三年置司，统提领所凡十有三处。十六年，升都提举司。又别置平江等处榷茶提举司，掌岁贡御茶。”参见第 2206 页。

[23] 据《元史》卷八十七《百官三》宣徽院所载：“建宁北苑武夷茶场提领所，提领一员，受宣徽院札。掌岁贡茶芽。直隶宣徽。”参见第 2206 页。

[24] 据《浙江省至正四明续志》卷五《草木》所载：“茶，出慈溪县民山，在资国寺冈山者为第一，开寿寺侧者次之。每取化安寺水蒸造，精择如雀舌细者入贡。”参见第 5895 页。

[25] 参见《饮膳正要》第 59 页。

[26] 参见《农书》之《百谷谱十》中的词条“茶”，第 112–113 页。

[27] 参见《霞外诗集》第二册卷四，第 4 页。

[28] 参见《元曲选》第二册第 474 页和第四册第 1335 页。

[29] 例如：《蒙古及蒙古人》第一卷第一章第 2 页和 26 页、第二章第 125 页、第三

章第 152 页;《蒙古及蒙古人》第二卷第十章第 538 页和 550 页。

参考文献

［俄］波兹德涅耶夫（1913）：《蒙古及蒙古人》第一卷，北洋法政学会，天津。

［俄］波兹德涅耶夫（1983）：《蒙古及蒙古人》第二卷，张梦玲、郑德林等译，内蒙古人民出版社，呼和浩特。

［美］布龙菲尔德（2009）：《语言论》（袁家骅、赵世开、甘世福译），商务印书馆，北京。

朝克（1988）：达斡尔语中的满－通古斯语借词，《民族语文》第 4 期，25–30 页。

陈保亚（1996）：《论语言接触与语言联盟——汉越（侗台）语源关系的解释》，语文出版社，北京。

陈保亚（2015）：《20 世纪中国语言学方法论研究》，商务印书馆，北京。

陈保亚、袁琳（2015）：一条横贯欧亚大陆的北方茶马古道——基于 chaj 读音分布的语言地理学证据，《思想战线》第 1 期，117–121 页。

道布（1981）：回鹘式蒙古文及其文献，《中国史研究动态》第 12 期，28–31 页。

方龄贵（2004）：蒙古语中汉语借词释例，《云南师范大学学报》第 36 卷第 3 期，110–118 页。

冯蒸（1981）：《华夷译语》调查记，《文物》第 2 期，57–68 页。

［俄］符拉基米尔佐夫（1929/1988）：《蒙古书面语与喀尔喀方言比较语法》，陈伟、陈鹏译，青海人民出版社，西宁。

郭锡良（2010）：《汉字古音手册》（增订本），商务印书馆，北京。

呼格吉勒图、萨如拉编著（2004）：《八思巴字蒙古语文献汇编》，内蒙古教育出版社，呼和浩特。

贾晞儒（1989）：海西蒙古语中的藏语借词，《民族语文》第 3 期，9–15 页。

贾晞儒（1994）：从青海汉语的几个方言词看语言间的接触影响，《民族语文》第 4 期，57–63 页。

李方桂（2005）：《武鸣土语》，清华大学出版社，北京。

李方桂（2012）：台语中的若干古代汉语借词，《汉藏语论文集》，89–96 页，清华大学出版社，北京。

李克郁（1987）：青海汉语中的某些阿尔泰语言成分，《民族语文》第 3 期，27–31 页。

李绍年（1988）：浅谈塔城地区语言的相互影响，《民族语文》第 5 期，67–68 页。

李亿哲（1990）：朝鲜语从汉语中吸收新词的原则和方法，《民族语文》第 3 期，33–39 页。

马树钧（1984）：汉语河州话与阿尔泰语言，《民族语文》第 2 期，50–55 页。

［法］梅耶（1957）：《历史语言学中的比较方法》，岑麒祥译，王开庭校，科学出版社，北京。

蒙古学百科全书编辑委员会编纂，《语言文字卷》编辑委员会编（2010）：《蒙古学百科全书》（语言文字卷），内蒙古人民出版社，呼和浩特。

聂鸿音（1988）：论契丹语中汉语借词的音系基础，《民族语文》第 2 期，41–49 页。

宁继福（1985）：《中原音韵表稿》，吉林文史出版社，长春。

史卫民（1996）：《元代社会生活史》，中国社会科学出版社，北京。

宋金兰（1990）：青海汉语助动词“给”与阿尔泰语言的关系，《民族语文》第 2 期，46–52 页。

宋金兰（1991）：汉语助词“了”“着”与阿尔泰诸语言的关系，《民族语文》第 6 期，59–67 页。

孙竹（1987）：蒙古语达斡尔语东乡语的数范畴比较，《民族语文》第 6 期，26–34 页。

［俄］特鲁别茨科依（1982）：有关印欧语问题的一些看法，雷明译，《国外语言学》第 4 期，19–28 页。

王力（1980/2008）：《汉语史稿》，中华书局，北京。

王远新（1994）：哈萨克语土耳其语辅音对应特点——兼论语音对应与语

言影响的关系，《民族语文》第 6 期，27–33 页。

乌云高娃（2003）：永乐本《华夷译语》鞑靼馆“来文”校释，《欧亚学刊》第五辑，257–285 页。

吴安其（1994）：论朝鲜语中的南岛语基本成分，《民族语文》第 1 期，1–10 页。

吴宗济（1958）：武鸣僮语中汉语借字的音韵系统，《语言研究》第 3 期，25–70 页。

谢建猷（1994）：壮语陆西话和汉语平话、白话若干相似现象，《民族语文》第 5 期，34–40 页。

薛才德（1994）：景洪汉语谓词的一个后附成分与傣语的关系，《民族语文》第 3 期，41–44 页。

游汝杰（1982）：论台语量词在汉语南方方言中的底层遗存，《民族语文》第 2 期，33–45 页。

张双福（1994）：《华夷译语》研究，《内蒙古社会科学》第 5 期，87–92 页。

张兴权（1994）：从语言接触看朝鲜族的语言使用和朝鲜语的共时变异，《民族语文》第 5 期，59–64 页。

赵杰（1993）：北京香山满语底层之透视，《中央民族学院学报》第 1 期，78–84 页。

照那斯图（1980）：论八思巴字，《民族语文》第 1 期，37–43 页。

照那斯图（1991）：论汉语中的蒙古语借词“胡同”，《民族语文》第 6 期，30–35 页。

照那斯图（2000）：回鹘文字母的八思巴字注音，《民族语文》第 4 期，50–51 页。

照那斯图（2007）：八思巴字蒙古语文献的语音系统，《民族语文》第 2 期，44–51 页。

中国科学院民族研究所少数民族语言研究组僮语小组（1962）：僮语中的汉语借词，《中国语文》第 6 期，251–264 页。

朱晓农（2010）：《语音学》，商务印书馆，北京。

祖生利（2005）：元代蒙古语同北方汉语语言接触的文献学考察，《蒙古史研究》第八辑，52–79 页。

Chen. B. , L. Yuan.（2019）When and How the Affricates /*tʃʰ/ and /*tʃ/ in Initial Positions of Proto–Mongolian Diversified in Khalkha. Journal of Chinese Linguistics, 47（2）,531–561.

Lessing. F. D.（1960）Mongolian–English Dictionary. Berkeley：University of California Press.

Poppe, N.（1965）Introduction to Altaic Linguistics. Wiesbaden：Otto Harrassowitz.

Poppe, N.（1955/1987）Introduction to Mongolian Comparative Studies. Helsinki：Suomalais–Ugrilainen seura.

Sapir. E.（1921/1949）Language：An Introduction to the Study of Speech. New York.

Svantesson. J. , A. Tsendina, A. Karlsson, & V. Franzén（2005）The Phonology of Mongolian. New York：Oxford University Press.

Tumurtogoo. D.（2010）Mongolian Monuments in 'Phags–pa script：Introduction, Transliteration, Transcription and Bibliography. Taipei：Institute of Linguistics, Academia Sinica.

Kowalewski. J. E.（1849）Dictionnaire Mongol–Russe–Français. TOME TROISIEME, Kasan：Imprimerie de L'université.

Сүхбаатар. О.（1999）Монгол хэлний харь үгийн толь. Улаанбаатар.

Владимирцов. Б. Я.（1929）Сравнительнаяграмматика монгольского письменного языка и халхаского наречия. Ленинград：Издание Ленинградского Восточного Института.

Ramstedt. G. J.（1903）Das Schriftmongolische und die Urgamundart Phonetisch Verglichen. JSFOu 21：3–55.

引书目录

（元）忽思慧《饮膳正要》，商务印书馆，北京，1935。

（明）火源洁《华夷译语》明经厂刊本，收入《涵芬楼秘笈》第四集，孙毓修编，北京图书馆出版社，北京，2000。

（明）火原洁《华夷译语》明抄本，收入《北京图书馆古籍珍本丛刊 六 经部》，书目文献出版社，北京，2000。

（元）马臻《霞外诗集》第二册，台湾商务印书馆，台北，1969。

（明）宋濂《元史》，中华书局，北京，1976。

（元）王元恭《浙江省至正四明续志》清咸丰四年刊本，成文出版社有限公司，台北，1983。

（元）王祯《农书》，中华书局，北京，1991。

（明）臧晋叔《元曲选》第二册，第四册，中华书局，北京，1958。

（袁琳：100871 北京，北京大学外国语学院亚非系蒙古语教研室 solongoo@pku. deu. com）

浅析工具格的论元属性及其句法隐现[①]

——以上古汉语行为动词“击”的语义结构为例

邵琛欣

提　要： 本文从句法、语义、认知三方面探求了古代汉语行为动词“击”的深层语义结构，即施事A在工具B的辅助下，使受事C被B触及而受到某种影响，工具格对“击”而言具有周遍性。但从文献使用情况来看，“击”语义结构中的工具格经常被隐含，只有在语境需要时才呈现，因此其呈现等级比典型的核心论元施事和受事低，但却高于典型的外围论元处所和时间。

关键词： 工具格　语义结构　句法隐现　核心论元　黏着语义格

引　言

目前，学界对工具格论元属性的说法不一，主要有以下三种代表性的观点：

1. 工具格是外围论元

这种观点建立在为论元角色建立的层级体系的基础之上，袁毓林（2002：13）认为，论元角色具有如下图这样的层级体系：

① 本文为作者博士论文的部分内容经修改而成。感谢导师陈保亚先生对文章的悉心指导。文中疏漏，概由作者自负。

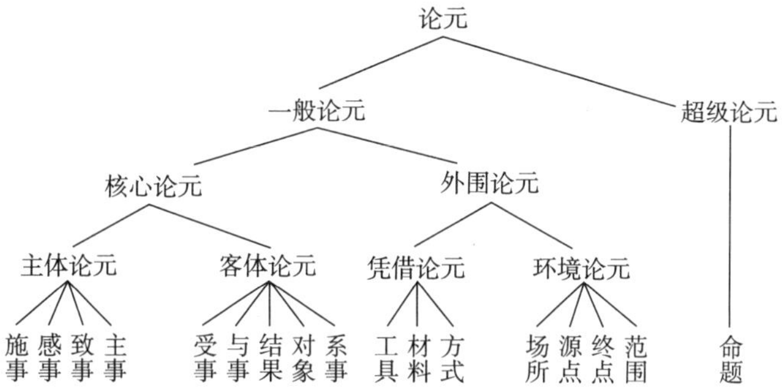

图 1　袁毓林（2002）的论元角色层级体系

其中，核心论元指的是动词的必有论元，是不可缺少的；外围论元指的是动词的可有论元，只起到扩充基本结构、增强命题复杂程度的作用。我们所说的“工具格”就处于这个体系中的外围论元里，也就是说，这是一个可有可无的语义角色。但是，他同时指出包含在凭借论元里面的“工具”“材料”“方式”和同层级的环境论元在外围程度上有异，即后者更为外围。

2. 工具格是黏着语义格

这种观点则是建立在语义格是否可以进行推导和标注的基础之上。陈保亚（2009：357）认为：“凡是通过平行周遍原则可以解释的或可以推导的语义格，都不作为语符库中的语义格标注。”由此可以把全部语义格区分为可推导的无须标注的自由语义格，如时间、处所，以及不可以推导的必须标注的黏着语义格，如施事、受事、与事。而工具格由于尚未找到平行周遍条件，即“没有弄清楚哪些语符 V 需要工具格”（陈保亚 2009：357），因此应该进行标注，作为黏着语义格存放在语符库中。于是，工具和施事、受事同处一个层级中，也就和袁毓林将其处理为外围论元相对立了。

3. 工具格是派生角色

这种观点主要来自 Fillmore（1977）的后期理论和 Talmy（2000）的认知语义学分析模型。Fillmore（1966）最早列出的语义格清单里包括了工具格

（Instrument），并且他（1968）在分析动词的框架特征时，把工具格视为“随意”成分，用括号来表示，如 open 的框架特征是 +[___O（I）（A）]。但是，Fillmore（1977）后来却把工具格看作事件的直接原因，认为这只是一个衍生概念，于是把它从格清单中剔除出去了。持同样观点的还有 Talmy（2000），在提出了“图像－背景”“力动态系统”“因果事件”等概念的基础上，他认为致因事件的“图像”在因果情景中派生为工具格。也就是在底层语义中，不存在工具格。这样一来，工具格就可以用“直接原因”来解释，其初始性就受到了挑战。

三种观点体现了学界对工具格性质的不同定位。说它是外围论元，因为工具格在句法表现中通常处于修饰功能的状语位置上，删去不会影响表层句法结构的合法性。说它是黏着语义格，是因为对于某些动词的深层语义结构来说，不管表层的句法表现如何，工具格可能都是必有角色。而说它是衍生格，则是站在认知语言学的角度上，解释工具与动作的因果关系，是一种更为抽象的高层概括。

由于目前没有严格的标准来判定论元的层级，通常所说的“内部论元”和“外部论元”都主要凭借经验（陈保亚 2009）。对于汉语，特别是古汉语来说，不能像现代汉语一样采取删除、添加、变换等“内省”的方式自由创造句子，只能根据文献语言已经实现的分布进行分析和归纳，因此这里我们尝试提出一个适用于古汉语判定工具格论元层级的方法，以行为动词“击”为例，多角度分析它的语义结构，并结合工具格的句法隐现，来论证它的论元属性。

1　上古汉语的“击”与工具格

我们以上古文献《韩非子》为例，考察了行为动词“击”的主要使用情况。“击”字在《韩非子》中共有 29 处用例，属于常用动词。从文本解读的角度看，“击”表现出两种较为明显的意义分类倾向。一为“拍打、敲打”义，如：

[1] 叔孙闻之曰：“丙不请而擅击钟。”（《韩非子·内储说上七术》）

[2] 廷理举殳而击其马，败其驾。（《韩非子·外储说右上》）

[3] 范文子喜直言，武子击之以杖。（《韩非子·外储说左下》）

另一可以理解为“攻打”义，用于军事行动，如：

[4] 知伯军救水而乱，韩、魏翼而击之。（《韩非子·十过》）

[5] 今楚未济而击之，害义。（《韩非子·外储说左上》）

[6] 夫韩，小国也，而以应天下四击。（《韩非子·存韩》）

在全部的29个用例中，我们发现只有4例在句中出现了与“击”这一行为相关的工具格，除了上面提到的例[2]和[3]之外，还有：

[7]（齐景公）援戈将击之。（《韩非子·十过》）

[8] 太子入为王泣曰：“……廷理曰‘非法也，’举殳击臣马，败臣驾。”（《韩非子·外储说右上》）

其中，3例为“持拿义动词+工具名词”和“击NP”形成连谓结构。从表层形式上看，工具名词并不和“击”构成直接的语义关联，它所依附的是独立于“击”之外的另一个核心谓语动词；而只有“击之以杖”这一例述补结构表现了“工具格”与“击”的直接依附关系。按照格语法理论的分析，持拿义动词后的工具名词只是代表受事角色，它和“击”之间的工具－行为关系是隐含在底层的，“以”后的工具名词才是“击”呈现出的工具格。

究竟是什么因素导致了这种现象？工具格在“击”的语义结构中处于什么样的地位？它的隐含与呈现是否有规律？我们将通过结构语言学的句法分布特征和认知语言学的语义分析方法，从一定数量的文献语料中获取“击”的语义结构，尝试回答这些问题。

2 “击”语义结构的提取

我们所要获取的“击”字的语义结构是一种深层语义结构。因此，不仅要考察它的句法表现，而且要结合造字意义以及整个概念的认知过程。这样得到的语义结构才更加完整和准确。下面我们将试着从这三个方面提取出“击”的语义结构。

2.1 字书中“击”的释义

“击”简化前作“擊”，在《说文·手部》中“擊，攴也。从手毄聲。”同时，“攴，小擊也。”段玉裁在“攴”字下云：“此云小擊也，同義而微有别”。

二者互释，很难从表面上看出各自的语义结构中是否含有工具格。于是我们从“攴”的字形入手，探究造字之初的意义内涵，以此帮助理解“击”字的语义结构。

“攴”的字形为攴，许慎认为该字从手卜声，是形声字。“手”是形符，表明这是个手部动作。但同时还有另一种字形分析，认为这是个会意字，即清代徐灏《说文解字注笺》在段注基础上为“攴”字的字形分析进行了补充：

> 从攴之字，多非擊義，攴訓小擊，理由難通，且條枚之枚，細微之微，皆從攴，其非取義於擊，更可知疑。本象手有所執持之形，故凡舉手作事之義皆從之。因用為扑擊字耳。

他认为“攴”的字形像手里拿着东西，因此凡是要表达“用手做事情”意思的字都以“攴”部作形符。从这种分析中，我们看到“攴”不仅与手有关，还和手里所持之物有关，于是用“攴”来为“击”进行释义时，也在一定程度上包含了“手”和“手中之物”两个概念成分。可以说，这两个概念成分是隐含在“攴”和“击”的语义结构当中的。

另一方面，从“击”字在《说文解字》中使用的情况看，它也是一个经常被用来释义的语义元素，例如在《殳部》有：

“㱿（què），從上擊下也。”

“𣪊（zhěn），下擊上也。”

“𣪠（tóu），繇擊也。”段注：繇擊者，遠而擊之。

更有多字直接以“擊”作为义项，如：

“敂，擊也。”段注：自扣、叩行而敂廢矣。

“挌，擊也。”段注：凡今用格鬥字當作此。

“攻，擊也。”“伐，擊也。”“斫，擊也。”“豛，擊也。”“刜，擊也。”

由此我们可以猜测“击”在古代汉语中应该是个基本词汇（也可以说是核心语素）。其基本词汇的特性还体现在，作为语义场中的上位概念，“击”有再分类的可能性，于是也就相应地产生了很多下位概念，例如，根据所击之物的不同，有：

“㧓（huà），擊踝也。”

“敲（qiāo），擊頭也。”

“鼓，擊鼓也。”

“敊，擊馬也。”

而“擊（qiào），旁擊也”和“扺（zhǐ），側擊也”是由于“击”的发生方位不同产生的下位概念，还有由于“击”的后果不同产生的下位概念，如《手部》有：

“搫（yǐng），中擊也。”段注：擊之而中也。

“拂，過擊也。”徐鍇曰：擊而過之也。

“擊（huǐ），傷擊也。”段注：傷擊者，擊之而傷也。

同样，我们也发现了由于“击”使用的工具不同而产生的下位概念，如：

“箾（shuò），以竿擊人也。”

“抰（yǎng），以車鞅擊也。”

“捭（bǎi），两手擊也。”

“捶（chuí），以杖擊也。”

“抶（chì），笞擊也。”

通过对《说文解字》中“击”字的被释与释义情况的分析，我们初步认为，“击”字的语义结构内部隐含有工具格，这是个与手部有关的动作，“手”直接触及所击对象时手为工具，非直接接触而通过手中持拿的物体完成触及行为时，持拿的物体为工具。这两种工具在“击”的语义结构中呈现程度不同，前者多隐含，后者在需要时则可以呈现，并且能够产生不同的下位概念。

2.2 文献中“击”的句法表现

另一种获取语义结构的方法是从“击”在历史文献中的使用情况，观察与之共现在句中不同句法位置上的名词的语义角色，从而判断其对语义角色的选择限制。由此获得的语义结构类似于论元结构。此外，从句法表现上还可以得到一种语义角色与“击”这一行为得以实现的紧密程度，即论元阶层。[1]根据该语义角色在论元阶层中的位置，可以了解其在句子表层的呈现等级。

《韩非子》中“击”能够容纳的句法格式如下：

（1）主语 + 击 + 宾语

[9] 吴人击之，遂胜之。（《韩非子·内储说下》）

[10] 叔孙闻之曰：“丙不请而擅击钟。”（《韩非子·内储说上》）

“击”的主语为生命度最高的人类专有名词，[9] 为吴国之人，[10] 为叔孙之子孟丙，二者充当的是自控度较高的施事角色，即“击”行为的发出和实施者。宾语在生命度上有差别，[9] 的“之”指代荆国人，有反击能力，生命度高于 [10] 中的无生命词“钟”，但二者皆为受事，是“击”这一行为的承受者。在文本解读时，两个“击”的语义内容并不相同，一为攻打、袭击，一为撞击。这种语义差别源于事件场景不同。在群体参与的军事事件中，“击”不突出个体行为，突出的往往是事件中的主动方与被动方、胜利者与失败者。当这种语境义具有周遍性时，新的词义就产生了。

（2）主语 + 击

[11] 叔孙为丙铸钟，钟成，丙不敢击，使竖牛请之叔孙。（《韩非子·内储说上》）

[12] 天下无道，攻击不休，相守数年不已。（《韩非子·喻老》）

两句在表层形式虽然没有受事宾语，但仍然成立。[11] 从上下文可以判断“击”的受事是钟，由于行文简洁的要求，隐而不言。[12] 中的“击”用于军事事件，和同义的“攻”共现，有向双音节词发展的趋势。

（3）击 + 宾语

[13] 夫进而击赵不能取，退而攻韩弗能拔。（《韩非子·十过》）

[14] 饮酒醉，过而击之也，民大惊。（《韩非子·外储说左上》）

两句虽然没有施事主语出现，但通过上下文都可以找到相应的施事。如例 [14] 的主语是上文“楚厉王有警鼓与百姓为戒”中的楚厉王，主语承前而省是古代汉语句法表现形式的特点。

（4）状语 + 击 + 宾语

[15] 水击鹄鴈，陆断驹马，则臧获不疑钝利。（《韩非子·显学》）

（到水上去击杀鸿鹄和大雁，在陆地上斩杀大小马匹，那么奴婢也不怀疑（剑的）利钝。）

该句表层形式上也没有主语，即施事没有在表层得到呈现。但此例的意义在于引入了另一个与“击”行为相关的新的语义角色——处所。该角色在前几种格式中均未表现，但并未影响句子的合法性，说明处所的呈现等级低，与“击”行为的关系较松散。

（5）主语+击+宾语+补语

[16] 范文子喜直言，武子击之以杖。（《韩非子·外储说左下》）

该句在补语的位置上出现了另一个语义格——工具，在前四种句式中也都没有呈现出来，说明它在句中的呈现等级也不如施事和受事高。

根据“击”的句法表现，我们大致可以知道与这一行为相关的语义角色有施事、受事、处所、工具。从使用情况上看，以带主语和宾语的用例居多，施事和受事又多作主语和宾语，工具和处所多作状语和补语，说明施事和受事的呈现等级高于处所和工具。

2.3 “击”概念形成的认知分析

Talmy（2000：21）认为：“语言作为一个认知系统包含两个子系统，它们表现出互补的功能：提供概念的内容和决定概念的结构。”[2] 前者为词汇系统，后者为语法系统。因此，获取语义结构离不开词汇分析和语法分析，这也是上文我们获取“击”语义结构的两条途径。而他从时空领域抽象而来的因果事件的认知过程，也为我们需找“击”的语义结构提供了某些启发。

我们认为，行为动词“击”也表达了一个时空概念。根据《说文》的字形分析和《韩非子》的句法分布，我们看到，“击”这一行为的实现从开始到结束需要三个不可或缺的参与者：施事A，工具B，受事C。从时间顺序上看，A先与B发生联系，这一点在“舉殳而擊其馬”“援戈將擊之”的连谓结构中得到证明，此时的B还仅仅是持拿义动词的客体宾语，与“击”尚未产生联系；之后，在A的作用下，B和C相触及，并对C直接产生某种影响，此时整个动作完成。由于持拿动作和击打动作之间的时间间隔非常短，在不特别强调具体的持拿动作时，这种时间顺序就被共时同现化了，“以”字的虚化也正暗含了时间顺序的并合，B和击打动作的工具关系强于和持拿动作的受事关系。这也带动了工具介词在汉语史中的不断丰富。[3]

从空间位置上看，“击”这个动作始于A，终于C；C既是被击打的对象，同时又是击打实现的处所。因此，C 的语义角色具有双重性。这种双重性在现代汉语中有所体现，如，与击打义相近的动词“拍”，既有“他拍了我肩膀一下”，又有“他在我肩膀上拍了一下”。前者的“肩膀”是受事，而后者因为带有显著标记“在”和方位词“上”，所以“肩膀”应该是处所。造成这种表层句法差异的原因是由动词的深层语义结构决定的。上古汉语未见这种现象，或许与动量词作准宾语的产生和发展有关。

3 工具格的句法隐现

从上述分析中，我们获得了“击”的深层语义结构，再结合词义结构可以看出，工具格对于击打这个动作的实现过程来说是重要的参与者，具备了成为必有论元角色的前提条件。但是，深层的工具格在句法上不一定会显现出来，这种隐现会受到一定条件的制约，找到这个制约条件也就避免了从表层判断工具格角色性质产生的误区。这里我们从“击”工具格的语义性质入手进行分析，将其分为身体部位类工具和其他器物类工具。

3.1 身体部位名词充当工具

“击”（擊）在《说文・手部》中，不仅表明这是一个借助工具完成的手部动作，而且通过认知分析和语料观察，“手”本身也可以成为“击”动作得以实现所凭借的工具，但极为少见，在我们检索的从先秦至唐代的 1000 条古代汉语语料中，只发现 3 个呈现的用例：

[17] 元理后岁复过广汉。广汉以米数告之。元理以手击床。（《西京杂记》）

[18] 舒手而击，举足而蹶，则所击蹶无不破折。（《论衡》）

[19] 身跨马栎阵，手击急鼓，以齐战势。（《三国志・卷一》）

说明“击”不呈现工具的现象在古代汉语中比较普遍，胡敕瑞（2009：110–113）曾就呈现对“行为动词”类工具格式的影响作过历时分析。他所提到的典型工具格式只指这种省略格式中的前一个介宾短语不至于影响原句句子的形式，如“以水浸令湿”（《齐民要术・卷九》）、“以火烧之令黄”（《齐民要术・卷八》）、“以手搦令坚实”（同上）、“以足蹑豆”（同上）。他认为，上古时“水、火、手、足”等工具分别蕴含在相应的动作中，中古才从中分离出来。“这是一个从‘隐含工具论元’到‘呈现工具论元’并‘赋予介词标记’的过程。”（胡敕瑞 2009：113）

除了“手”可以成为“击”的工具外，还可见其他身体部分，如：

[20] 蛇出于其下，以肱击之，伤而匿之，故不能推车而及。（《左传·成公二年》）

[21] 以头击壁户柱，从床上自投地。（《汉书·外戚传》）

[22] 乃攘臂，以拳击之。（《搜神记·卷九》）

[23] 以头击棺，血涕并流。（《搜神记·卷十四》）

由此可见，身体部位“手”与“击”的工具联系不是像“足”和“蹑”“火”和“烧”一样是唯一的，若删除前边的介宾短语，句义就可能不明确，如例 [20] 用来“击棺”的工具还可能是“手”“杖”等。如果不呈现出工具角色，就会引起误解。所以对于“击”来说，“手”是隐含在其语义结构内部的默认工具，以不呈现为常；当手中无其他工具，且又要强调“手”的工具特征时，“手”才会呈现出来。另外，虽然是击打动作的默认工具，“手”却不是唯一指定使用的工具，因此也就允许其他身体部位，如“头”“拳”等成为动词“击”的工具角色。

3. 2 其他器物名词充当工具

其他器物用为“击”的工具格时，也分为隐含和呈现两种情况。《韩非子》中二者的比例为 25 : 4，在我们检索的先秦至唐代的语料中二者的比例为 1000 : 48。

[24] 杨布怒，将击之。（韩非子·说林下）

[25] 居数月，有警，击鼓而民不赴。（韩非子·外储说左上）

[26] 叔孙闻之曰：“丙不请而擅击钟。”（韩非子·内储说上）

[27] 击舟水中，鸟闻之而高翔，鱼闻之而渊藏。（《淮南子·卷十一》）

以上四例都是“敲打”义的“击”，从认知语义结构上分析，这类事件实现的过程中“工具”是不可缺少的，采取隐含方式也都是可以解释的。一种是信息焦点不在工具，而在动作行为本身。如 [24][27] 用什么工具打狗和敲船并不重要，重要的是击打行为产生的后续影响。而 [25][26] 中的“击鼓”和“击钟”可以看作是约定俗成的，鼓槌和钟槌是不言而喻的。在这两种语用的限制下，“击”词汇概念中的工具格在句子表层常常得不到呈现。

工具格若被呈现时，常常表现出特殊性，这种特殊性体现为工具与行为之间没有唯一指定的关系，如：

[28] 以弓击水，鱼鳖浮为桥。（《搜神记·卷十四》）

[29] 以箸撞钟，以算击鼓。（《论衡·感虚》）

[30] 以马鞭击其头，骂之。（《三国志·卷六》）

钟鼓本有特定的击打工具，例 [29] 用“箸”和“算”作击打工具则是语境的需求。为了体现这种特殊性，工具格才有可能呈现。

也就是说，在句法层面呈现的工具格不一定是该动词语义结构中的常态工具格，而有可能是一种非常态工具格。不呈现，并不意味着这个动词的深层语义结构中可以没有工具格。正因为这个深层工具格的存在，才使动词有呈现出某种非常态工具格的可能性。

4 小 结

我们通过重新解析《说文解字》中“击”的释义，明确了“击”词汇概念的基本内容中必须包含工具成分；结合历史文献中“击”的句法表现，获取了“击”的语义结构，即：施事在工具的辅助下，使受事被触及而受到某种影响。而工具格在“击”的使用中经常被隐含，只有在语境语义需要时才得以呈现。因此我们说，工具格是动词“击”语义结构中的必有论元，但在句法结构中不是必须出现的。其呈现等级虽不及施事和受事，但高于处所和时间，它的论元层级介于内部论元和外部论元之间，所以将工具格的论元层级定为“准内部论元”。

以“击”为例，从词汇、句法两方面判定工具格的论元层级是一次创新性的方法论尝试，形成了一套与现代汉语工具格不同的研究方法。虽然我们还需要进一步扩充语料来证实这一研究方法的普遍性，但并不影响对工具格论元属性的判定。

附　注

［1］本文所用的“论元阶层”概念倾向于陈保亚（2009）提出的论元呈现等级的理解方式。

［2］此处系本文作者翻译。原文为“A fundamental design feature of language is that it has two subsystems，which can be designated as the grammatical and the lexical（as these are characterized below）.”

［3］张赪（2002）在《汉语介词词组词序的历史演变》中曾梳理了先秦汉语至元明时期汉语中工具介词的发展。先秦至两汉时期的工具介词为“以、用、由”，东汉时期为“以、持、随、据”，魏晋南北朝时期为“以、用、持、依、随”；唐五代和宋代时期的工具介词最丰富，在保留以往介词基础上，新出现了“把、著、凭、按、循”，元明时期“以”的使用减少，主要使用“用、着、将、把、依”。

参考文献

贾彦德（1997）：对现代汉语语义格的划分与认识，《语文研究》第3期，24–30页。

陈昌来（1998）：论现代汉语“工具”成分在话语中的隐现，《山西师大学报（社会科学版）》第1期，57–60页，100页。

陈保亚（2009）：《当代语言学》，高等教育出版社，北京。

胡敕瑞（2009）：从隐含到呈现（下）——词汇变化影响语法变化，《语言学论丛》第38辑，商务印书馆，北京，99–127页。

袁毓林（2002）：论元角色的层级关系和语义特征，《世界汉语教学》第3期，3页，11–23页。

张赪（2002）：《汉语介词词组词序的历史演变》，北京语言文化大学出版社，北京。

［美］G. J. 菲尔墨（1968）：《格辨》，胡明扬译，商务印书馆，北京，2002年。

Fillmore, C. J.（1966）Toward a Modern Theory of Case，Project on Linguistic Analysis Report,13：1–24

Fillmore, C. J. （1977）The Case for Case Reopened. Syntax and Semantics, 8：59-81。

Talmy, L. （2000）Toward a Cognitive Semantics. The MIT Press.

引书目录

（春秋）左氏《春秋左传注》，杨伯峻注，中华书局，北京，1980。

（战国）韩非《韩非子集解》，王先慎集解，中华书局，北京，1998。

（西汉）司马迁《史记》，中华书局，北京，1982。

（西汉）刘安《淮南鸿烈集释》，刘文典集释，中华书局，北京，1989。

（东汉）班固《汉书》，中华书局，北京，1962。

（东汉）王充《论衡校注》，张宗祥校注，郑绍昌标点，上海古籍出版社，上海，2013。

（西晋）陈寿《三国志》，中华书局，北京，1982。

（东晋）干宝《新辑搜神记》，李剑国辑校，中华书局，北京，2007

（东晋）葛洪《西京杂记校注》，周天游校注，中华书局，北京，2020

（东汉）许慎《说文解字》，中华书局，北京，1963

（东汉）许慎《说文解字注笺》，（清）段玉裁注、徐灏笺，收入顾廷龙主编《续修四库全书·经部·小学类》，上海古籍出版社，上海，2002。

（邵琛欣：710119　陕西西安，陕西师范大学文学院 shaochenxin@snnu.edu. cn）

100 核心词：语言中最稳定的遗传基因

——以回辉语为例

田祥胜

提　要：中国海南三亚回辉语与东南亚的占语具有亲缘关系。然而，在1000多年的语言接触中，占语独特的语法特征在现代回辉语中已消失殆尽，现代回辉语与汉语（标准语）已高度同构。相比之下，100核心词（Swadesh 1-100词）相当稳定，老年人与青年人回辉语100核心词中同源词占比高达95%与94%。从回辉语来看，语言接触能使一种语言的语法全面解体，但无法使100核心词全面消失。因此，100核心词是语言中最稳定的遗传基因。

关键词：回辉语　100核心词　语言遗传基因

引　言

历史比较语言学的主要任务是用比较的方法确定各后代语言之间的亲属关系以及这种关系的亲疏远近，重建原始语，探索语言演变的规律（徐通锵1991/2008：2）。比较的材料主要有形态、语音与词汇。“形态，就是用来变化词、组合词以构成句子的全部规则，是语言中最稳固的方面。”“至于词汇，那是语言中最不稳定的成分。”梅耶（Meillet 1924/2008：1，24，34）所说的形态，应该就是语言的语法（包括词法与句法）。

后来人们发现，语法不一定是语言中最稳定的成分，尤其在语言接触的情况下，[1]语法特征也容易扩散。现在的问题是，既然词汇和语法特征都会扩散，那么谁扩散得最快？换句话说，在语言接触当中，被影响的语言是语法最先被全面替换还是词汇最先被全面替换？如果某些语法特征与词汇都不容易被替换，那么我们就可以用某些语法特征或词汇来作为比较的材料。如果语法特征或词汇能够最先被全面替换，那么词汇或语法特征替换的情况又是怎样的呢？下面我们就以回辉语语法与词汇的变化为例来探讨这个问题。

1 回辉语的语法变化

回辉语（Tsat）是中国海南省三亚市天涯区回辉及回新两个社区通用的一种语言。经过学者们论证，它属于南岛语系占语支里的一种语言。（Benedict1941；郑贻青 1986，1997；Thurgood 1999：35-36）但是，它的语音类型已发生了根本性的改变，由多音节（主要是双音节）变成了单音节，由无声调变成了多声调（5 个基本声调）。目前对回辉语的演变研究主要集中在语音上，很少涉及语法；对于回辉语语法的演变情况，人们并不是十分清楚。

为了观察词汇与语法的演变速率，Greenhil et al. （2017）根据南岛语的语言特点建立了 157 个结构特征（包括语法与语音）。我们根据占语、回辉语与汉语的语法特点，对 157 个结构特征进行了删减，得到了 60 个语法特征。表 1 是 60 个语法特征的比较情况[2]：

表 1 回辉语（Tsat）、占语（Cham）与汉语（Mandarin）的语法特征比较

Class	NO.	Item of Grammar	Cham	Tsat	Mandarin
I	01	指示词是否三分	+	−	−
	02	指示词是否处在名词的后面	+	−	−
	03	是否有两个第一人称单数代词	+	−	−
	04	是否存在描述词	+	−	−
	05	是否有能产的名物化前缀	+	−	−
	06	是否存在名词或形容词转换为动词的前缀	+	−	−
	07	是否存在动词及物性前缀	+	−	−
	08	是否存在形容词及物性前缀	+	−	−
	09	是否存在使役性前缀	+	−	−
	10	是否存在能产的名物化中缀	+	−	−
	11	是否存在标记将来时的中缀	+	−	−
	12	是否存在进行体标记	+	−	−
	13	是否存在完成体标记	+	−	−
	14	是否存在将来时标记	+	−	−

续 表

Class	NO.	Item of Grammar	Cham	Tsat	Mandarin
I	15	被动标记是否处在谓词的后面	+	–	–
	16	否定能否在句末标记	+	–	–
	17	否定能否在句首标记	+	–	–
	18	是否存在双否定标记	+	–	–
	19	动词谓语与非动词谓语是否用相同的否定标记	+	–	–
	20	是否存在焦点或话题标记	+	–	–
	21	定语从句是否使用从句标记	+	–	–
	22	心理动词与宾语从句之间是否存在从句标记	+	–	–
	23	是否存在“说”作标记的宾语从句	+	–	–
	24	是否存在“NEG1+hu+VP+NEG2”	+	–	–
	25	比较句的句序是否是“A+Adj.+比较标记+B”	+	–	–
	26	副词修饰形容词时是否一定后置	+	–	–
	27	修饰语是否一定处在名词（中心主）的后面	+	–	–
II	28	是否存在名词前缀（阿 –）	–	+	+
	29	名词能否重叠	–	+	+
	30	动词能否重叠	–	+	+
	31	形容词能否重叠	–	+	+
	32	量词能否重叠	–	+	+
	33	是否存在所有格标记	–	+	+
	34	所属能否在名词性所有者上标记	–	+	+
	35	在定语性所有格结构中，所有者是否可以前置	–	+	+
	36	所属能否用后缀标记	–	+	+
	37	是否存在经历体标记	–	+	+
	38	是否存在尝试体标记	–	+	+
	39	是否存在轻动词结构	–	+	+
	40	名词性谓语中是否存在系动词	–	+	+
	41	定语从句是否前置	–	+	+
	42	是否存在“把”字句	–	+	+
	43	接受者能否作及物宾语	–	+	+
	44	是否存在关联复数，如老王他们	–	+	+
	45	是否存在“V1+助+V2”结构（如“坐着吃”）	–	+	+
III	46	是否存在包含式与排他式的区别	+	+	+

续　表

Class	NO.	Item of Grammar	Cham	Tsat	Mandarin
III	47	指示是否对立	+	+	+
	48	是否存在反身代词	+	+	+
	49	是否存在数量词	+	+	+
	50	“数 + 量”是否可以处在名词的前面	+	+	+
	51	是否有情态助词	+	+	+
	52	同一动词是否既作及物动词也可作不及物动词	+	+	+
	53	是否存在双及物动词	+	+	+
	54	是否存在位置动词	+	+	+
	55	是否存在前置介词	+	+	+
	56	地点和方向介词是否不同	+	+	+
	57	是否存在系列动词结构（SVC）	+	+	+
	58	是否可以通过系列动词结构形成致使	+	+	+
	59	陈述句与祈使句的否定是否存在差异	+	+	+
	60	并列与顺承从句是否存在形态标记差异	+	+	+

从表 1 可以看出，在现代回辉语中，占语固有的 27 项语法特征（I 类）已全部消失，相应的语法意义与语法范畴基本上采用了汉语的表达方式；已出现了 18 项与汉语相同的语法特征（II 类）。也就是说，在语言接触过程中，占语独特的语法特征在现代回辉语中已基本消失殆尽。下面我们以 I 类中的语法特征为例，来看看它们在占语与回辉语里的具体情况[3]：

（1）指示词是否三分

在占语里，指示词三分，近指 ni“这，这里”，中指 nan“那，那里”，远指 déh“那，那里”。例如：

ôrang　　ni 这个人（人 + 这）　thang　nan 那间房子（房子 + 那）

mœng　　déh　　sha　　ni　　mai 从那时到现在

从　　　　那　　到　　这　　来

在回辉语里，指示词二分，近指 ni^{33}“这，这里”，远指 nan^{33}“那，那里”。例如：

ɕi^{33}ni^{33} pu^{33} naːiʔ^{21}，ɕi^{33} nan^{33} ŋau^{24} hu^{33}.

像这 不 好 像 那 做 得

这样不太好，那样可以。

（2）指示词是否处在名词的后面

在占语里，指示词只能处在名词的后面。例如：

batău hayâp nan nhu dok dii krĕh pabung hœk.

石头 碑 那 它 坐落在 中央 顶 山

那个石碑坐落在山顶中央。

在回辉语里，指示词可以处在名词的后面，也可处在名词的前面。例如：

ʔa^{11}kai^{55} ŋa^{42} ʔa^{11}na^{11} lau^{33} khaːi^{33} ɲa^{24}the^{11} mot^{42} ŋu^{24} tau^{11} sa^{33}.

爷爷 和 奶奶 都 把 沥青 涂 上 石头 这

爷爷和奶奶都把沥青涂在这些石头上。

kau^{33} pu^{33} naːuʔ^{32} nan^{33} khoi^{33}.

我 不 去 那 地方

我不去那个地方。

（3）是否有两个第一人称单数代词

在占语里，第一人称代词有 kău“我（熟悉的人之间）”与 dahlak“我（谦称、有礼貌的）”。例如：

anĕk talvich kău 我的小女儿

孩子 小 我

dahlak brĕi kaa va dahlak dok dii palĕi Ram.

我 交 给 叔叔 我 住 在 村庄 PN

我把它交给了居住在 Ram 村庄的叔叔。

在回辉语里，第一人称代词只有一个 kau^{33}“我”。例如：

kau^{33} tu^{24} ni^{33}sa^{33}，pe^{55} sa^{33} kau^{33} pu^{33} tu^{24}.

我 拿 这 剩下的 我 不 拿

我只要这个，别的我都不要。

（4）是否存在描述词（Expressives）

在回辉语里，没有描述词。在占语里，存在描述词。例如（Thurgood

2005）：

sənıŋ–senəŋ"沉思"	likàh–likòy"疲倦"	pəsrɛh–pəsrɔh"同情"
kəruŋ–kəreŋ"苦恼"	rəbah–rəbup"困难"	məʔ–mık"打嗝"
ci–cih"干净"	təri–təreŋ"勤劳"	təpi–təpaʔ"高尚"

（5）是否有能产的名物化前缀

在占语里，有能产的名物化前缀。例如（Nguyen 2013：69–70）：

ɓuh	lŏ	mâo	trlei	angoh	a–ăt	ôh	ñu	lač.
NEG	再	COP	NMZ	热	冷	NEG	他	说

他说再也没有发烧了。

arăng	lŏ	jing	mâo	kalei	tŭ–dưn	rông	anakčô.
人	再	COP	有	NMZ	富	养	孙子

他有钱养孙子了。

在回辉语里，没有名物化前缀。例如：

piei^{33}	mi^{33}	tha^{11}ɓaŋ^{33}		sa^{33}	lu^{33}，	pu^{33}	ma^{42}	ɓaŋ^{33}	sa^{33}	ki^{42}.
村	我们	有	吃	的	多	没	有	吃	的	少

我们村里富的多穷的少。

（6）是否存在名词或形容词转换为动词的前缀

在占语里，有名词转换为动词的前缀。例如：

jruu"药"	mœjruu"毒死，放毒"	gruu"老师"
mœgruu"学习"	roak"病人"	mœroak"生病"
boh"蛋，水果"	mœboh"下蛋，结果"	yom"贵的"
mœyom"称赞"	var"圆的"	mœvar"交替、轮流"

在回辉语里，没有名或形容词转换为动词的前缀。例如：

ʔa^{11}ma^{33}	ua^{11}	ʔan^{33}	tho^{42}	zuan^{42}.
妈妈	你	生病	住	院

你妈妈生病住院了。

ma^{33}khoi^{11}	ʔan^{33}，	zai^{33}ni^{33} ɗia^{24}.
昨天	冷	今天 热

昨天冷，今天热。

（7）是否存在动词及物性前缀

在占语里，不及物动词可以用前缀生成及物动词。例如：

téan	hëû	kûoch	kieng	ngap	kiœng	kaa	kău	mœtai	jœû.
肚子	你	果断	想	做	想	PART.	我	死	PFV

你确实有这个想法，想我死去。

pagapyom	nhu	kiœng	pamœtai	dahlak.
大概	他们	想	杀	我

他们可能要杀我。

在回辉语里，没有及物性前缀。例如：

na^{11}	piei^{33}	tha^{11}	ta^{11}	se^{55}	za:nʔ^{32}	ta:iʔ^{32}.
里	村	有	一	个	人	死

村子里死了一个人。

zai^{33}ni^{33}	le^{55}	sa^{33}	lau^{24}	mo^{33}.
今天	杀	那	头	牛

今天杀那头牛。

（8）是否存在形容词及物性前缀

在回辉语里，没有形容词及物性前缀。在占语里，存在形容词及物性前缀。例如：

bier“低”　pabier“降低”　gam“粘的”　pagam“粘”

yău“相同”　payău 比较　var“圆的”　mœvar“交替、轮流”

（9）是否存在使役性前缀

在占语里，使役可以通过前缀表示。例如：

dahlak	huu	blëi	athêh	nii	dii	ôrang	nan.
我	PAST-AUX	买	马	那	从	人	那

我从那个人那里买到了那匹马。

mœda	harëi	mœda	nhu	mœrai	pablëi	patêh	pak	nii.
有	天	有	他	来	卖	丝绸	在	这

每天，他来这里卖丝绸。

在回辉语里，没有使役性前缀。使役只能用句法来表示。例如：

nau^{33}　ʔiə^{33}　kau^{33}　naːuʔ^{32}　ʔiə^{33}　hu^{11}khiu^{11}.

他　让　我　去　叫　医生

他让我去叫医生。

（10）是否有能产的名物化中缀

在回辉语里，没有能产的名物化中缀。在占语里，有能产的名物化中缀。例如：

pvâch“说，讲”　panvâch“话，话语”　dok“逗留，居住”

danok“住所，住宅”　dak“叠放”　danak“堆”

bœk“阻拦”　banœk“路障，障碍”　tiêu“划桨”

taniêu“桨”　jiœng“出生”　janiœng“分娩”

（11）是否存在标记将来时的中缀

在回辉语里，没有标记将来时的中缀。在占语里，存在标记将来时的中缀。例如：

akhan“通知”　anœkhan“将要通知”

apan“抓住，拿”　anœpan“打算拿住”

（12）是否存在进行体（持续体）标记

在占语里，存在进行体（持续体）标记。例如：

halëi　hëû　dok　ranêk　arak　ni　thang　lvai　kaa　kău　dok.

关于　你　PROG　年青　目前　房子　留　给　我　住

你现在还年青，房子留给我住。

MəHləʔ　tɔɔʔ　məʔin　oh　mɪʔ　hu　ikaan.（Thurgood 2005）

Hlok　PROG　玩　NEG　捕　得　鱼

Hlok 还在玩，没有捕到鱼。

在回辉语里，无进行体标记，进行时用副词表达。例如：

nau^{33}　ni^{55}ni^{33}　po^{33}　tien^{33}　ua^{33}

他　正在　打　电　话

他正在打电话。

（13）是否存在完成体标记

在占语里，有严格意义上的完成体标记（具有强制性）jœû 或 blohjœû。例如：

nhu　nau　abih　blohjœû.

他们　走　都　PFV

他们都走了。

nhu　atong　mœin　nhu　jœû.

他　拍打　玩　他　PFV

他拍打自己自娱自乐。

在回辉语中，没有严格意义上的完成体标记。例如：

ʔa^{11}pa^{55}　mi^{33}　na:nʔ^{32}　piu^{55}　ma^{55}　thun^{33}.

父亲　我　六　十　五　岁

我的父亲六十五岁了。

在上面这个句子中，并没有任何表完成体的标记。有时句末有助词 nə^{33}“了”，可以看成是完成体标记。例如：

mi^{33}　za:iʔ^{32}　ua^{11}　pho^{11}　phian^{11}　nə^{33}.

我们　来　两　个　月　PFV

我们来了两个月了。

（14）是否存在将来时标记

在占语里存在将来时标记。例如：

kău　shi　tôk　kumĕi　nan.

我　FUT　娶　姑娘　那

我将娶那个姑娘。

dahlak　shi　baa　nhu　nao　dar.

我　FUT　背　他　去　埋

我将把他背去埋掉。

在回辉语里，没有将来时标记。将来时通常用词汇表示。例如：

the^{11}pui^{33}　ɓa:nʔ^{32}ɕien^{33}　ka^{11}.

火车　就要　开

火车就要开了。

kau^{33}	khiə^{42}	ŋu^{24}	ɕi^{33}	naːuʔ^{32}.
我	明天	上	集市	去

我明天去集市。

（15）被动标记是否处在谓词的后面

在占语里，被动标记通常与施事一起处于谓语动词之后。例如：

gong	dii	rœk
绊	被	草

被草绊住。

dahlak	atah	dii	rimong.
我	打败	被	老虎

我被老虎打败了。

在回辉语中，被动标记有汉语借词pi^{33}“被”与固有词tu^{24}“拿”，它们与施事一起处在谓语动词的前面。例如：

nau^{33}	ma^{33}khoi^{11}	pi^{33}/tu^{24}	ni^{33}	ɓiau^{24}	ta^{11}	pha^{55}.
他	昨天	被	蜜蜂	蜇	一	口

他昨天被蜜蜂蜇了一口。

ɕien^{11}	pi^{33}/tu^{24}	zaːnʔ^{32}	ke^{24}	naːuʔ^{32}.
钱	被	人	偷	去

钱被别人偷走了。

（16）否定能否在句末标记

在占语里，否定能在句末标记。例如：

ngap	habar	di	jéang	traa	ô.
做	如何	NEG	成功	再	NEG

再也不知道怎么做。

patau	pvâch	ô.
国王	说	NEG

国王没有说什么。

在回辉语里，否定只能在句中标记，不能在句末标记。例如：

nau^{33}	ʔiə^{33}	kau^{33}	su^{11}vu^{11}	ŋa^{42}	zaːnʔ^{32}	poi^{24}.
他	叫	我	不要	跟	人	说

他叫我不要跟别人说。

ta^{11}	ki^{11}	tha^{33}	lau^{33}	pu^{33}	poi^{24}.
一	句	话	也	不	说

一句话也不说。

（17）否定能否在句首标记

在回辉语里，否定不能在句首标记，只能在句中标记。在占语里，否定可以在句首标记。例如：

jvai	akhan	thong	ôrang	jvai	lach	dahlak	chih halaa	kaa	aï	jvai
NEG.	告诉	PREP.	人	NEG.	告诉	我	准备树叶	DAT.	你	NEG.

不要告诉别人说我已为你准备了蒌叶。

kĭn	kâo	čieng	rei.
NEG.	我	想	NEG.

我再也不想了。（Nguyen 2013：137）

（18）是否存在双否定标记

在回辉语里，没有双否定标记。在占语里存在双否定标记。例如：

mœyah	kău	ô	đœm	ô	di	jiéang	ô.
CONJ.	我	NEG1.	说	NEG2.	NEG1.	成立	NEG2.

我不说是不可能的。

ngap	habar	di	jéang	traa	ô.
做	如何	NEG1.	成功	再	NEG2.

再也不知道怎么做。

（19）动词谓语与非动词谓语是否用相同的否定标记

在占语里，动词谓语句与非动词谓语句的否定标记通常相同。例如：

di	bak	ô
NEG	满	NEG

没有满。

dahlak di thău ô.

我 NEG 知道 NEG

我不知道。

di hagêk ô.

NEG 什么 NEG

没有什么。

在回辉语中，动词谓语句与非动词谓语句的否定标记不同，谓语句常用 pu^{33}“不”，非谓语句常 ma^{42}“没，没有”。例如：

na^{11} ʔia^{33} pu^{33} kau^{24} za:nʔ^{32}，ŋu^{11} pho^{33} kau^{24} za:nʔ^{32}

里 水 不 咬 人 上 坡 咬 人

水里的不咬人，地上的咬人。

phun^{33}zau^{33} sa^{33} phun^{33} pu^{33} khioŋ^{11}.

树 这 棵 不 高

这棵树不高。

ʔia^{33}ɓe^{24} nan^{33} ɓe^{24} ma^{42} ʔia^{33}.

河 那 条 没 水

那条河没有水了。

（20）是否存在焦点或话题标记

在回辉语里，无话题、焦点标记。在占语里，存在话题、焦点标记。例如：

oŋ nan nan uraaŋ toy.

先生 那 TOP 人 客人

那位先生是客人。（Thurgood 2005）

kâu lŏ brei iman lĕ.

我 再 给 大象 TOP.

我再给你一头大象。（Nguyen 2013：228）

（21）定语从句是否使用从句标记

在占语里，从句在中心语之后，通常用从句标记连接。例如：

thaa drëi athău thaa drëi mœyău krung aï nhu brëi kaa nhu.

一 只 狗 一 只 猫 REL 哥 他 给 DAT. 他

他哥哥给他的狗和猫。

在回辉语里，从句通常位于中心语的前面，通常用助词 sa^{33}“的”连接。例如：

na^{11} piei^{33} tsui^{33} kian^{33} sa:n^{33} kho^{33} sa^{33} se^{55} hau^{42}ha^{33}.

里 村 最 会 唱 歌 的 位 老人

村里最会唱歌的老人。

（22）心理动词与宾语从句之间是否存在从句标记

在占语里，心理动词与宾语从句之间存在从句标记。例如：

nhu hvâch kađaa kaa dahlak pvâch jhak kaa nhu.

她 害怕 COMP 我 说 坏话 DAT 她

她害怕我会骂她。

kiœng kaa drœh gâpgan.

想 COMP 他们 同类

想到他们是同类。

在回辉语中，心理动词与宾语从句之间没有从句标记。例如：

nau^{33} ɕio:ŋʔ^{21} sa^{42} ma^{11}na^{11} nau^{33} na:uʔ^{32} pat^{24}kin^{33} ta^{11} ɓa:nʔ^{32}.

他 想 带 父母 他 去 北京 一 次

他想带父母去一次北京。

（23）是否存在“说”作标记的宾语从句

在回辉语里，没有“说”作标记的宾语从句。在占语里，可以使用动词“说”作宾语从句标记。例如：

kađa kaa hudiep nhu thău lach kaa nhu tagloh

害怕 COMP 妻子 他 知道 说 COMP 他 眼瞎

害怕他的妻子知道他是个瞎子。

ñu pathaw layʔ prù nan ñu ŋaʔ plɔ̆h pajə.（Thurgood 2005）

他 告诉 QUOT 工作 那 他 做 完 PFV

他说他已经完成了那项工作。

（24）是否存在“NEG1+hu+VP+NEG2”结构

在占语里，表示没有能力或者不能做某事通常采用“NEG1+hu/huu+VP+NEG2”结构。例如：

di　huu　thëi　tâl　ô.

NEG1　能　谁　到　NEG2

没有人能比得上。

bloh　ôh　hu　tom　anëk　rong　ô.

并且　NEG1.　能　会聚　孩子　收养　NEG2

并且我不想与我收养的孩子会聚。

在回辉话里，表示没有能力或者不能做某事通常采用“不+VP+hu^{33}”结构。例如：

mai^{11}za:nʔ^{32}　tɕi^{42}　nan^{11}　tiau^{33}　ta^{11}ɓa:nʔ^{32}，pu^{33}　tiau^{11}　ua^{11}ɓa:nʔ^{32}　hu^{33}.

每　人　只　能　跳　一下　不　跳　两下　能

每个人只能跳一下，不能跳两下。

nau^{33}　khat^{24}ni^{33}　ma^{33}　ni^{33}，　ni^{55}ni^{33}　pu^{33}　ta:uʔ^{32}　hu^{33}　nau^{33}.

他　刚才　在　这里，现在　没　看到　能　他

他刚才还在这里，现在没看到他了。

除了用“不+VP+hu^{33}”结构，还可以用pu^{33}nan^{11}“不能”（汉语借词）来表示不能做某事。例如：

ni^{55}ni^{33}　ua^{24}　phi^{55}，　pu^{33} nan^{11}　ɓaŋ^{33}　pian^{33}　ŋau^{24}　zun^{33}toŋ^{33}.

刚　吃　完　不　能　吃　力　做　运动

刚吃完饭，不能用力做运动。

ha^{33}　pu^{33} nan^{11}　pu^{33}　na:uʔ^{32}.

你　不能　不　去

你不能不去。

（25）比较句的句序是否是“A+Adj.+比较标记+B”

在占语里，比较句通常采用“A+Adj.+比较标记+B”结构。例如：

ôrang　nii　théambloak　dii　ôrang　nan.

人　这　漂亮　比　人　那

这个人比那个人漂亮。

hëû	kiœng	jak	tapaa	dii	kău.
他	想	聪明	更	比	我

他希望比我更聪明。

在回辉语里，比较句通常采用“A+ 比较标记 +B+Adj. ”结构。例如：

sa:n^{33}	nau^{33}	pi^{42}	sa:n^{33}	mi^{33}	ɕiu^{55}tha^{11}.
家	他	比	家	我	富

他家比我家富。

sa^{33}	pho^{55}	pi^{42}	nan^{33}	pho^{55}	na:iʔ^{21}.
这	个	比	那	个	好

这个比那个好。

（26）副词修饰形容词时是否一定后置

在占语里，副词修饰形容词时，副词一定要处在形容词的后面。例如：

dam	théam	harœh
男子	漂亮	很

很漂亮的男子。

katiang	ni	prung	lô.
疖子	这	大	非常

这个疖子非常大。（Baumgartner 1998：15）

kâo	ɓuh	rơmô	prong	jŭ	biă–mă	Je.
我	看见	牛	大	黑	非常	PN

我见到了 Je 的非常黑的大牛。（Jensen 2013：56）

在回辉语里，副词修饰形容词常处在形容的前面。例如：

ʔa^{11}kai^{55}	tai^{33}	mi^{33}	sat^{24}	sat^{24}	na:iʔ^{21}.
爷爷	对	我们	很	很	好

我爷爷对我们非常好。

phu^{11}	tha:i^{33}	lu^{33},	kau^{33}	ua^{24}	pu^{33}	phi^{55}	hu^{33}.
饭	太	多	我	吃	不	完	能

饭太多了，我吃不了。

（27）修饰语是否一定处在名词（中心主）的后面

在占语里，修饰语（除数量短语之外）必须处在名词（中心语）的后面。例如：

lêk	dii	nœgar	ôrang	min.
降落	在	王国	别人	PTCL

战死在别的国家。

blah	kău	patôk	anëk	talvich	kău	kaa	nhu.
于是	我	嫁	女儿	较小	我	给	他

于是我把我较小的女儿嫁给了他。

dôm	bol	krung	ngap	bruk	dii	galang
几	民兵	REL.	做	工作	PREP.	城堡

这些做城堡的民兵。

在回辉语里，修饰语可以处在中心语的前面。例如：

ni^{33}sa^{33}	ʔa^{11}kai^{55}	soŋ^{11}	ma^{33}	kau^{33}	sa^{33}	ma^{24}.
这	爷爷	送	给	我	的	东西

这是爷爷送给我的礼物。

khioŋ^{11}	sa^{33}	ta^{11}	vaːn^{24}	saːn^{33}	saːn^{33}	mi^{33}.
高	的	一	间	房子	房子	我

高的房子是我家的。

ʔi^{55}van^{33}	sa^{33}	lau^{24}	ɕi^{11}	mo^{33}	ha^{33}.
睡 熟	的	头	是	牛	你

睡着的牛是你的。

从上面的例子可以看出，占语 27 个独特语法特征（Ⅰ类）在回辉语里已经基本消失，[4] 这些消失的语法特征已被汉语相关的语法特征所替代；同时回辉语还汲取了占语没有而汉语具有的 18 项语法特征（Ⅱ类）。再加上 15 项占语、回辉语与汉语都有的语法特征（Ⅲ类），这就导致现代回辉语的语法结构已与占语相差甚远，而与汉语高度同构了。在这种情况下，回辉语的词汇又是怎样变化的呢？

2 回辉语的词汇变化

我们分别对老年人回辉语（田祥胜 2017；田祥胜、陈保亚 2019）及青年人回辉语的同源词进行了统计，发现 3000 词[5]及 200 核心词（Swadesh 101–200 词）中同源词的保留数量不高，但 100 核心词（Swadesh1–100 词）却相当稳定。老年人回辉语（Older Tsat）3000 词中，同源词占比 68%，200 核心词中同源词占比 78%，100 核心词中同源词占比却高达 95%。在青年人回辉语（Young Tsat）3000 词中，同源词占比不足 50%，200 核心词中同源词占比 60%，但 100 核心词中同源词占比却高达 94%。下表是老年人与青年人回辉核心词（1–200 词）的情况：

表 2 老年人回辉语（OT）与青年人回辉语（YT）核心词的情况

100 词	Cham[6]	OT	YT	200 词	Cham	OT	YT
I	kău	kau^{33}	kaːu^{33}	and	ŋan	ŋat^{42}	ŋa^{42}
you	hə	ha^{33}	hɔ^{33}	aniamal	binataŋ	——	toŋ^{33}uət^{24}
we（in.）	kitā	ta^{33}	tɔ^{33}	back	arɔŋ	ko^{55}zoŋʔ^{32}	ku^{24}
this	hani	ni^{33}	sɔ^{33}	bad	tičhauk	uaːiʔ^{32}	uaʔ^{21}
that	hanən	nan^{33}	nan^{33}sɔ^{33}	because	kayu̯a	zin^{33}ui^{33}	e^{24}
who	kasĕi	ʔa^{33}zaːŋʔ^{32}	xə^{33}se^{55}	blow	ayuk	zu^{24}	phiu^{55}
what	hagait	ʔe^{33}khat^{42}	xat^{42}nioʔ^{32}	breathe	çi̯uh	ɕiu^{55}	ɕiu^{55}xi^{33}
not	oh/uh	pu^{33}	pu^{33}/ɓɔ^{31}	child	anək	na^{24}	lə^{11}kiɔ^{13}
all	abih	ta^{11}phi^{55}	tə^{11}phi^{55}	count	yap	zau^{24}	zau^{24}
many	lalō	lu^{33}	lu^{33}	cut	čhaik	khet^{24}	xeʔ^{24}
one	sa	sa^{33}	sɔ^{33}	day	harĕi	zai^{33}	zai^{33}
two	du̯ā	ua^{11}	uɔ^{11}	dig	ruk	ʔuat^{24}	ʔuat^{24}
big	prɔŋ	pioŋʔ^{32}	pioʔ^{32}	dirty	taçəp	ɕi^{33}sau^{24}	ʔi^{33}sau^{24}
long	atah	ta^{33}	tɔ^{33}	dull	p̄apuk	mo^{55}/ɓan^{42}	thun^{33}
small	anaih	niak^{24}	lə^{33}kaːi^{55}	dust	dhul	thun^{33}mun^{33}	tsuɔ^{55}
female	kamĕi	na^{24}mai^{33}	nə^{24}maːi^{33}	drop	laik	le^{24}	le^{24}
male	lakĕi	na^{24}kai^{33}	nə^{24}kaːi^{33}	far	atah	ta^{33}	tɔ^{33}lɛ^{11}
person	araŋ	zaːŋʔ^{32}	zɛʔ^{32}	father	amō'	ʔa^{11}pa^{55}	te^{55}

续 表

100 词	Cham[6]	OT	YT	200 词	Cham	OT	YT
fish	ikan	ka:n^{33}	kɛ^{33}	fear	kaɗā	ɗa^{11}	ɗɔ^{11}
bird	čim	la^{11}tsun^{33}	lə^{11}tsun^{13}	few	dakik	ki^{42}	ki^{42}
dog	asău	ʔa^{11} sau^{33}	sau^{13}	fight	pɔh	po^{55}khau^{42}	po^{55}xau^{42}
louse	gatău	tau^{11}	ta:u^{11}	five	limō'	ma^{33}	mɔ^{33}
tree	kayău	phun^{33}zau^{33}	phun^{33} za：u^{33}	float	ḍoŋ	ɗuŋ^{33}	phiɔ^{33}phu^{11}
seed	pajaih	se^{55}	pho^{55}	flow	krah	lio^{11}	xo^{24}
leaf	halā	lua^{33}	luɔ^{33}	flower	baŋō'	la^{11}ŋa^{11}	ŋɔ^{11}
root	aghā	kha^{33}	xɔ^{33}	fog	taamău	vu^{33}	u^{51}
bark	——	li^{24}zau^{33}	phun^{33}li^{24}	for	pak	pa^{24}	pɔ^{24}
skin	kalik	li^{24}	li^{24}	freeze	——	ket^{24}pin^{33}	ket^{24}pin^{33}
meat	ralɔ	lo^{33}	lo^{33}	fruit	bɔh	pho^{55}	sui^{11}ko^{42}
blood	darah	ɕia^{55}	ɕiɔ^{55}	grass	rək	zə^{24}	zə^{24}
bone	talaŋ	la:ŋ^{33}	lɛ^{33}	guts	prụəč	poi^{24}	poi^{24}
fat	məñək	ɲa^{24}	nɔ^{24}	he	ñu	nau^{33}	na:u^{33}
egg	bɔh	pho^{55}nok^{24}	nəuʔ^{14}	here	sani	tɕia:ŋʔ^{32}ni^{33}	xi^{55}ni^{11}
horn	dakē	ki^{11}	ki^{11}	hit	pɔh	po^{55}	po^{55}
tail	akū	ku^{33}	ku^{33}	hold	apan	pa:nʔ^{32}	pɛʔ^{32}
hair	balău	phiə^{11}	phiə^{11}	how	lĕi	ɕi^{33}lai^{33}	ɕi^{33}la:i^{33}
hair	ɓuk	ɓu^{24}	ʔu^{24}	hunt	glai	po^{55}khia:iʔ^{21}	tɔ^{21}lie^{51}
head	akɔk	ko^{24}	ko^{24}	husband	pasaŋ	sa:ŋ^{11}	sɛ^{11}
ear	tañā	la^{11}ŋa^{33}	lə^{11}ŋɔ^{13}	ice	——	pin^{33}	pin^{33}
eye	mətā	tin^{33}ta^{33}	sɛʔ^{32}tɔ^{33}	if	məyah	zi^{11}ko^{11}	zu^{11}ko^{42}
nose	aduŋ	hu^{11}thoŋ^{11}	tho:ŋ^{11}	in	jịəŋ	tɕia:ŋʔ^{21}	tsəʔ^{21}
mouth	pabah	pha^{55}	phɔ^{55}	lake	lụar	hu^{11}	xu^{24}
tooth	tagĕi	hu^{11}khai^{11}	xa:i^{11}	laugh	klau	kiau^{33}	kia^{33}
tongue	dalah	la^{55}	lɔ^{55}	left	ịāv	ŋa:n^{33}ta:iʔ^{32}	ŋɛ^{33}taʔ^{32}
claw	kakău	kau^{11}	ka:u^{11}	leg	phā	ʔoŋ^{33}pha^{33}	o^{33}phɔ^{33}
foot	takai	ka:iʔ^{32}	ka:iʔ^{32}	live	hadịup	thiu^{42}	thiu^{42}
knee	taŭk	hu^{11}ɓu^{24}	ʔu^{24}	mother	anō	ʔa^{11}ma^{33}	ma^{55}
hand	taŋŏn	ŋa:n^{33}	ŋɛ^{33}	narrow	panak	tsak^{24}	pi^{24}

续 表

100 词	Cham[6]	OT	YT	200 词	Cham	OT	YT
stomach	ti̯an	tenʔ^{32}	tɛʔ^{32}	near	məjaik	se^{42}	se^{42}lɛ^{11}
neck	taku̯ai	kuai^{33}	kua^{33}	old	tahā	ha^{33}	hau^{42}hɔ^{33}
breast	tasău	hu^{11}me^{33}	lə^{11}me^{13}	play	labai̯ŋ	ʔin^{33}	ʔin^{33}
heart	jantuŋ	ka^{11}le^{55}	kə^{11}le^{55}	pull	ru̯ik	zui^{42}	toŋ^{11}
liver	hatai	ta:iʔ^{32}	taʔ^{32}	push	talak	la^{24}	lɔ^{24}
drink	hu̯uč	ui^{24}	ui^{24}	right	hanuk	ŋa:n^{33}thiu^{42}	ŋɛ^{33}thiu^{42}
eat	ɓəŋ	ɓaŋ^{33}	ɓan^{33}	correct	lagaih	khe^{55}	xe^{55}
bite	kaik	kau^{24}	kau^{24}	river	krəŋ	ʔia^{33}ɓe^{24}	ʔiɔ^{33}ɓe^{24}
watch	glaŋ	khia:ŋʔ^{21}	iɛʔ^{21}	rope	talɛi	lai^{33}	la:i^{33}
hear	hamit	mə^{24}	mə^{24}taʔ^{42}	rotten	ruh	zo^{55}	zo^{55}
know	kran	kian^{33}	kiɛ^{33}	rub	asah	sa^{55}	uɔ^{24}
sleep	ɗih	ɗi^{55}	ʔi^{55}	salt	sarā	ɕia^{33}	ɕiɔ^{33}
die	mətai	ta:iʔ^{32}	taʔ^{32}	scratch	pamək	ma^{24}	piɔ^{33}
kill	pamətai	le^{55}	le^{55}	sea	darak	ɕia^{42}	ɕiɔ^{42}
swim	lu̯ai	luai^{33}	luai^{33}ʔiɔ^{33}	sew	məlasit	ɕi^{24}	ʔiu^{33}
fly	pər	pan^{33}	pan^{33}	sharp	harau	loi^{42}	loi^{42}
go	kabak	pha^{42}	phɔ^{42}	short	nak	net^{24}	net^{24}
come	mərai	za:iʔ^{32}	za:iʔ^{32}	sing	adauh	tho^{55}	sɛ^{33}
lie	ɗih	ɗi^{55}	ʔi^{55}	sky	laŋik	ŋi^{24}	ŋi^{24}
sit	dauk	tho^{42}	tho^{42}	smell	harap	un^{33}	uən^{33}
stand	dəŋ	thaŋ^{11}	than^{11}	smooth	paɓlaŋ	phia:ŋʔ^{32}	phin^{11}
give	ruphā	pha^{33}	tu^{24}	snake	alā	ʔa^{11}la^{33}	lɔ^{13}
talk	pu̯əč	poi^{24}	poi^{24}	snow	——	ɕiet^{24}	ɕiet^{24}
sun	harĕi	lo:ŋʔ^{32}zai^{33}	loŋ^{11}zai^{33}	spit	kačuh	tsu^{55}	tɕio^{33}
moon	balan	lo:ŋʔ^{32}phian^{11}	loŋ^{11}phiɛ^{11}	split	lah	la^{55}	lɔ^{55}xɔ^{55}
star	patuk	lo:ŋʔ^{32}tu^{24}	loŋ^{11}tu^{24}	squeeze	i̯āk	nok^{42}	nəuʔ^{42}
water	i̯ā	ʔia^{33}	ʔiɔ^{33}	stab	jrak	ɕia^{42}	tsui^{33}
rain	hajan	sa:n^{11}	sɛ^{11}	stick	gai	kun^{33}	xa:iʔ^{21}
stone	batău	tau^{11}	ta:u^{11}	straight	tapak	pa^{24}	pɔ^{24}
sand	ču̯ah	tsua^{55}	tsuɔ^{55}	suck	ʔɟuʔ[7]	ʔiu^{24}	ʔiu^{24}

续　表

100 词	Cham[6]	OT	YT	200 词	Cham	OT	YT
earth	tanəh	na^{55}	nɔ^{55}	swell	barah	phia^{55}	tɕioʔ^{21}
cloud	ganəm	naːnʔ^{21}	ni^{24}	that	tanan	tɕiaːŋʔ^{32}nan^{33}	xi^{55}nan^{11}
smoke	asap	sau^{24}	sau^{24}	they	ñu	nau^{33}sa^{33}zaːŋʔ^{32}	naːu^{33}sɔ^{33}xau^{42}
fire	apu̯ĕi	pui^{33}	pui^{33}	thick	gapal	paːn^{11}	pɛ^{11}
ashes	habău	phə^{11}	thun^{33}	thin	lapih	pi^{55}	pi^{55}
burn	čuh	tsu^{55}	tsu^{55}	think	ki̯əŋ	ɕioŋʔ^{21}	ɕioʔ^{21}
road	jalan	laːn^{11}	lɛ^{11}	three	klău	kiə^{33}	kiə^{33}
mountain	čək	tsə^{24}	tsə^{24}	throw	tapɛi	pai^{33}	pai^{33}
red	mərah	za^{55}	zɔ^{55}	tie	ikak	ka^{24}	kɔ^{24}
green	hajau	lok^{42}	ləuʔ^{42}	turn	yəṅ	no^{24}/zaŋ^{33}	ta^{11}
yellow	kañik	ɲi^{24}	ŋi^{24}	vomit	mətah	ta^{55}	ko^{33}piɔ^{33}
white	patih	ti^{55}	ti^{55}	wash	rau	zaːu^{33}	za^{33}
black	hataṃ	taːnʔ^{32}	tɛʔ^{32}	wet	pasah	sa^{55}	sɔ^{55}
night	məlaṃ	ta^{11}laːnʔ^{32}	lɛʔ^{13}	where	hutau	pu^{33}lai^{33}	xi^{55}lai^{11}
hot	ɗi̯ak	ɗia^{24}	ɗiɔ^{24}	wide	lanəŋ	khua^{24}	khuɛ^{33}
cold	laan	ʔan^{33}	ʔan^{33}	wife	hudĭəp	thiu^{42}	thiu^{42}
full	bəp	phau^{42}	phau^{42}	wind	aŋin	ŋin^{33}	ŋin^{33}
new	barău	phiə^{11}	phiə^{11}	sing	si̯ap	ɕiau^{24}	ki^{11}
good	binai	naːiʔ^{21}	naiʔ^{21}	heavy	trap	tɕiau^{24}	tɕiau^{24}
round	vil	vin^{33}vaːŋ^{33}	vin^{33}	woods	glai	khiaːiʔ^{21}	səŋ^{33}lin^{11}
dry	thū	thu^{33}	thu^{33}	worm	halak	ʔa^{11}la^{24}	lɔ^{24}phiə^{42}
name	nəm	nan^{33}	nan^{33}	year	tathun	thun^{33}	thun^{33}

从 200 核心词（101–200 词）的变化情况可以看出（表中下划线的词是变化后的词），不管是老年人回辉语，还是年轻人回辉语，词汇都发生了较大变化。尤其是年轻人的回辉语，同源词正在快速消亡。但是即便如此，100 核心词中同源词的保留率却仍然高达 90% 以上。[8] 这其中隐藏了怎样的词汇演变规律呢？我们先看老年人与青年人回辉语 100 核心词与原始占语的对比情况。

表 3　老年人回辉语（OT）与青年人回辉语（YT）100 核心词与原始占语的对比情况

1–50	PC[9]	OT	YT	51–100	PC	OT	YT
I	*kɔw	kau^{33}	ka:u^{33}	breast	*tasɔw	hu^{11}me^{33}	lə^{11}me^{13}
you	*hã	ha^{33}	hɔ^{33}	heart	——	ka^{11}le^{55}	kə^{11}le^{55}
we（in.）	*ita	ta^{33}	tɔ^{33}	liver	*hatay	ta:iʔ^{32}	taʔ^{32}
this	*inĭ	ni^{33}	sɔ^{33}	drink	*minaum	ui^{24}	ui^{24}
that	*ʔanan	nan^{33}	nan^{33}sɔ^{33}	eat	*ɓəŋ	ɓaŋ^{33}	ɓan^{33}
who	*halɛy	ʔa^{33}za:ŋʔ^{32}	hə^{33}se^{55}	bite	*kɛʔ	kau^{24}	kau^{24}
what	*hagɛt	ʔe^{33}khat^{42}	xat^{42}nioʔ^{32}	watch	*glaŋ	khia:ŋʔ^{21}	iɛʔ^{21}
not	*ɓuh	pu^{33}	pu^{33}	hear	*həməʔ	mə^{24}	mə^{24}
all	*ʔabih	ta^{11}phi^{55}	tə^{11}phi^{55}	know	*thɔw	kian^{33}	kiɛ^{33}
many	*lu	lu^{33}	lu^{33}	sleep	*ɗih	ɗi^{55}	ʔi^{55}
one	*sa	sa^{33}	sɔ^{33}	die	*matay	ta:iʔ^{32}	taʔ^{32}
two	*dua	ua^{11}	uɔ^{11}	kill	——	le^{55}	le^{55}
big	*prɔŋ	pioŋʔ^{32}	pioʔ^{32}	swim	*luay	luai^{33}	luai^{33}ʔiɔ^{33}
long	*ʔata:s	ta^{33}	tɔ^{33}	fly	*pər	pan^{33}	pan^{33}
small	*dvt	niak^{24}	lə^{33}ka:i^{55}	go	*laba:t	pha^{42}	phɔ^{42}
female	*kumɛy	na^{24}mai^{33}	nə^{24}ma:i^{33}	come	*maray	za:iʔ^{32}	za:iʔ^{32}
male	*lakɛy	na^{24}kai^{33}	nə^{24}ka:i^{33}	lie	*ɗih	ɗi^{55}	ʔi^{55}
person	*ʔura:ŋ	za:ŋʔ^{32}	zɛʔ^{32}	sit	*dɔ:k	tho^{42}	tho^{42}
fish	*ʔika:n	ka:n^{33}	kɛ^{33}	stand	*dəŋ	thaŋ^{11}	than^{11}
bird	*cim	la^{11}tsun^{33}	lə^{11}tsun^{13}	give	*brɛy	pha^{33}	tu^{24}
dog	*ʔasɔw	ʔa^{11}sau^{33}	sau^{13}	talk	*puac	poi^{24}	poi^{24}
louse	*kutɔw	tau^{11}	ta:u^{11}	sun	*hurɛy	lo:ŋʔ^{32}zai^{33}	loŋ^{11}zai^{33}
tree	*kayɔw	phun^{33}zau^{33}	phun^{33}za:u^{33}	moon	*bula:n	lo:ŋʔ^{32}phian^{11}	loŋ^{11}phiɛ^{11}
seed	*bisɛh	se^{55}	pho^{55}	star	*bituʔ	lo:ŋʔ^{32}tu^{24}	loŋ^{11}tu^{24}
leaf	*sula	lua^{33}	luɔ^{33}	water	*iar	ʔia^{33}	ʔiɔ^{33}
root	*ʔugha:r	kha^{33}	xɔ^{33}	rain	*huja:n	sa:n^{11}	sɛ^{11}
bark	——	li^{24}zau^{33}	phun^{33}li^{24}	stone	*batɔw	tau^{11}	ta:u^{11}
skin	*kulit	li^{24}	li^{24}	sand	*cuah	tsua^{55}	tsuɔ^{55}
meat	*ralɔ	lo^{33}	lo^{33}	earth	*tanah	na^{55}	nɔ^{55}
blood	*darah	ɕia^{55}	ɕiɔ^{55}	cloud	*gunam	na:nʔ^{21}	ni^{24}

续　表

1–50	PC[9]	OT	YT	51–100	PC	OT	YT
bone	*tula:ŋ	la:ŋ^{33}	lɛ^{33}	smoke	*ʔasap	sau^{24}	sau^{24}
fat	*miña:k	ɲa^{24}	nɔ^{24}	fire	*apuy	pui^{33}	pui^{33}
egg	*bɔh	pho^{55}nok^{24}	nəuʔ^{14}	ashes	*habɔw	phə^{11}	thun^{33}
horn	*tuki	ki^{11}	ki^{11}	burn	*cuh	tsu^{55}	tsu^{55}
tail	*ʔiku	ku^{33}	ku^{33}	road	*jala:n	la:n^{11}	lɛ^{11}
hair	*bulɔw	phiə^{11}	phiə^{11}	mountain	*cət	tsə^{24}	tsə^{24}
hair	*ɓuk	ɓu^{24}	ʔu^{24}	red	*mahirah	za^{55}	zɔ^{55}
head	*ʔakɔʔ	ko^{24}	ko^{24}	green	*hijaw	lok^{42}	ləuʔ^{42}
ear	*təliŋa	la^{11}ŋa^{33}	lə^{11}ŋɔ^{13}	yellow	*kuñit	ɲi^{24}	ŋi^{24}
eye	*mata	tin^{33}ta^{33}	sɛʔ^{32}tɔ^{33}	white	*putih	ti^{55}	ti^{55}
nose	*ʔiduŋ	hu^{11}thoŋ^{11}	tho:ŋ^{11}	black	*hitam	ta:nʔ^{32}	tɛʔ^{32}
mouth	*babah	pha^{55}	phɔ^{55}	night	*malam	ta^{11}la:nʔ^{32}	lɛʔ^{13}
tooth	*gigɛy	hu^{11}khai^{11}	xa:i^{11}	hot	*paɗiaʔ	ɗia^{24}	ɗiɔ^{24}
tongue	*dilah	la^{55}	lɔ^{55}	cold	*laʔən	ʔan^{33}	ʔan^{33}
claw	*kukɔw	kau^{11}	ka:u^{11}	full	*bap	phau^{42}	phau^{42}
foot	*kakay	ka:iʔ^{32}	ka:iʔ^{32}	new	*bahrɔw	phiə^{11}	phiə^{11}
knee	*tuʔut	hu^{11}ɓu^{24}	ʔu^{24}	good	*siya:m	na:iʔ^{21}	na:iʔ^{21}
hand	*taŋa:n	ŋa:n^{33}	ŋɛ^{33}	round	*wil	vin^{33}va:ŋ^{33}	vin^{33}
stomach	*tiya:n	tenʔ^{32}	tɛʔ^{32}	dry	*thu	thu^{33}	thu^{33}
neck	*takuay	kuai^{33}	kua^{33}	name	*ʔanan	nan^{33}	nan^{33}

与原始占语（PC）对比可知，老年人回辉语 100 核心词中同源词保留了 91 个，有 9 个词（下划线的词）与原始占语词不同。青年人回辉语 100 核心词中同源词保留了 86 个，有 14 个词与原始占语词不同（下划线的词）。那么老年人语言中 9 个不同的词与青年人语言中 14 个不同的词来源何处呢？

老年人语言中 9 个不同的词，除 ka^{11}le^{55}“心脏”来源不明外，只有 pu^{33} ‘not’、niak^{24} ‘small’、hu^{11}me^{33} ‘breast’ 以及 lok^{42} ‘green’ 4 个词是汉语借词[10]，其他 4 个词则来源于固有词。青年人语言中 14 个不同的词，除 kə^{11}le^{55} ‘heart’、lə^{33}ka:i^{55} ‘small’ 与 ni^{24} ‘cloud’ 3 个词来源不明外，只有 pu^{33} ‘not’、lə^{11}me^{13} ‘breast’

以及 ləuʔ⁴² 'green' 3 个词是汉语借词，其他 8 个词则来源于固有词。下表是老年人与青年人回辉语 100 核心词中新出现的固有词的来源情况：

表 4　老年人与青年人回辉语 100 核心词中新出现的固有词的来源情况

Item	'who'	'drink'	'kill'	'good'	'this'	'who'	'seed'	'give'	'ashes'
OT	ʔa³³za:ŋʔ³²	ui²⁴	le⁵⁵	na:iʔ²¹	——	——	——	——	——
YT	——	ui²⁴	le⁵⁵	na:iʔ²¹	sɔ³³	hə³³se⁵⁵	pho⁵⁵	tu²⁴	thun³³
PC	*ʔura:ŋ	——	——	*binay	*sa	*drɛy	*bɔh	*tu:ʔ	*dhual
Cham[11]	araŋ	hŭuc	talaih	binai	sa	drĕi	boh	ɗuk	thul
Meaning	'person'	'drink'	'deliver'	'virgin'	'one'	'body'	'fruit'	'receive'	'dust'

从表 4 可以看出，老年人回辉语（OT）中的 4 个词 ʔa³³za:ŋʔ³² 'who'、ui²⁴ 'drink'、le⁵⁵ 'kill'、na:iʔ²¹ 'good' 分别来源于固有词（PC/Cham）*ʔura:ŋ 'person'、hŭuc 'drink'、talaih 'deliver'、*binay 'virgin'。青年人回辉语（YT）中的 8 个词，除了 ui²⁴ 'drink'、le⁵⁵ 'kill'、na:iʔ²¹ 'good' 3 个词的来源与老年人的语言相同之外，余下的 5 个词则分别来源于固有词 *sa 'one'、*drɛy 'body'、*bɔh 'fruit'、*tu:ʔ 'receive'、*dhual 'dust'。

回辉语 100 核心词的变化说明，在语言接触过程，100 核心词除了被借词替换外，还会被其他固有词替换。被其他固有词替换的结果就是：当其他固有词不断被借词替换时，100 核心词却能不断地接收其他固有词（词义已发生了变化），从而避免一种语言被其他语言全面地替换。也就是说，100 核心词是一种语言抵抗别种语言入侵的最后阵地，是语言中最稳定的部分。

3　结　论

在人类进化遗传学中，人们可以利用 Y 染色体来追踪人类的历史。主要原因是整条 Y 染色体的大部分不会发生重组，Y 染色体中的遗传基因相当稳定。（Hartl & Ruvolo 2015/2020：641）但是在语言里，目前还没有找到例如遗传学中 Y 染色体那样的遗传物质。在语言接触过程中，语音、词汇及语法都会发生重组，这给重建语言的历史带来了困难。尽管如此，人们还是相信语言中有相对稳定的系统。比如 Sapir（1921），Meillet（1924/2008）以及 Hoijer（1948）等都认为形态是语言最为稳定的因素；Weinreich（1958）、Greenberg（1953）以及 Swadesh（1952，1955）等认为基本词汇是语言中最为稳定的因素。

不过，到目前为止，似乎还很少有人去回答这样一个问题：如果说词汇稳定，那么是不是在词汇全部消失之前语法就已消失殆尽；如果说语法（形态）稳定，那么是不是在语法特征全部消失之前词汇就已全部消亡。本文回答了这一问题。回辉语的事例说明：在语言接触中，语法是不稳定的，语言接触可以让一种语言的语法特征全部消失，与另一种语言高度同构；除 100 核心词之外，其他词并不稳定。100 核心词稳定的原因之一是它会不断地吸收其他固有词。这样一来，100 核心词就成了语言中的遗传物质，是语言中最为稳定的遗传基因。

附　注

［1］与借贷（borrowing）相比，干扰（interference）更容易导致结构特征的扩散（Thomason & Kaufman 1991；Thomason 2001；陈保亚 2005，2006；陈保亚、覃俊珺 2016；Chen B. & X. Tian 2017）。

［2］对比材料中，回辉语来源于我们自己的调查。调查主要对象为金日文与赵婕。金日文，男，三亚回族，1954 年 1 月生，农民，三亚市天涯区回辉社区一小组。赵婕，女，2002 年 8 月生，大学学生，三亚市天涯区回辉社区三小组。调查时间为 2020 年 8 月 1 日至 8 月 23 日。占语语料主要来源于 Grammaire de La Langue Chame（Aymonier 1889）。这本书记载的是东部占语（越南的藩朗占语）、西部占语（柬埔寨占语）与早期占语的语法（来自早期文献及碑刻）。除此之外，我们还参考了其他占语文献，如 A Preliminary Sketch of Phan Rang Cham（Thurgood 2005），A Grammatical Sketch of Eastern Cham（Smith 2013），A Grammar Sketch of Western（Cambodian）Cham（Baumgartner 1998），Grammaire de La Langue Cam（Moussay 2006），A Grammar of Bih（NguYen 2013），The Structure of JaraiClauses and Noun Phrases（Joshua Martin Jensen 2013），A Grammar of Acehnese（Durie 1984）。综合这些文献，基本上能够确定早期占语的独特语法特征。

［3］本文语法标记缩写符号表示的意义分别为：PAST-AUX/Past Auxiliary；COMP/Complementizer；DAT/Dative；FOC/Focus；FUT/Future；NEG/ Negation；NMZ/

Nominalization；PFV/Perfective；PN/Proper name；PREP/Prepositon；PROG/Progressive；PTCL/Particle；REL/Relative pronoun；TOP/Topic。

[4]（24）（27）两个语法特征还有残留，但在青少年回辉语里正在快速消失。

[5] 3000 词的词条采用《中国语言资源调查手册·民族语言（侗台语族、南亚语系）》中的"通常词"与"扩展词"。

[6] 表中占语（Cham）词汇来源于 DictionnaireČam–Framçais（占法词典）（Aymonier. E. & A. Cabaton 1906）。

[7] 这个词来源于 DictionnaireCăm–Vietnamien– Français（Moussay 1971）。

[8]《宋史》（卷四百八十九、列传第二百四十八，外国五）记载，第一批占族人进入海南岛的时间是在雍熙三年，即公元 986 年。也就是说，回辉语与占语分离有 1100 多年了。根据 Swadesh（1955）提出的同源词保留率（85%/ 千年），回辉语 100 核心词中同源词的保留率已远大于这个数字了。

[9] 原始占语（PC）采用 Thurgood（1999）的构拟。

[10] pu^{33} 'not' 借自汉语的"不"，$niak^{24}$ 'small' 借词汉语的"弱"，$hu^{11}me^{33}$ 'breast' 借自迈话的"乳房"，lok^{42} 借词汉语的"绿"。具体的分析见田祥胜（2017，2019）。

[11] 表中占语（Cham）词汇来源于 Dictionnaire Čam–Framçais（占法词典）（Aymonier. E. & A. Cabaton 1906）。

参考文献

陈保亚（2005）：语言接触导致汉语方言分化的两种模式，《北京大学学报》第 2 期，43–50 页。

陈保亚（2006）：从接触看濒危方言、濒危特征和濒危机制，《长江学术》第 1 期，102–109 页。

陈保亚、覃俊珺（2016）：严式词源统计法与共享创新法——语言（方言）谱系分类的方法分析，《云南民族大学学报》第 2 期，147–154 页。

田祥胜（2017）：《从早期占语到现代回辉话——语言接触与语言演变》，北京大学博士学位论文。

田祥胜、陈保亚（2019）：《海南三亚回辉语》，商务印书馆，北京。

徐通锵（1991/2008）：《历史语言学》，商务印书馆，北京。

郑贻青（1986）：再谈回辉话的地位问题，《民族语文》第6期，37–42页。

郑贻青（1997）：《回辉话研究》，上海远东出版社，上海。

教育部语言文字信息管理司、中国语言资源保护研究中心（2015）：《中国语言资源调查手册·民族语言（侗台语族、南亚语系）》（初定版）。

Aymonier. E. & A. Cabaton（1906）Dictionnaire Čam–FramCais. Paris：Imprimerie Nationale.

Aymonier. E.（1889）Grammaire de la Langue Chame. Saigon：Imprimerie Coloniale.

Baumgartner. N. I.（1998）A Grammar Sketch of Western（Cambodian）Cham. In D. Thomas.，Ed.，Papers in Southeast Asian Linguistics No. 15：Further Chamic Studies，1–10. Pacific Linguistics，A–89.

Benedict. P. K.（1941）A Cham colony on the Island of Hainan. Harvard Journal of Asiatic Studies，Vol. 6，No. 2，129–134.

Chen B. & X. Tian（2017）The Direction of Language Contact and the Analysis of Linguistic Typology. Journal of Chinese Linguistics，Monograph Series，16–45.

Durie. M.（1984）A Grammar of Acehnese. The Doctor Dissertationof the Australian National University.

Greenberg. J. H.（1953）Historical Linguistics and Unwritten Languages. In A. L. Kroeber，Ed.，Anthropology Today，265–286. Chicago：University of Chicago Press.

Greenhilet al.（2017）Evolutionary Dynamics of Language Systems. PNAS，Vol. 114，No. 42，E8822–E8829.

Hartl. D. L. & M. Ruvolo（2015/2020）Genetics：Analysis of Genes and Genomes，Translated by Yang Ming. Beijing：Science Press.

Hoijer. H.（1948）Linguistic and Cultural Change. Language 24（4），335–345.

Jensen. J. M.（2013）The Structure of Jarai Clauses and Noun Phrases. The

Doctor Dissertation of the Graduate School of The University of Texas.

Meillet. A. （1924/2008）La Méthode Comparative en Linguistique Historique. Translated by Cen Qixiang. Beijing：World Publishing Corporation.

Moussay，G. （1971）Dictionnaire Căm–Vietnamien– Français. Phanrang：Centre Culturel CămTrung–TâmVăn–Hóa Cham.

Moussay. G. （2006）Grammaire de la Langue Cam. Paris：Les Indes Savantes.

NguYen，Tam Thi Minh（2013）A Grammar of Bih. The Doctor Dissertation of the Graduate School of the University of Oregon.

Sapir. E. （1921）Language. New York：Harcourt，Brace and World，Inc.

Smith. A. D. （2013）A Grammatical Sketch of Eastern Cham，Published online. https：//x. sci–hub. org. cn/ scholar? cluster=15446118459728517483 & hl=zh–TW & as_sdt=0，5.

Swadesh. M. （1955）Towards Greater Accuracy in Lexicostatistic Dating. International Journal of American Linguistic，Vol XXI，No. 2，121–137.

Swadesh. M. （1952）Lexico–Statistic Dating of Prehistoric Ethnic Contacts. Proceedings of the American Philosophical Society，Vol. 96，No. 4，452–463.

Thomason. S. G. & T. Kaufman. （1991）Language Contact，Creolization，and Genetic Linguistics. California：University of California Press.

Thomason. S. G. （2001）Language Contact. Washington，D. C.：Georgetown University Press.

Thurgood. G. （1999）From Ancient Cham to Modern Dialects：Two Thousand Years of Language Contact and Change. Honolulu：University of Hawaii Press.

Thurgood. G. （2005）A Preliminary Sketch of Phan Rang Cham. In K. A. Adelaar and N. Himmelmann，Ed.，The Austronesian languages of Asia and Madagascar，489–512. London：Routledge.

Weinreich. U. （1958）On the Compatibility of Genetic Relationship and Convergent Development. Word 14，374–379.

引书目录

（元）脱脱等《宋史》（卷四百八十九、列传第二百四十八，外国五），历史春秋网（http：//guoxue. lishichunqiu. com /shibu /songshi/3341. html）。

（田祥胜：343009　江西吉安，井冈山大学人文学院中文系 txspku@sina.cn）

纳西语 $k^{h}ɑ^{31}$ “皇帝”的语源[①]

杨海潮

摘　要： 严格按照历史语言学的理论与方法构拟出来的原始语，在历史语言学内部无法获知其时间深度。本文通过比较历史上曾经以强势地位影响了纳西语的几种语言，认为纳西语 $k^{h}ɑ^{31}$“皇帝”是在元代从蒙古语中借入的，而非来自汉语、藏语或白语。这一结论得到纳西族的民族关系史以及纳西语 $k^{h}ɑ^{31}dze^{33}$ “玉米”等材料的支持，可以为我们推断有关纳西语原始语的时间深度等研究提供参照。

关键词： 原始语　时间深度　语言接触　语源　纳西语

徐通锵（1991：99–100）总结了历史比较语言学的几个缺点和局限，概括为（1）原始语的时间深度问题，（2）语言分化假设问题，（3）音值构拟问题，（4）语料完备性问题。陈保亚（1996）提出的“词阶法”从方法论上研究了第二个问题，高本汉（Bernhard Karlgren 1940/2014）以来的大量研究使用对音材料构拟了中古汉语的音值，其他两个问题则至今尚未见到从历史语言学内部合理将其解决的成熟研究。

本文因此从民族史等材料入手，尝试讨论纳西语 $k^{h}ɑ^{31}$ “皇帝”的语源及其借入时间，以此推测李子鹤（2013）所构拟的原始纳西语的时间深度，为解决第一个问题提供了一个案例。本文的主要内容曾在《“萨当汗”考》（杨海潮 2008）中列为一节论述过。那篇文章原题《“萨当汗”与藏文化东南边缘的变迁》，是我向“丽江木氏土司与滇川藏交角区域历史文化研讨会”（2007 年 11 月，丽江）提交的会议论文，但题目在后来出版的论文集中被修改了。如今参考和补充了一些文献，改写为此文，以为陈保亚师寿。

① 本研究得到国家社科基金西部项目“唐宋白蛮语对音研究”（项目编号：20XYY016）的资助。如非注明，本文使用的纳西语材料都是郑卫东的发音（丽江大研镇纳西语），以国际音标标注（但引用的材料则都使用原文的写法，按照 2015 版国际音标符号进行了规范化）。余德江、杜兆金、李运城、何玲玲等帮助提供了一些文献，李子鹤阅读了初稿并提出了一些建议。谨以此对几位朋友的帮助表示感谢。

1　纳西语 $k^hɑ^{31}$“皇帝”的语源问题

纳西语称“皇帝”为 $k^hɑ^{31}$，和即仁、姜竹仪（1985：16）认为纳西族与汉族交往的历史非常久远，纳西语青龙话称皇帝为 k^ha^{31} 是纳西语在早期从汉语中借入的，马学良主编（1991/2003：472）也以为纳西语丽江长水话称皇帝为 k^ha^{31}“可汗”是早期的汉语借词。崔荣昌（2007）持同样的主张，认为纳西语 k^ha^{21}“可汗（帝王）”是早期的汉语借词，“纳西语将‘帝王’说成 k^ha^{21}，是‘可汗’（亦作‘可寒’‘合罕’）的省略”。但汉语中称皇帝为 $k^hɑ^{31}$“可汗”只见于唐和唐以前的材料，而且都只用于北方非汉民族或和他们往来的场合；而纳西族在此时间范围内未和北方非汉民族有多少来往。纳西族受到汉文化深刻影响的时间要晚至明代（1368–1644）（郭大烈、和志武 1994，赵心愚 2004，杨福泉 2005/2017，杨海潮 2005），因此纳西语 $k^hɑ^{31}$/ k^ha^{31}“皇帝”是早期的汉语借词这一主张就很可疑。

杨海潮（2008）提出，纳西语称“皇帝”为 $k^hɑ^{31}$ 应该是在元代借用自蒙古语，和即仁、姜竹仪（1985：16）、马学良主编（1991/2003：472）的推断不能成立。木仕华（2015）注意到崔荣昌在《四川方言与巴蜀文化》（四川大学出版社 1996 年，16 页）中“认为纳西族与汉族的交往在公元 2、3 世纪就开始了。这在词汇中可以看出，例如：纳西语把帝王叫 $k^hɑ^{31}$，就是古汉语‘可汗’的读音”。木仕华（2015）认为“这种说法经不起推敲”，他列举了“汗”“皇帝”和“可汗”两组词汇在蒙古语方言中的读音，参考清格尔泰（1985）关于 q（χ）、γ（ɢ）、k（x）与 g 是从一个音位分化演变而来的研究，认为明代的纳西语 $k^hɑ^{31}gɑ^{33}$“皇帝”与蒙古语 qaγan 对等，清代的纳西语 $k^hɑ^{31}$“皇帝”与蒙古语 qan 对等，后者被用汉字“卡”记录。

此外，木仕华（2015）认为纳西语中的蒙古语借词与 13 世纪蒙古征大理以降的历史文化背景相关，他列举了虎 $bɑ^{33}ɣər^{33}$、$pɑ^{33}ɣər^{33}$，酒 $ʐʅ^{33}$、$ʐʅ^{33}ʂu^{31}$，$ʐʅ^{33}ba^{31}$，苏浬玛酒 $su^{33}lɯ^{33}mɑ^{33}$、$su^{33}li^{33}mɑ^{33}$、$tha^{31}tɕi^{24}$，（献祭的）饭 $bɑ^{33}dɑ^{31}$，朋友、情人 a^{55}（$/ɑ^{55}$）$ndɑ^{31}$、$ɑ^{33}dv^{33}$，兄 $ɑ^{33}ko^{33}$，父亲 $ɑ^{31}bv^{33}$ 等 8 个纳西语词汇，认为它们也来自蒙古语。他的立论依据基本上都是基于语义一致、语音相近。

阅读所及，此外未见有人讨论纳西语和蒙古语的接触问题。两者比较，杨海潮（2008）也根据语义一致、语音相近而推断纳西语 k^{h}ɑ^{31} “皇帝” 为蒙古语借词，但是同时着重参考了相关的历史文化条件来排除借自其他语言的可能，而木仕华（2015）则注意到了纳西语中 “皇帝” 从明代的 k^{h}ɑ^{31}gɑ^{33} 到清代的 k^{h}ɑ^{31} 的变化。

纳西语 k^{h}ɑ^{31}/k^{h}a^{31} “皇帝” 会不会不是借词，而是继承自其祖语呢？根据李子鹤（2013），与纳西语最近的亲属语言为彝语和嘉戎语。下面是 “皇帝” “国王” 二词在这三种语言中的读音（黄布凡主编 1992：66，67）：

表 1　纳西语、彝语、嘉戎语中的 “皇帝” 和 “国王”

	皇帝	国王
纳西	k^{h}ɑ^{21}	
彝（喜德）	vo^{33}mu^{33}	vo^{33}mu^{33}
彝（巍山）	sɿ^{21}p^{h}ɑ^{21}	sɿ^{21}p^{h}ɑ^{21}
彝（南华）	ɤo^{33}te̠^{33}	
彝（武定）	u^{33}mv̩^{33}	gv̩^{33}tʂɔ^{33}
彝（撒尼）	ɣɯ^{33}m̩^{33}	
嘉戎	koŋmerɟjɐl po	rɟjɐl po

从李子鹤（2013）所建立的对应规律看，纳西语 k^{h}ɑ^{31}/ k^{h}a^{31} “皇帝” 和彝语、嘉戎语的 “皇帝” “国王” 二词都建立不起对应关系，说明它不是继承自纳西语和彝语、嘉戎语的共同祖语。但是李子鹤（2013）说纳西语和嘉戎语分化的时间在距今 6500–5000 年之间，和彝语分化的时间在距今 6400–5000 年之间，且不说那时候是否已经出现这三种语言，这两个时间实在距今太远，难以想象它们对我们的问题有何帮助。

因此，在讨论纳西语 k^{h}ɑ^{31} “皇帝” 的语源时，鉴于它与蒙古语 khan “可汗” 之间音义高度一致，提出前者借自后者的假设就不算太过分。但纳西族在历史上曾经受到藏族、白族和汉族的很大影响，因此，论证这一假设，至少需要仔细排除以下三种其他的可能：

1. 纳西语 k^{h}ɑ^{31}/ k^{h}a^{31} “皇帝” 借自汉语；

2. 纳西语 $k^h ɑ^{31}$/ $k^h a^{31}$ “皇帝”借自藏语或白语；

3. 蒙古语 khan “汗、可汗，皇帝”借自纳西语 $k^h ɑ^{31}$/ $k^h a^{31}$ “皇帝”。

2 汉语“汗、可汗”与纳西语 $k^h ɑ^{31}$ 的关系

史籍记载最先使用“可汗”称号的有拓跋鲜卑、柔然、乞伏和吐谷浑等四个西部鲜卑民族，它们都通用突厥语，说明“可汗”名号源自突厥（李志敏 2004）。北方和西北非汉民族的最高统治者的称号 qa'an 或 qan，汉文史料分别译写为“可汗、可寒、合罕”（kahan）、“汗、罕”（khan），例如 Chinggis Khan/ Grenghis Khan “成吉思汗”（1162？ –1227）、Kubilai Khan “忽必烈汗”（1215–1294）。“可汗”亦称“合汗”，突厥语作 qaghan “皇帝、君主”，可汗“犹言皇帝”（《通典》卷 194），该词常见于 8 世纪的突厥语碑铭文献，如《阙特勤碑》。至晚到 8 世纪末，已出现了 xan “汗”、xaqan “可汗”等形式（李树辉 2004）。“可汗”与“汗”源于同一个词汇，至少在突厥史料中看不到以二者区分等级的用例（罗新 2005、罗新 2009）。最近的一项对相关汉、蒙、阿拉伯、波斯等东西方多语种文献的考察表明，对蒙元时期的蒙古人来说，二者之间没有明显的区别，很可能是同一个词语的不同形态，后者为前者的元音紧缩形式（宫海峰 2019）。

北朝后期到隋唐之际，突厥汗国与中原政权之间的政治接触和文化交流极为密切，隋唐皇帝接受突厥所上的“可汗”称号，也向突厥封授“可汗”称号。唐高祖李渊起兵之初曾称臣于突厥始毕可汗，也受突厥“可汗”封号（陈寅恪 1951/2001）。之后，唐太宗贞观四年（630）四月，“西北诸蕃咸请上尊号为天可汗”，得到唐太宗允可（《旧唐书 · 太宗本纪》）。“贞观四年（630），诸蕃君长诣阙，请太宗为天可汗。乃下制，令后玺书赐西域北荒之君长，皆称皇帝天可汗”（《唐会要 · 杂录》）；唐高宗本人既被“西域北荒君长”呼为“天可汗”，在与他们的会见仪典和文书往来中也自称“天可汗”，并曾经赐西突厥阿史那弥射为兴昔亡可汗，赐阿史那步真为继往绝可汗（《通典》卷 199）；武则天赐突厥默啜为迁善可汗、立功报国可汗（《通典》卷 198），又赐步真之子斛瑟罗袭封继往绝可汗、竭忠事主可汗（《通典》卷 199）；唐玄宗册立突骑施别

种苏禄为忠顺可汗（《通典》卷 199），等等（谷霁光 1982a、谷霁光 1982b、姚大力 2007、德罗姆普 2016）。

从“可汗”一词在汉文献中的分布可见，除了隋唐帝王对西北民族自称过“天可汗”之外，汉语中的“可汗”一词历来都是用于音译西北少数民族的语言，汉语并不以“可汗”或“汗”称中原王朝的帝王。[1]魏、晋、隋、唐、宋期间，纳西族和云南的很多非汉民族一样，“三译四译，乃与华通”（《蛮书》卷一），“皆三译四译，言语乃与河赕相通”（《蛮书》卷六），乌蛮“其语四译乃与中国通”（《新唐书·南蛮传》），表明这些非汉民族或族群与汉文化之间的接触还比较少，[2]而“汗”或“可汗”在当时的汉语中并未成为普遍用法，也就不可能成为纳西语所借用的目标语言。由于明代（1368–1644）以前汉文化还没有深刻地影响到纳西族文化，虽然“说有易，说无难”，既然没有任何材料可以证明元代以前的纳西语将皇帝称为 k^ha^{31}，纳西语称皇帝为 k^ha^{31} 就不可能借自汉语。

杨宪益（2006：282–284）推测汉代的“县官”、南北朝刘宋的“官”和“官家”、隋唐的“大家”、宋朝的“官家”等俗语为对皇帝的称呼，它们似乎都是“可汗”或“汗”“大汗”的异译。目前还不清楚“可汗”与“大家”之间的具体关系，不过，“可汗”与“大家”这两个词在唐代有同时出现之例，如武则天曾被当时的唐朝人称为“大家”（《李义山文集》“宜都内人事”）而不是“汗”“可汗”“大汗”，而武则天曾赐两位突厥领袖为“可汗”（《通典》卷 198、199）而不是“大家”，高力士称唐玄宗为“大家”（《新唐书·高力士传》），唐玄宗也曾经册立突骑施别种苏禄为忠顺“可汗”（《通典》卷 199）而不是“大家”，“大家”就不太可能为“可汗”或“汗”“大汗”的异译。

3　纳西语 k^ha^{31} 与藏语、白语的关系

历史上，对纳西语发生的影响持续较长时间的强势语言有汉语、藏语和白语三种。上文讨论了汉语，下面来看藏语和白语。

藏语对君王的称号有以下几种：

1. btsan–po“赞普”。

唐穆宗长庆三年（823 年）所立《唐蕃会盟碑》，即称吐蕃君王为 btsan–po“赞普”（《通典》卷 190 译作“赞府”）。关于“赞普”的含义，唐宋时期的汉文献有记录，例如《新唐书·吐蕃传》：“其俗谓强雄曰赞，丈夫曰普，故号君长曰赞普。”

2. hwang–te/ vwang–te“皇帝”。

根据李方桂、柯蔚南（1987/2007：54）的研究，古藏语在对译汉语“皇帝”一词时作 hwang–te（《长庆会盟碑》《敦煌本吐蕃历史文书》）、vwang–te（《恩兰·达劄路恭纪功碑》）等，hwang–te/ vwang–te 就是中古汉语“皇帝”的对音；在《唐蕃会盟碑》中，吐蕃国王的正式称号是 vphrul–gyilha“天神化身”，它的一种变体是 lha–vphrul“神的化身”，还有一个常见的称呼是 lha–sras“天子，天神之子”。这些称呼中以君主为“圣、神”的观念，与汉文化以皇帝为神圣的观念一致，也常见于唐代对皇帝的称呼之中。藏文化与汉文化之间的这种一致，究竟是什么原因造成的，目前还不是很清楚。而敦煌吐蕃文书中还有用 vwang 或 wang 对译汉语的“国王”“王”姓之例，如 P. T. 1291 号《战国策残卷》、P. T. 1297 号契约文书、P. T. 127v 号阴阳五行与五姓关系文书（王尧 2005：163，219，242）。

3. gong ma（书面语），中甸藏语相同。

德钦县卡瓦格博雪山东边的《法王皇帝圣旨藏文碑》（刻于藏历阴铁蛇年，明思宗崇祯十四年，1641 年），即称“皇帝”为 gong ma（杰当·西饶江措 1995、木仕华 2006）。

4. rgyal po“国王”（书面语），tɕə–bu（迪庆藏语）。

据说，迪庆一带在清世宗雍正时期（1723–1735）之初开始相继改土归流前的土官称谓，曾有过“结波”（也译作“杰布、吉布、甲波”）、“迪巴”（也译作“第巴、第悉”）、“迪哇”等官制，含义为王、执政者、部落长、酋长、部落首领、团体等（祁继光 1997）。所谓“结波、杰布、吉布、甲波”，应即藏语 rgyal po“国王”的音译。

再来看白语。早期白语的历史没有汉语和藏语那样丰富的金石、文字材料保留下来，只能主要根据方言的调查、比较和原始语构拟来进行研究，这里直接给出结论：从唐宋以来，白语对君王的称呼为 $pɔ^{35}ɕi^{35}$ “皇帝”、$ŋv^{21}te^{31}$（$/pɔ^{35}$）“皇帝”、ou^{21}/u^{21} “国王”。

据纳西族东巴经《创世纪》所说，人祖崇忍利恩与天女衬红褒白成婚后生下三个儿子，但他们长大后不会说话，因此派蝙蝠上天偷学可以让儿子们开口说话的方法。后来夫妇二人如法祭天之时，三个儿子看到一匹马突然跑来吃田里的蔓菁，都因着急而喊出“马吃蔓菁了！”老大、老二、老三说的话分别是藏语、纳西语、白语，他们分别成了藏族、纳西族、白族的祖先（史纯武等 1960/2009：88–94；郭大烈、和志武 1994：33–34）。从这个故事可见纳西族与藏族和白族比邻而居的关系。郭大烈、和志武（1994：225）说：“东巴经名著《鲁般鲁饶》中如下记载：……应读‘纳若盘你形，盘巴德你形’，意为‘藏神管纳人，喇嘛治牧奴’。这与唐初吐蕃王朝南下，纳西族直接受吐蕃奴隶主统治一百多年的历史相符。”而丽江纳西族有谚语说 $le^{55}pu^{55}dy^{21}lo^{33}$ $/na^{21}ɕi^{33}xa^{21}ma^{21}ma^{21}$ “白族人的地盘上，纳西族人找不着饭吃”，也说明纳西族与藏族和白族往来较多。实际上，纳西语中确实有不少藏语、白语借词，但上述藏语与白语材料都与纳西语 $k^hɑ^{31}/k^ha^{31}$ “皇帝”差别很大，远不如纳西语 $k^hɑ^{31}/k^ha^{31}$ “皇帝”和蒙古语 khan“汗、可汗，皇帝”相似，所以纳西语 $k^hɑ^{31}/k^ha^{31}$ “皇帝”不可能来自藏语或白语。[3]

4 纳西语 $k^hɑ^{31}$ 来自元代蒙古语 khan

上面的讨论思路可以总结如下：1. 历史上汉、藏、白三个民族对纳西族影响比较大，但他们的语言称呼“皇帝、国王”的语音形式都与纳西语 $k^hɑ^{31}$ “皇帝”相去甚远，说明纳西语 $k^hɑ^{31}$ “皇帝”不可能是从这三种语言中借用的；2. 纳西语 $k^hɑ^{31}$ “皇帝”和蒙古语 khan“汗、可汗”的音义非常一致，而且纳西语 $k^hɑ^{31}$ “皇帝”在纳西语和它的亲属语言之间没有对应关系，但蒙古语 khan“汗、可汗”在蒙古语和它的亲属语言之间有对应关系，说明纳西语 $k^hɑ^{31}$ “皇帝”是从蒙古语 khan“汗、可汗”借用的，语言借用的方向不可能相反。

那么纳西语是何时借入这个词的？

元宪宗二年（宋理宗淳佑十二年、大理国段兴智天定二年，1252年），忽必烈率蒙古军以革囊渡金沙江，很快征服了大理国。自此开始至整个元代（1271–1368），纳西族与蒙古族的接触比较多。而在此之前，鲜卑、柔然、高车、突厥、吐谷浑等西北游牧民族已经称皇帝为"可汗"，但纳西族和他们没有（或几乎没有）接触，当然不可能在此前借用西北游牧民族的 khan "汗，皇帝"一词。

据方国瑜所说，明代的纳西语已经称皇帝为 $k^ha^{21}ga^{33}$（方国瑜、和志武 1981b）：

> 瑜所看到早期写下的纳西标音文字，是在公元 1934 年 1 月，自石鼓赴巨甸途中沿金沙江而居的桥头村古吊桥北半里许路旁，危岩下有题铭浅刻，藏文横书十一行，四长行、七短行，长行之下短行之旁，直书刻纳西标音文字二行，其后直书汉文三行，曰："万历肆拾柒己未年，肆月拾肆日吉月吉日，有各其尾修"；又纳西标音文字两行，摩写如下：
>
> ……
>
> 这三种文字，行款相配，且周围有框，包着三种文字，当是同时所作。疑"有各其尾"为人名，又称"修"者，盖修路时刻文纪念之作。在石峒壁上，避风雨剥蚀，所以刻痕虽浅，保存至今。这十六个标音文字，曾向几位东巴经师请教，翻复推敲，不能尽详其意，可识者：（1）k^ha^{21}（2）ga^{33} 皇帝也……

《云南王藏经碑》（在昆明筇竹寺）在元顺帝至元六年（1340）以回鹘式蒙古文刻成，碑中四次出现"皇帝"一词，其读音为 qaγan（道布 1981、方龄贵 1990）。纳西语 $k^ha^{21}ga^{33}$ "皇帝"匹配的目标语言应该就是蒙古语 qaγan "可汗、皇帝"，其中的 k^h 对应 q、g 对应 γ 都非常严整。

根据李子鹤（2013），纳西语音节的基本构造是 CGVT，他调查到的纳西语方言和他构拟的原始纳西语都没有鼻音韵尾 -n。[4] 由于蒙元时期的蒙古语已经有 khan "汗、可汗，皇帝"这样的形式，纳西语用 k^ha^{21} "皇帝"来匹配蒙古语 khan “汗、可汗，皇帝” 就很自然：工具语言自身没有鼻音韵尾时，以一个开音节来匹配目标语言的一个闭音节，这种匹配模式在云南的非汉民族语言中很常见。按此，明神宗万历四十七年（1619）时的纳西语 $k^ha^{21}ga^{33}$ “皇帝” 的前一个音节 k^ha^{21} 应该也是 “皇帝” 之意（参见下文对 “玉米” 之名的讨论）。

纳西语和蒙古语的接触，也见于几个有趣的地名。忽必烈所率蒙古军征服大理国之后，云南出现了两个蒙古语地名：一为 “茶罕章”，指丽江；一为 “合剌章”，狭义指大理（城），广义则包括丽江之外的整个云南（杨海潮 2012）。此外，丽江还出现了别的蒙古语的小地名，如：“宝山州，在雪山之东，丽江西来，环带三面……世祖征大理，自卞头济江，由罗邦至罗寺，围大匮等寨，其酋内附，名其寨曰察罕忽鲁罕。”（《元史》卷 61）纳西语称蒙古族为 $gə^{33}lo^{55}$、$gə^{33}lo^{55}tshy^{55}$ “蒙古族”、$dʑi^{21}gə^{33}lo^{55}$ “北方蒙古族”（方国瑜、和志武 1981a/2005：222，223），据说丽江古城中的 $ɑ^{33}$（$/ə^{33}$）$jɯ^{21}ts^ha^{55}$ “阿营灿”，以前是蒙古军队驻扎的地方。

5　一个平行性的证据：“玉米” 之名

壮侗语族仡央语中的一些方言将玉米称为 “皇帝的粮食”：$ðoŋ^{33}taai^{322}$（巴哈）、$tu^{12}tɔ^{53}$（雅郎）、$a^{33}n^{33}tɛ^{31}$（拉基）、$mə^{53}ɣɯŋ^{53}$（龙里木佬）、$mə^{33}vaŋ^{13}$（白腊木佬），其中的 $tɔ^{53}$ 和 $tɛ^{31}$ 都是 “帝” 义，$ɣɯŋ^{53}$ 和 $vaŋ^{13}$ 都是 “皇” 义；雅郎方言甚至直接称 “皇帝” 为 $vuŋ^{31}tɔ^{53}$（李锦芳 2002：8-11，226）。

所谓 “皇帝的粮食”，在明清文献中常记作 “御麦”，或写作 “玉麦”。田艺蘅《留青日札》卷 26 “御麦” 条：“御麦出于西番，旧名番麦，以其曾经进御，故曰御麦。” 在今天的西南官话中还常常能见到将玉米称为 “玉麦” 的例子。

纳西语中有几个包含 $k^hɑ^{31}$ “皇帝” 的词：

$k^hɑ^{31}dze^{33}$ “玉米”

dze^{33} “麦子”

$k^hɑ^{31}dy^{31}$ “北京”（京城，皇帝的地方）

dy^{31} “（大）地方”

k^{h}ɑ^{31}dzi^{31}kv̩^{33} “龙椅”（皇帝坐的地方）

dzi^{31} “坐”，kv^{33} “（小）地方”

k^{h}ɑ^{31}go^{31} “皇家”

go^{31} “家庭”

从仡央语的材料看，纳西语 k^{h}ɑ^{31}dze^{33} “玉米”其实就是逐词对译汉语的“御麦/玉麦”。

1492 年（明孝忠弘治五年），哥伦布（Cristoforo Colombo（1452–1506）率西班牙船队远航至中美洲，此后，玉米等美洲作物传播到欧洲，并迅速从欧洲再传到亚洲，进入中国。由于玉米系从缅甸传进云南之后再向中国内地传播，在明世宗嘉靖六年（1527）即已北传至河南巩县，[5] 纳西族最初接触到玉米的时间应早于这一时间。所以，纳西语将玉米称为 k^{h}ɑ^{31}dze^{33}（御麦/玉麦）的时间也就应该早于这一时间，而纳西语开始称皇帝为 k^{h}ɑ^{31} 的时间则应更早于这一时间。

由于纳西语在元代即已从蒙古语中借入 khan “汗，皇帝”一词，后来才可能在明代使用已经成为其语言中的既有词汇的 k^{h}ɑ^{31} “皇帝”和 dze^{33} “麦子”，构成一个合成词 k^{h}ɑ^{31}dze^{33} “玉米”（御麦/玉麦）。

有意思的是，普米语北部方言中也有称皇帝为 k^{h}a^{35} 的现象，并用 k^{h}a^{35} 加“小麦”构成“玉米”。

1. 北部方言。

（1）四川省甘孜州木里县：k^{h}a^{35}ʂə^{35} “玉米”，ɕə^{53} “小麦”（陆绍尊 1983：112）。

（2）四川省甘孜州九龙县：pu^{11}ku^{55} “玉米”，ɕə^{35} “小麦”（黄布凡主编 1992：137，139）。

2. 南部方言。

（1）云南省怒江州兰坪县：ʂə^{13}ʂɛ^{55} “玉米”，ʃɐ^{55} “小麦”（陆绍尊 1983：112）。

（2）云南省怒江州兰坪县：do^{13}lau^{55} “玉米”，ʃɐ^{55} “小麦”（黄布凡主编 1992：137，139）。

普米语北部方言和南部方言的“小麦” $ɕə^{53}$ 和 $ʃɐ^{55}$、“玉米”的中心语 $ʂə^{35}$ 和 $ʂɛ^{55}$ 分别有对应关系，说明是普米族之南、北人群分离前就共享的词汇。而“玉米”一词中的修饰语 $k^h a^{35}$（木里县普米语）和 $ʂə^{13}$（兰坪县普米语）之间没有对应关系，甚至有 $pu^{11}ku^{55}$（九龙县普米语）和 $do^{13}lau^{55}$（兰坪县普米语）这两种整个词都没有对应关系的形式，说明 $k^h a^{35}$ 只能是南、北普米族分开之后才产生的语素。根据文献记载，云南普米族在元初与四川普米族分离，其先民“西番”在元宪宗三年（1253）随忽必烈南征大理而进入滇西北，云南普米族人也自称是那些南征蒙古军的后裔（严汝娴、王树五 1988：68），由此可见南、北普米族分开的时间在 1253 年。

蒙古军队初入滇时，只在川滇边境留下少数统治者及其侍从。明朝平定云南后，元朝平章月鲁帖木儿投降，被任命为建昌卫指挥使。到了明太祖洪武二十五年（1391），“月鲁帖木儿反，合德昌、会川、迷易、柏兴、邛部并西番土军万余人”（《明史・四川土司》），后逃入柏兴州（今盐源），最终被明朝荡平，但在当地留下大量的军士。（李绍明 1983）大概正是因为普米族人参加了这次叛乱而且事后有大量蒙古军士流入当地，造成普米语北部方言与蒙古语的深度接触，最终从蒙古语中借入了 $k^h a^{35}$ “皇帝”这个词。而云南普米族与蒙古人接触时间较短，蒙古人在当地较少，蒙古语对普米语南部方言的影响就没有对北部方言的影响那么大，所以 $k^h a^{35}$ “皇帝”这个词只出现在普米语的北部方言中而不出现在南部方言中。

徐通锵（1991：99）说：“就历史比较法本身来说，所重建的原始形式属于哪一个时代，无法确定，因而拟测出来的原始形式都被看成为同一年代层次上的语言现象。其实，重建出来的原始形式不一定属于同一个年代层次。”如果以上对纳西语 $k^h ɑ^{31}$ “皇帝”的语源讨论不误，大概可以为判定李子鹤（2013）所构拟的原始纳西语的时间深度提供一个参照。

李子鹤（2013）调查了多种纳西语方言，并构拟了其原始语，其中有“玉米”一词：

表 2　纳西语方言中“玉米”的比较

序号	汉义	丽江	宝山	玛丽玛萨	宁蒗	永宁	原始形式
0416	玉米	$k^{h}ɑ^{21}dze^{33}$	$q^{h}ɑ^{11}dze^{33}$	$k^{h}ɑ^{21}dze^{33}$	$ʂu^{11}t^{h}o^{33}$	$q^{h}ɑ^{33}dze^{33}$	$q^{h}ɑ1$

李子鹤（2013）说，“ #0416 意为‘玉米’，但在宁蒗方言中其意义已经发生了变化，对应形式只在‘粮食酒’[$q^{h}ɑ^{11}dze^{33}$ $dʐur^{33}dʐur^{55}$] 一词中保留，而‘玉米’的意义已被 [$ʂu^{11}t^{h}o^{33}$] 一词替换。而且这是一个复合词，两个语素的意义分别为‘皇帝’和‘饭 / 吃饭’。但‘皇帝’的意义在宁蒗又被 [$nɑ^{11}pu^{11}χɑ^{33}$] 一词替换，而且永宁方言中此词暂缺，不构成普遍对应。因此我们根据这个满足普遍对应的形式构拟前一语素，其实际意义是‘皇帝’。”

根据上文对纳西语 $k^{h}ɑ^{31}$“皇帝”语源的分析，原始纳西语 *$q^{h}ɑ^{1}$“皇帝”的时间深度不会早于元代。由于任一语言社团在某个特定时期的语言都具有泛时的性质（陈保亚 1991），而历史语言学所构拟的音韵系统内的各因子是否属于同一个共时层面难以得到保证，原始语中某一个词的时间深度并不意味着整个原始语的时间深度。但是，如果李子鹤（2013）构拟的原始纳西语是一个共时系统的话，可以据此推测它不早于元代。

附　注

［ 1 ］我所知道的唯一可能的例外是《木兰辞》有“可汗大点兵”“可汗问所欲”两句，其中的“可汗”即指称皇帝。然而，此诗所谓“可汗”、木兰等人物，似乎是游牧民族而不是汉族，全诗所写的很可能是突厥的人事。参见：周建江（1997）、陈三平（2012/2019：71-98）。

［ 2 ］对于白居易（772-846）的诗作《蛮子朝》所谓“蛮子导从者谁何？摩挲俗羽双隈伽”，或以为诗中的“摩挲”即指纳西族先民，为“摩些”之异写，例如余海波、余嘉华（2002：15）将诗句理解为“威武的纳西族卫士（南诏称为‘羽仪’）为导从（随从）”。元稹（779-831）也有《蛮子朝》诗作，说“求天叩地持双珙”，陈寅恪（1950/2001：513）以为“白曰‘双隈伽’。元曰‘双珙’。岂‘隈伽’者，‘珙’之音义耶？”由于《蛮书》卷八所记唐代的白蛮语词汇几乎都与白语方言具有对应关系，而与彝语方言没有对应关系（汪锋、杨海潮 2004，杨海潮 2013），在白语中，“隈伽”的音、义正与“珙”接近，显示“隈伽”

应该是白蛮语，因此“导从者”更有可能是白蛮，而不可能是磨些蛮。所以，此“摩挲”应是一个动词，将其解读为名词，认为它指“导从者”的族属，即“摩些”，就不可从。总之，这一材料并不能作为论证唐代汉文化影响纳西族较大的依据。

[3] 在 2007 年的“丽江木氏土司与滇川藏交角区域历史文化研讨会”上，云南大学历史系王璞博士告诉我，藏文史籍《红史》中将皇帝称为 gangen，是“可汗”的音译，表明元代的藏语中有“可汗”之称，但仅用于指称西北民族的首领，主要指蒙古的君王。在此谨向王璞博士致谢。我不懂藏文，我使用的《红史》版本（陈庆英、周润年译，拉萨：西藏人民出版社 2002 年）没有将藏文转写为拉丁文或国际音标，因此无力对照，以藏语 gangen 的读音与纳西语 $k^{h}a^{31}$ 相差很大，推测它不可能是纳西语 $k^{h}a^{31}$ “皇帝”的语源。

[4] 傅懋勣（1998：140）也说：“纳西语的音节结构有一个重要特征，是辅音只能拼在元音的前边，不能拼在元音后边（原注：有一部分辅音可以单独出现在感叹词中）；元音既可出现在辅音后边，又可自成音节。”

⑤ Ho，Ping-ti（1955）根据河南《巩县志》（成书于明世宗嘉靖三十四年，1555 年）和嘉靖《大理府志》（成书于嘉靖四十二年，1563 年）、万历《云南通志》（成书于明神宗万历二年，1574 年）的记载，认为玉米最先是从缅甸传进云南，大体相当于嘉靖七年（1528 年）平定孟养（云南最西的土司）、滇缅大道畅通之时，北传至河南巩县，但其在晚明中国的传播并不迅速。

参考文献

陈保亚（1991）：论语言研究的泛时观念，《思想战线》第 1 期，52–56 页。

陈保亚（1996）：《论语言接触与语言联盟——汉越（侗台）语言关系的解释》，语文出版社，北京。

陈三平（2012/2019）：《木兰与麒麟：中古中国的突厥－伊朗元素》，赖芊晔译，远足文化事业股份有限公司，新北。

陈寅恪（1950/2001）：《元白诗笺证稿》，三联书店，北京。

陈寅恪（1951/2001）：论唐高祖称臣于突厥事，《岭南学报》第拾壹卷贰期。载：陈寅恪《寒柳堂集》，108–121 页，三联书店，北京。

崔荣昌（2007）：四川方言对纳西语的影响，《语文知识》第 3 期，40–45 页。

道布（1981）：回鹘式蒙古文《云南王藏经碑》考释，《中国社会科学》第3期，199–210页。

［美］德罗姆普（Drompp，M. R.）（2016）：突厥册封中原“可汗”考，杨富学等译，《河西学院学报》第32卷第1期，18–27页。

方国瑜、和志武（1981/2005）：《纳西象形文字谱》，云南人民出版社，昆明。

方国瑜、和志武（1981）：纳西族古文字的创始和构造，《中央民族学院学报》第1期，57–68页。

方龄贵（1990）：《云南王藏经碑》新探，《民族研究》第3期，66–73页。

傅懋勣（1998）：《论民族语言调查研究》，语文出版社，北京。

［瑞典］高本汉（Karlgren，B.）（1940/2014）：《中国音韵学研究》，赵元任等译，商务印书馆，北京。

官海峰（2019）：《蒙元时期的“可汗”与“汗”》，刘迎胜主编《元史及民族与边疆研究集刊》（第三十七辑），26–38页，上海古籍出版社，上海。

谷霁光（1982）：唐代“皇帝天可汗”溯源，谷霁光《史林漫拾》，116–122页，福建人民出版社，福州。

谷霁光（1982）：唐代“皇帝天可汗”溯源后记，谷霁光《史林漫拾》，123–125页，福建人民出版社，福州。

郭大烈、和志武（1994）：《纳西族史》，四川民族出版社，成都。

和即仁、姜竹仪（1985）：《纳西语简志》，民族出版社，北京。

黄布凡主编（1992）：《藏缅语族语言词汇》，中央民族学院出版社，北京。

杰当·西饶江措（1995）：《法王皇帝圣旨》藏文石碑略释，《西藏研究》第4期，51–54页。

李方桂、柯蔚南（1987/2007）：《古代西藏碑文研究》，王启龙译，清华大学出版社，北京。

李锦（2002）：《侗台语言与文化》，民族出版社，北京。

李绍明（1983）：论川滇边境纳日人的族别问题，《社会科学研究》第1期，96–101页。

李树辉（2004）：古代回鹘文史诗《乌古斯可汗的传说》有关问题考辨，《新疆文物》第1期。

李子鹤（2013）：《原始纳西语及其历史地位研究》，北京大学博士学位论文。

李志敏（2004）：可汗名号语源问题考辨，《民族研究》第2期，47-55页。

陆绍尊（1983）：《普米语简志》，民族出版社，北京。

罗新（2005）：可汗号研究——兼论中国古代“生称谥”问题，《中国社会科学》第2期，177-188页。

罗新（2009）：可汗号之性质，罗新《中古北族名号研究》，1-13页，北京大学出版社，北京。

马学良主编（1991/2003）：《汉藏语概论》，民族出版社，北京。

木仕华（2006）：《法王皇帝圣旨藏文碑》新考，木仕华主编《活着的茶马古道重镇丽江大研古城——茶马古道与丽江古城历史文化研讨会论文集》，164-177页，民族出版社，北京。

木仕华（2015）：纳西语中的蒙古语借词，《民族语文》第4期，36-48页。

祁继光（1997）：迪庆的土司及土司制度，贾克荣主编《云南藏学研究论文集》第二辑，205-214页，云南民族出版社，昆明。

清格尔泰（1985）：蒙古语塞音q、k的历史演变，《民族语文》第3期，1-10页。

史纯武等（1960/2009）：《创世纪》，88-94页，云南人民出版社，昆明。

汪锋、杨海潮（2004）：《蛮书》所记白蛮语的源流，纳麒主编《中国西南文化研究》，1-16页，云南民族出版社，昆明。

王尧（2005）：《西藏文史探微集》，中国藏学出版社，北京。

徐通锵（1991）：《历史语言学》，商务印书馆，北京。

严汝娴、王树五（1988）：《普米族简史》，云南人民出版社，昆明。

杨福泉（2005/2017）：《纳西族和藏族的历史关系研究》，民族出版社，北京。

杨海潮（2005）：茶马古道的意义——以唐宋以来的丽江为例，纳麒主编《中国西南文化研究》，76-104页，云南民族出版社，昆明。

杨海潮（2008）：“萨当汗”考，木仕华主编《丽江木氏土司与滇川藏交角区域历史文化研讨会论文集》，354-365页，中国藏学出版社，北京。

杨海潮（2012）：“茶罕章、合剌章”的目标语言和蒙古与大理的最初接触，寸云激主编《大理民族文化研究论丛》第五辑，550-573页，民族出版社，北京。

杨海潮（2013）：唐代白蛮语的辅音韵尾及相关问题，王锋等主编《白语研究论文集》，253–268 页，中西书局，上海。

杨宪益（2006）：《译余偶拾》，山东画报出版社，济南。

姚大力（2007）："成吉思汗"还是"成吉思合罕"——兼论《元朝秘史》的成书年代问题，姚大力《北方民族史十论》，202–218 页，广西师范大学出版社，桂林。

余海波（余嘉华，2002）：《木氏土司与丽江》，云南民族出版社，昆明。

赵心愚（2004）：《纳西族与藏族关系史》，四川人民出版社，成都。

周建江（1997）：历史、民族情结的回响——《木兰诗》《敕勒歌》的文化本初，《烟台大学学报》第 4 期，46–50 页。

Ho，P.（1955）The Introduction of American Food Plant into China. American Anthropologist，57：191–201.

引书目录

（唐）杜佑《通典》，王文锦等点校，中华书局，北京，1992 年。

（五代）刘昫等《旧唐书》，中华书局，北京，1975 年。

（宋）欧阳修、宋祁《新唐书》，中华书局，北京，1975 年。

田艺蘅《留青日札》，朱碧莲点校，上海：上海古籍出版社 1992 年，489 页。

（五代）王溥《唐会要》，中华书局，上海，1955 年。

王尧、陈践译注《敦煌本吐蕃历史文书》，民族出版社，北京，1980/1992。

向达《蛮书校注》，中华书局，北京，1962 年。

（清）张廷玉等《明史》，中华书局，北京，1974 年。

（杨海潮：650224　昆明，西南林业大学文法学院 yanghaichao@pku. edu. cn）

以羌语为例探讨 r 类音的分类

董　瑶

提　要：r 类音的分类标准不一，导致 r 类音的定义也模糊不清，本文通过建立羌语 7 个方言点包含 r 类音的词的对应，探究羌语 r 类音的语音基础和在音系中的关联。对应结果显示 r 与 l、dʐ 相关，ɹ 与 j、ʐ、-˞ 相关，两组音的区别特征为发音动作 [塞]，ɹ 组音与塞音耦合可以形成 r 组的音。从语音对应何语音特征两方面，可总结得到羌语 r 类音有 r 和 ɹ。

关键词：羌语 r 类音特征系统介音

引　言

“r 类音”的“类”既可以是名词，表类别；也可以是动词，表类似。如果表示类别，则 r 类音应有独有的特征区别于其他类别；若是表类似，则 r 类音表示与 r 相似的音，可以不成一类。在前人的研究中，试图把 r 类音作为一个区别类（Lindau 1985；Schiller 1999；Wiese 2000），但难以确定其区别特征，最终总结出的 r 类音只是与 r 相似的音。比如常以舌尖颤音 r 为典型代表，把 r、ɹ、ɾ、ʀ、ɽ、ʁ 等看作一类，这些音用发音方式分类有颤音、闪音、通音和擦音；发音部位也各异，有舌尖后、卷舌和小舌等，难以用语音特征把它们归作一类。这些音是否为 r 类音，不同语言处理也不同，比如 ɾ 在英语中作为闪音处理，而在西班牙语中作为 r 类闪音（rhotic tap）处理。至于最初为什么把这些音都看作一类，Ladefoged & Maddieson（1996）认为是因为书写方式上这些音多用 r 表示，还有就是这些音在历史演变中有关系。所以 Dickey（1997）也主张 r 类音是一种音系上的关联分类。

从语音特征来限定 r 类音都不成功。Wiese（2001）通过 r 类音在音节构成上的分布，认为从韵律方面划定 r 类音最合适，即语音遵循响度等级：塞音 < 边音 <r 类音 < 滑音 < 元音（由左至右，响度递增）（Wiese 2000；Hall 1992）。

一个音节中，响度越高的音离响度高峰越近，所以 r 类音在音节中的位置比其他辅音离元音更近，这可以作为 r 类音的判定标准；在音节分布上符合以上响度原则，则可以归入 r 类音中，r 类音的具体发音部位或方式则没有太大影响。要判定 r 类音有哪些成员，需要在具体语言中进行分析。r 类音在一个语言中一般不形成对立。世界上大部分语言 r 类音只有一个成员，可能会有其他音作为变体形式。除此，最常见的情况是根本没有 r 类音，或者有 2 个 r 类音，形成一组对立。所以 Ladefoged P. & I. Maddieson（1996）列出的 r 类音是一个集合，具体到一个语言上，可能只有其中一两个音是音位，其他的音不出现或作为变体形式出现。（MaddiesonI. & S. F. Disner 1984：73-90）无论遵循以上哪种分析方式，r 类音的归纳都需要在具体语言中去分析。

1　r 类音的分布

1.1　藏缅语 r 类音的分布

在原始藏缅语的构拟中有一个 *r（P. K. 本尼迪克特 1984：114-116；Matisoff 2003：41-44，383-430），藏缅语很多语言都有复辅音，基本辅音 + 后置辅音类型中的后置辅音常由边音、颤音、擦音和半元音充当。藏文复辅音中的 r 在各藏缅语中有不同的发展，以“八”“百”为例（《藏缅语语音和词汇》编写组 1991：1291、1312；孙宏开 1999：5）：

表 1　藏缅语中的“八”和“百”

	“八”	“百”
藏文国际音标转写	brgjad	brgja
嘉戎语马尔康话	wərjat	pərja
尔龚语丹巴话	ʐɣiɛ	ʐɣiɯ
羌语麻窝话	khɹa	kɹi

藏文复辅音中的 r 在嘉戎语中处于元音之间，在尔龚语中变成 ʐ 处于前置辅音位置，在羌语中变成 ɹ 处于后置辅音位置，所形成的音节都符合响度原则。

Matisoff（2003：383–430）对藏缅语的构拟中指出后置辅音有 l、r、w、j 这 4 个，则早期藏缅语的音节组成为 –C–l/r/w/j–V–，边音、r 和滑音在阻塞音和元音之间。

上面列出的响度等级是语言的普遍现象，但也是有例外的，在不同的语言中会有一点变化（Hankamer & Aissen 1974；Steriade 1982）。例外通常出现在流音和滑音中，有的语言中滑音的响度并不一定会比流音高（Hankamer & Aissen 1974）。在汉藏语中，流音 l、r 和滑音三者经常有相互演变的现象（孙宏开 2001；江荻 2000；王双成 2011）。不仅与 l 和半元音之间有演变关系，r 类音还可能变成塞擦音，因为处于后置辅音位置的颤音、擦音和半元音会和基本辅音结合，发展出塞擦音，羌语中有大量对应可证，在孙宏开（2001）中也有提到。除此，r 类音还对音节中的元音有影响，通常所说的卷舌元音与 r 类音有关。在世界语言中，只有少于 1% 的有卷舌元音（Maddieson & Disner 1984：73–90），这些音第 3 共振峰较低，且在 Emeneau（1939）记载的 Badaga 语言中，有两种对立的卷舌元音，它们卷舌的程度不同，一个是舌尖卷到齿龈位置，另一个是卷到硬腭位置（Ladefoged & Maddieson 1996）。与 r 有演变关系的有 l、半元音、塞擦音和卷舌元音等，所以对 r 类音的判定除了音系上的联系，还需要其他限定条件。

Evans（2000：27–31）认为羌语雅都话中的 r 类音可能有 r，ɹ，–ɹ，ʐ，ʂ，因为这些音语音相似，音系地位相同，或者是有历史演变关系。如“打雷”一词有以下几种说法（mə “天”）：

表 2 “打雷”一词的说法类型

mə ʐguə	雷
mə dɑɹgu̥ə̥	打雷
mə gru̥	打（雷）
meɹ–gu̥	打雷（荣红）

他最终把 r 类音缩减到只有 3 个：r，ɹ，ʂ，因为 ɹ 和 ʐ、–ɹ 没有对立关系，且在许多词上是方言变体形式。这样提取出的 r 类音是以语音相似为基础判定的，卷舌色彩是必要条件，但不是充分条件，得到的 r 类音也没有共同的与其他

类进行区别的特征。响度原则是以 r 类音的分布来归类，类似于传统语言学中根据词的分布形态来对词分类，羌语词汇的词根多为单音节，且复辅音在词的首、尾常常不符合响度等级，如 ʐb-、wɹ-（俄口）、mb-（麻窝），所以难以用韵律标准来定。

1. 2　羌语 r 类音的分布

本文将依照羌语自身特点，采取以 r 为典型，以语音相似为基础，归纳羌语中的 r 类音，再比对各方言土语中的 r 类音，通过对应特征确定 r 类音的具体成员，总结其共性与区别。藏缅语原始形式构拟的只有一个 *r，常与 l 和 j 有联系，r 和 l 被当作同一层次而时有替换关系时，两者可能发展出 j（孙宏开 1999：6-7）。羌语中的 r 类音和音系中 l、j 等的关系将会成为确定 r 类音成员的重要理据。

各羌语材料来自前人的调查，麻窝话材料来自刘光坤（1998），埃溪话、蒲溪话材料来自黄成龙（2007/2019），曲谷话来自孙宏开（1981），桃坪、绵篪、龙溪材料来自 Evans（2000），木鱼材料由本人调查获得。

初步假设羌语的 r 类音有 r，ɹ，ʐ，-ʴ，这 4 个音语音相近，且在各方言比对中关联度高。表 3 列出了羌语各方言中的 r 类音。从表里可得，r 类音数量较多的北部方言麻窝和俄口话，单辅音形式有 r、ɹ、ʐ 三者的对立。而在其他方言土语中，单辅音形式只有一个，通常是 ʐ；而复辅音里除了麻窝和俄口，也都只有一个形式 ʐ 或 ɹ，麻窝和俄口虽有 2 个形式，但无对立。

表 3　羌语方言中的 r 类辅音

方言土语点	r 类音	音系地位
麻窝	r r̥ ɹ ʐ	单辅音
	rp rb rd rk rg rʦ rʣ rʧh rʤ rʥ rm rŋ rl rw r̥p r̥t r̥k r̥ʦ	前置辅音 + 基本辅音
	khʐ qhʐ	基本辅音 + 后置辅音
俄口	r ɹ ʐ	单辅音
	ʐb ʐm ʐg	前置辅音 + 基本辅音
	gʐ phɹ bɹ wɹ	基本辅音 + 后置辅音

续　表

方言土语点	r 类音	音系地位
埃溪	ʐ	单辅音
	ɣʐ ʁʐ	前置辅音 + 基本辅音
曲谷	ʐ	单辅音
	ʐw ʐm ʐdʐ ʐɡ ʐʁ	前置辅音 + 基本辅音
木鱼	ʐ	单辅音
	ʐb ʐm ʐɡ ɣʐ ʁʐ	前置辅音 + 基本辅音
蒲溪	ʐ	单辅音
	ʐb ʐd ʐɡ ʐm ʁʐ	前置辅音 + 基本辅音
桃坪	ʐ	单辅音
	pʐ phʐ bʐ	基本辅音 + 后置辅音
绵虒	ʐ	单辅音
	bʐ mʐ	基本辅音 + 后置辅音
龙溪	ɹ	单辅音
	bɹ ɡɹ	基本辅音 + 后置辅音

表 4 列出的卷舌元音北部方言较多。南部方言和北部的埃溪话基本只有一个形式，这并不是因为不同的卷舌元音在这些方言中发生了合并，而是卷舌元音的种类和数量都少。从来源看，卷舌元音多是复辅音里的卷舌成分形成。羌语南部方言复辅音已基本消失，只保留有以 ʐ/ɹ 为后置辅音的少数几个复辅音。从下文对应可发现，北部方言里的卷舌元音多对应南部方言的以 ʐ/ɹ 为后置辅音的复辅音，对应埃溪话中以 ʐ 为基本辅音的复辅音。埃溪话的复辅音相对其他土语，保留得最完整，只是原始复辅音中的塞音、塞擦音等都弱化为舌根或小舌擦音，形成了整齐排列的前置辅音 + 基本辅音形式，所以南部方言的后置辅音 ʐ 在埃溪话成了基本辅音。

表 4　卷舌元音

方言土语点	卷舌元音
麻窝	iʴuʴeʴaʴɑʴəʴ
	u：ʴe：ʴa：ʴɑ：ʴə：ʴ
俄口	uʴɛʴəʴɑʴ
	u：ʴɑ：ʴ
埃溪	əᶩ
曲谷	eʴæʴaʴoʴuʴəʴ
	æ：ʴa：ʴæ̃ʴũʴæ：ʴu̥ʴə̥ʴ
木鱼	əʴuʴoʴ
蒲溪	eʴuʴəʴɑʴ
桃坪	ɚᶩ
绵虒	ɚᶩ
龙溪	ɚᶩ

2　r 类音语音对应

为了观察 r 类音在羌语中的语音演变，本文按照陈保亚（1996）提出的语音对应原则，建立了 7 个羌语方言土语点的语音对应。因为麻窝话中 r 类音最丰富，固以麻窝话的含 r 类音的词为基础进行比对。

2.1　r 的对应

麻窝话的 r 可分布于词尾，如“灶”ʦur；也可分布于词首，如“（一）个”ri；也可以位于词中两个元音之间，如“珊瑚”piru；r 还能充当复辅音的前置辅音，此类型在 2. 3 节讨论。麻窝话里的 r 在其他方言土语中多对应卷舌浊塞擦音 dʐ，在木鱼话中还对应有边音 l，如下所示。

词首：“（一）两”	ru	dʐu	lu
	（麻窝）	（埃溪）	（木鱼）
词中：“珊瑚”	piru	piedʐu	piolo

（麻窝）　　（曲谷）　　（木鱼）

词尾：“灶”　　ʦur　　ʦudʐ　　ʦul

（麻窝）　　（曲谷）　　（木鱼）

表 5　r 的对应

（麻窝）r<>（埃溪）dʐ<>（曲谷）dʐ<>（木鱼）dʐ/l<>（南部方言）dʐ

	麻窝	**埃溪**	**曲谷**	**木鱼**	**龙溪**	**绵褫**	**桃坪**
露	ʂqɑrəq	xpidʐqə	dʐəq	dʐəq	zɨqə́	ʥéqè	χdʐə33qə55
大前天	dʐərəsi	dʐədʐsə	dʐədʐəs	dʐədʐes			
灶	ʦur	ʦumgi	ʦudʐ	ʦul			
直	stər̥	xtə/xtətʂ	stətʂ	stətʂ	tí	tí，tèti	χtə55
个	ri/ʂə	ʔe		tʂi			
融化	dɑrɤ	dədʐ	ɦadʐə̥	ɦadʐə/ɦalə̥			
野鸡	wəri	wudʐu	judʐu̥				
铁丝	sər̥	ɕitʂ		sol			
伙伴	guar	ɣgiedʐ		gul			
问	kara/dʐɑ	dʐe	kedʐe	kele	zàzí	dʐɨ̌dʐɨ́	dʐɑ31dʐʅ33
（一）两	ru	dʐu		lu			
	麻窝	埃溪	曲谷	木鱼	龙溪	绵褫	桃坪
帐篷	zgar		gadʐ				
珊瑚	piru		piedʐu	piolo			
一锅	ɑr			ɑl			
一捆	ɑ ru		ʔodʐu				
一只（狗）	e ri			ɑ lə			
早就	dara			dʐɑ			

“融化”一词，在木鱼话中有两读 ɦadʐə/ɦalə̥。而麻窝话里的清化 r̥ 的对应形式是卷舌清塞擦音 tʂ，如“直”“铁丝”。则以上对应说明：r 和 dʐ、l 相关。

2.2　ɹ 的对应

ɹ 通常在词首或词中，麻窝羌语中较少出现 ɹ 在词尾的形式。ɹ 在其他方言土语的对应形式较多，在埃溪话中对应半元音 j/w，在曲谷、木鱼话中则对应半元音 j/w、卷舌浊擦音 ʐ 或卷舌元音 –ʴ，在南部方言中对应卷舌浊擦音 ʐ，在龙溪话中也是 ɹ。虽然 ɹ 在麻窝话中在词首或词中，在其他方言土语的对应形式中，可能因为元音脱落而位于词尾。（见表 6 表 7）

表 6　–ʴ 的对应

词首	“角”	ɹəq	jaq	ʐaq	ɹàkə	ʐɑ33qə55
		（麻窝）	（埃溪）	（曲谷）	（龙溪）	（桃坪）
词中	“熄灭”	dəɹəmi	dejmi			
		（麻窝）	（木鱼）			
	“杨树”	səɹə	səəʴ	səʴ		
		（麻窝）	（曲谷）	（木鱼）		

表 7　ɹ 的对应

（麻窝）ɹ<>（埃溪）j/w<>（曲谷）j/−ɹ/ʐ<>（木鱼）j/w/−ɹ/ʐ<>（南部方言）ʐ/ɹ

	麻窝	埃溪	曲谷	木鱼	龙溪	绵褫	桃坪
起来	tuɹə		tujy	tujy			
马	ɹu	jy	wuʴ	wə	ʁò	ʐòu	ʐu55
裁缝	ɹəɹan	jin	je jim	ji jim			
吐	ɹɑ	wə		wə			
哭	zɤɹɤ	ze	zej	zej	ză	zà	zɑ33
富	ɹi	jop	jip	jip			ʐi55
悬崖	ɹi	ɦexa	jege	jɑq			
杨树	səɹə		səəʴ	səʴ			
壳	ɹɑpi	jaba		ʐepi			
角	ɹəq	jaq	ʐaq	ʐaq	ɹà kə	ʐè kɛ	ʐɑ33qə55
公马	ɹuχ	jyχ	wuʴχə̣				
眼皮	nəɹɑ	mija	miaeʴ	miəʴpi			
熄灭	dəɹəmi			dejmi			

续　表

	麻窝	埃溪	曲谷	木鱼	龙溪	绵虒	桃坪
每晚	eɹinaqɑ			ejmaqɑ			
野猫	təɹə		tuə˞	duə˞			
分发	ɹyɹy		jyjju				
一夜	ə ɹə		ʔeji	ej			

表 7 中的几例卷舌元音的形成都是 ɹ 把随后的元音卷舌化，而不是 ɹ 前面的元音经历卷舌化，如：

“马”	ɹu	jy	wuɹ	ʐu55
	（麻窝）	（埃溪）	（曲谷）	（桃坪）
“眼皮”	nəɹɑ	mija	miae˞	miə˞pi
	（麻窝）	（埃溪）	（曲谷）	（木鱼）

“马”的语音形式是 CV，在曲谷话里变成了 V˞；而“眼皮”的语音形式是 CVCV，在木鱼话中变成了 CVV˞。二者都是作为音节首辅音的 C 消失，而元音出现了卷舌化。

麻窝话的 ɹ 对应其他方言的 j/w/ʐ/−˞。麻窝话中也有卷舌元音，麻窝话里的卷舌元音在其他方言对应的形式和 ɹ 基本是一致的。（见表 8）

表 8　−˞ 的对应（一）

（麻窝）−˞<>（埃溪）j<>（曲谷）j<>（木鱼）j/−˞<>（南部方言）ʐ/i/ɹ

	麻窝	埃溪	曲谷	木鱼	龙溪	绵虒	桃坪
左边	ʁuɑ˞	ʁua ja	ʐʁuaj	ʁua˞			
斧头	sta：˞	xtej	steji	stej	tà í	tè ʐì	χta31ʐi55
坏	mɑ：˞	ma ʂe	mej	mej			
肋骨	χə˞	hæj		χa：	χá ɹà		

麻窝话的卷舌元音对应其他北部方言的半元音 j 或卷舌元音，在南部方言中还对应 ʐ/ɹ 形式。以上 4 例，都有对应的双音节形式，“左边”ʁua ja、“斧头”ste ji/χta31ʐi55、“坏”ma ʂe、“肋骨”χá ɹà，“斧头”“坏”的长元音形成自元音

和卷舌元音的组合，卷舌化的不是第一个音节的元音，而是第二个音节的元音，即 ɹ 后的元音。可以合理推测麻窝话中卷舌元音的来源之一是 ɹ 做首辅音的音节，ɹV 发生异位，元音变成卷舌元音。这类似于汉语里生成儿化韵的方式，不是辅音 ɹ 依附前一音节的元音形成卷舌元音，而是一种“二合一”式合音构词法（王洪君 2008：200−221），卷舌元音自成一音节，再与前一音节合音。只是汉语里的儿化来源是“儿”词缀，读轻音后逐渐失去音节作用。羌语则因为重音通常在第一个音节，词的第二音节容易发生弱化。综合麻窝 ɹ 和卷舌元音与其他方言的对应可得：ɹ 和 ʐ、j/w、−˞ 相关。

2. 3　复辅音中 r 类音的对应

麻窝话复辅音中的 r 类音有 r 和 ʐ，r 在复辅音中只作为前置辅音，ʐ 作为后置辅音。r 在复辅音中的实际发音是闪音 ɾ，对应其他方言土语的擦音，在埃溪话中多对应舌根浊擦音 ɣ，在曲谷和木鱼话中多对应卷舌浊擦音 ʐ。

表 9　复辅音中 r 的对应

（麻窝）r−C<>（埃溪）ɣ/ʁ−C<>（曲谷）ʐ/ʑ（_i/y）−C<>（木鱼）ʐ/ʑ（_i）/Ø−C

	麻窝	埃溪	曲谷	木鱼
雷	mergu	məɣgu		mə˞gu
菩萨	rməʂ	ɣmiɕ		
名字	rmə	ɣmɪ	ʐmə	ʐmə
轮子	khurlu	kholo		kholo
做梦	rmuʁe	ɣmu	ʔuʐmu	uʐmu
忘记	rmə	quɣm	dæʐmə̥	damə̥
累	rbɑ	phaʁu	ʐwa	
九	rguə	ɣgu	ʐgu	gu
狐狸	rgua	ɣguə	ʐgue	
尸体	rmu	ʁmu	ʐmu	ʐmu
土司	rdʑɑpu	ɣguwə	zdʑupu	
鼓	rbu	ɣbə	ʐwu	ʐbu
开（门）	rga	ɣgye	heʐge	ʐge

续 表

	麻窝	埃溪	曲谷	木鱼
大石头	ʁlurgu̥		ʐguəd	
病人	rʥin		zʥim	zʥim
开会	rmuʦu		ʐməʦu	ʐmuʦu

羌语北部方言相比南部复辅音形式较丰富，主要是前置辅音 + 基本辅音形式，基本辅音 + 后置辅音形式较少，在部分方言中甚至没有。麻窝话中还保留了少数基本辅音 + 后置辅音形式，如表 10 中的 gʐə，做基本辅音的塞音 g 在其他北部方言土语中弱化为擦音 ɣ，而后置辅音 ʐ 没有发生变化。

表 10　复辅音中后置的 r 类音的对应

（麻窝）C−ʐ<>（埃溪）C−ʐ/z<>（曲谷、木鱼）C−ʐ<>（南部方言）z/ 塞擦音

	麻窝	埃溪	曲谷	木鱼	龙溪	绵虒	桃坪
会	gʐə	ɣzi	ɣʐə	ɣʐə			
四	gʐə	ɣʐə	ɣʐə	ɣʐə	zɨ	zɨqó	ʤɿ33

麻窝话复辅音中的 r 类音 r 和 ʐ 没有对立关系，且在其他北部方言的对应形式都是擦音 ʐ，而在表 10，前置辅音 r 在埃溪话里都对应 ɣ 而不是 ʐ，是因为埃溪话里复辅音弱化程度更高，前置辅音只有 x、χ 两种，与基本辅音清浊一致，所以在浊辅音前变为 ɣ、ʁ。

2. 4　−˞ 的对应

在讨论 ɹ 的对应时，已发现羌语中卷舌元音的来源是辅音 ɹ 对同音节的元音卷舌化，但在调查中还发现元音卷舌化也可能是因临近音节的辅音影响，如：

“雷”　me rgu（麻窝）　mə ɣgu（埃溪）　mə˞gu（木鱼）

麻窝话复辅音的 r 在木鱼话中对应 ʐ 形式，“雷”一词的复辅音中的 ʐ 消失，代以前一音节元音的卷舌化。在麻窝话中也有大量卷舌元音，从与其他方言土语的对应形式可看出，卷舌元音可能与复辅音中的 r 类音有关系。如上文所示，复

辅音中的 r 类音没有对立，在各地多以擦音 ʐ 出现，所以呈现出的是麻窝的卷舌元音所属音节在其他方言中有复辅音对应形式，且复辅音中有卷舌擦音 ʐ。

表 11　-ʴ 的对应（二）

（麻窝）C-ʴ<>（埃溪）Cʑ/Cʐ/Cʂ/C<>（曲谷）C j/C-ʴ/ʐC/C<>（木鱼）C-ʴ/C/ʐC<>（龙溪）C/Cʴ/ʦh<>（绵篪）Cʐ/C/C-ʴ/tʂh<>（桃坪）Cʐ/Cʂ/tʂh/C

	麻窝	埃溪	曲谷	木鱼	龙溪	绵篪	桃坪
雨	məʁeʴ	məɣʑy	mujy	məʴ	meì	mʐì	ma31ʐi55
鸽子	guʴguʴ	wuɣʐ	jyʐgu̥	gu：g			
翅膀	gziguaʴ	ɣʑaxkuə	ɣzijɸa	ɣzij fa			
梳头	khaʴla	xʂe	khəʴxəʴ	khəxə̥			khʂuɑ55/ tʂhuɑ55
哑巴	ʁuəʴ	ʁuə	ʐʁuæpetʂ	ʁuəʴ	ʁuè mù	mɛʁuà	
挠	phɑʴstɑ	xʂua	kueʴ	phaʦe	phà dá/phà	phiá/phù ʂà	phʐɿ31 phʐa55
撕	phiʴphiʴ	xʂəkxɕa	phiphi	phiphi	phú phá	ʂɛphù phɚ	phʐi33
大	bɑʴ	ɣʐua	baʴ	bɚʴ	bɹà/bà	bʐà	bʐa33
细	bəʴʦi	ʁʐue	bi	beʦi	bé	bʐí	bʐi33/ bzɿ33
高	buʴ	ɣʐu			bó	bʐú	bu33
稀	qhəʴ	χʂæ	qhəʴqhaʴ/qhaʴ				
八	khaʴ	xʂe	khˈeʴ	khɚʴ	ʦhá	tʂhɛqó	tʂhe33
一百	əkhiʴ	ʔəkxʂə	ʔekheʴ		à ʦhəì	à tʂhì	tʂhi55
石墙	qhə：ʴ	χʂa			qhà ʦù		qhuə55
筋	gəʴ	ɣʐə	geʴ				
天花	buʴ	ɣʐuʨ	bəʴ	butʂu̥			bo241
龙	bəʴ	ɣbu	ɕuʴwu̥	ʐbu	bú	bú	χbə241
汉族	ʁəʴ	ʁə	ʐʁə	ʁɚʴ	ʁèi		ʁə33
兵	guaʴ	ɣʐuə	gueʴ	gue	guà		
射击	qhuʴ	χʂu	qhuʴ	qho	qhò	tʂhà	qhɑ33
帮忙	ʁuɑʴ	ʁuak	ʐʁua/təʁua				

续　表

	麻窝	埃溪	曲谷	木鱼	龙溪	绵褫	桃坪
切	qhuɑʴ	xʂu	khukkhuʴ	qhuɚʴ	qhù qhuá		qhe33
啃	ʁɑʴɬa	ʁaɬe	ʐʁaɬe	qhale			
邀请	ʁuə：ʴ		ʐʁuase	ʁuase			

表 11 列出了麻窝的卷舌元音与其他方言土语的对应形式。原始复辅音形式演变到现在，有不同的形式表现：复辅音基本没发生变化；保留复辅音结构，其中一个辅音变成擦音；复辅音合音成为卷舌塞擦音；复辅音中的一个辅音丢失。

“八”　　khaʴ　　　xʂe　　　kheʴ　　　tʂhe33

　　（麻窝）　（埃溪）　（曲谷）　（桃坪）

“八”的对应形式中，既有复辅音形式（复辅音中有 r 类音 ʐ 的清化形式），也有复辅音合音形成的塞擦音。虽然大多数对应形式中，复辅音中的 r 类音都出现在离元音更近的位置，但也有 r 类音在词首的情况。如：

“龙”　　bəʴ　　ɣbu　　ʐbu　　bú　　χbə241

　　（麻窝）　（埃溪）　（木鱼）　（龙溪）　（桃坪）

“龙”一词，在埃溪、木鱼、桃坪中都保留了复辅音结构，只是前置辅音是不同的擦音，在木鱼话中是 r 类音 ʐ。在龙溪话中，复辅音形式不再保留，前置辅音已失落，且并没有变成如麻窝话的卷舌元音。

卷舌元音对应形式可总结为：

C–ʴ<>Cʐ/Cɹ/ʐC　带 r 类音的复辅音

tʂh　卷舌塞擦音

C　塞音

同一个复辅音原始形式在演化中可发展出以上四种形式，这个原始形式可构拟 v 类音成员和塞音组成的复辅音。藏缅语中塞擦音是后起的，“塞音和异部位的擦音、颤音或半元音相结合，可演变为同部位的塞擦音。”（孙宏开 2001a：4）在卷舌元音的对应上，复辅音基本都是塞音 + 后置辅音 ʐ/ɹ 形式，虽然与埃溪话对应的复辅音是前置辅音 + 基本辅音形式（擦音 +ʂ/ʐ），这是因为埃溪话的后置复辅音结构发生了弱化合并。埃溪话的后置复辅音结构不同于其他北部方言，虽然结构保留最完整，但是形式已合并到前置复辅音结构中，而其他北部方言后置辅音会直接失落。下表是埃溪话的复辅音结构，呈整齐的排列形式，由 x/χ+ 塞音 / 塞擦音 / 擦音组成。当基本辅音为浊音时，前置辅音同样变浊音 ɣ/ʁ。（黄成龙 2019：26–28）

表 12　松潘埃溪话复辅音

xp		xt	xɬ	xs	xʦ	xtʂ	xʂ	xʨ		xɕ	xk
ɣb	ɣm	ɣd	ɣl	ɣz		ɣdʐ	ɣʐ	ɣʥ	ɣȵ	ɣʑ	ɣg
χp		χt	χɬ		χʦ	χtʂ	χʂ	χʨ			χq
	ʁm	ʁd	ʁl	ʁz		ʁdʐ	ʁʐ		ʁȵ	ʁʑ	

虽然对应的复辅音中，后置辅音结构占优势，但是也有前置辅音结构，如“龙”“汉族”“啃”“邀请”。所以，现在只能确定卷舌元音对应的复辅音结构中有 v 类音，且近元音位置是其优势位置，但无法说 v 类音必须是出现在临近元音的位置。麻窝话中 r 类音 r、ɹ、ʐ、-˞ 在复辅音中没有对立，在其他方言中都对应相同的形式，基本都是浊擦音 ʐ。

结合单辅音 r、ɹ 的对应分析来看：

（1）r 和 dʐ、l 相关。

（2）ɹ 和 ʐ、j/w、-˞ 相关。

（3）r、ɹ 在复辅音中没有对立，-˞ 与复辅音中的 ʐ、ɹ 相关。

3　r 类音的语音特征及演变

3.1　r 类音语音特征

羌语中的 r 类音有 r 和 ɹ，前文假设包含的 ʐ 和 -˞ 是 ɹ 在不同方言土语中的对应形式。r 类音其实是依据语言比较分的类，在其他亲属语言中，r 类音（r 和 ɹ）的不同演变方式多由同一个形式 r 体现，且只有一组对应。r 和 ɹ 符合前文提到的两种 r 类音的判定标准，即语音相似、音系上相关联和响度等级上处在流音和滑音水平。但这两个标准都是 r 类音判定的必要条件，非充分条件，因为与 r 语音相似、相关联的还有 ʐ、–ʴ 等音，而将响度等级作为判定标准，则 r 类音集合开放性太大。本文通过羌语方言间对比，获知 r 类音有两组不同的对应，可归纳 2 个 v 类音成员。如果不通过对应，单看 r 类音的语音特征区别，则难以找到是什么语音特征造成了两者的对立；而且单纯靠语音特征，单个语言的音系或响度原则对 r 类音进行判定，则 r 类音只是一组相似语音的归纳。

表 13　r 类音的对应

r	<>	l	<>	dʐ		
ɹ	<>	j	<>	ʐ	<>	–ʴ
Cɹ	<>		<>	Cʐ<>tʂh	<>	C–ʴ

羌语有一组对立的 r 类音：r 和 ɹ。r 和 l、dʐ 相关，ɹ 和滑音、ʐ 和卷舌元音相关。本文用以主动发音器官为基础的特征系统（Sagey 1986；Duanmu 2016）对这些音进行分析，特征系统区分发音器官和发音动作。上述音主要涉及舌尖和舌体两个发音器官，塞、擦两个发音动作。

表 14　以主动发音器官为基础的特征系统

发音器官	方式特征[1]	其他特征[2]
舌尖	[塞][擦]	[前][后][边音]
舌体	[塞][擦]	[高][前]

Chomsky & Halle（1968）的特征理论也应用了同时原则（Principle of Simultaneity）——“一个语音即一组同时产生的发音动作（A set of simultaneous articulatory gestures defines a simple speech sound）”。（Hoard 1975：35）发音动作的时间跟声学效果的时间顺序不一定一致。比如，塞（央阻碍）和擦（边阻碍）的动作可以同时进行；而声学效果上，擦只能在除阻后实现（端木三 2018）。也就是塞擦音形式上是两个音，声学上也是发音器官完成除阻后才有气流从口腔缓慢输出。但实现这个过程的动作却是同时完成的，即在发音前，发音器官以槽形关闭口腔（央阻碍 + 边阻碍），发音时气流由内及外

形成声学上有先后的音。塞擦音 ʦ 的特征被端文归纳为：舌尖 [+ 塞，+ 擦]、声带 [– 浊]。同理，dʐ 的特征也可归纳为：舌尖 [+ 塞，+ 擦，+ 卷舌]、声带 [– 浊]。舌尖上同时有 [+ 塞] 和 [+ 擦] 特征是不矛盾的。[+ 塞] 只代表舌尖接触了上腭，形成了口腔闭合；[+ 擦] 表示舌形成了凹槽形状，实现形成输出气流方式。

端文只把形成了口腔完全闭合的动作标注为 [+ 塞] 特征，像流音 l 和 r 这样形成了口腔部分闭合的动作则没有标为 [+ 塞]。在本文中，将把 [+ 塞] 特征完全看作是舌与上腭形成了接触，无论结果是口腔全闭合还是部分闭合。r 的特征为舌尖 [+ 塞，+ 擦，+ 卷舌]、声带 [+ 浊]；l 的特征为舌尖 [+ 塞，+ 边音]、声带 [+ 浊]。在语音特征分析中，擦音、滑音和元音作为一类，具有 [+ 流音] [3] 特征。因为发此类音时，[+ 流音] 不仅表示口腔没有闭合这一动作，还表示这些音有相似的语音特征，即气流持续输出。ɹ 组音全都是口腔完全没有闭合的具 [+ 流音] 语音特征的音，而 r 组音在有 ɹ 组音的基础上，舌发生了接触上腭的动作，形成的结果有口腔部分闭合和完全闭合，流音 l、r 口腔部分闭合，塞擦音 dʐ 口腔完全闭合，在气流持续输出的语音特征基础上，都具有了 [+ 塞] 特征。

表 15　r 类音的语音特征

	特征	
ɹ、j、ʐ、–ɹ	[+ 流音]	语音特征
	[- 塞]	动作特征
↓+[塞]		
r、l、dʐ	[+ 塞]	动作特征
	[+ 流音]	语音特征

吴宗济（1989：201）描述："在边音 /l/ 除阻的一瞬间，舌尖突然下降，声道敞开，开始向第一个元音目标值过渡。由于在除阻的一瞬间里声道的形状突然改变，造成了共振峰模式的突变。这种突变在频谱图上表现为一个共振峰'断层'，断层之后共振峰的位置有明显的位移，……有的时候，在断层处还会看到有爆破

冲直条。”江荻认为（2000：146–147）：“一般来说，声学图上的爆破冲直条都是塞音的反映。”边音 /l/ 相对于其他强擦音 r 和 j 来说气流非常弱，还具有破裂除阻的特点，“具有除阻性，或者说是一种弱除阻性”。

3. 2　r 类音的演变

在汉藏语的辅音演变讨论中，r 与边音 l 和半元音 j 多有演变关系，或有相同的语音发展，在许多同源词中都有对应。黄布凡（2007）、江荻（2007）都认为古藏语的 –r– 向 –j– 演变，孙宏开（1999）认为藏缅语的 –r–、–l– 向 –j–、–w– 演变，这种假设有音理基础，在许多语言里也有例证。但王双成（2011）发现在吐蕃文献和碑刻中有 –j– 是早期形式的证据，对应的 –r– 形式是后来出现的，一些方言材料也可以佐证。还有一种论证是古藏语的 –l– 会演变为 –j–、–r–，如“哈欠”一词，在藏语中有 g–jal、glal ba、klal 等写法，此种现象在藏缅、壮侗和苗瑶语中都很普遍。孙宏开（2001）也提到 –l– 弱化为 –j– 在汉藏语里很常见。除此，在有些语言里，–l– 还可以和 –r–、–ʐ– 相互转化。在羌语现代方言中，和 l、j 相关的分别是 r 和 ɹ，l 和 j 没有直接的关系，和其他藏缅语有所区别。

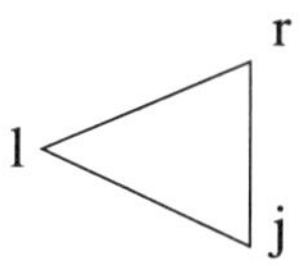

l	r	dʐ
j	ɹ	ʐ

藏缅语 l、r、j 关系　　　　羌语 l、r、j 关系

羌语中只有北部方言的少部分语言中 r 类音有两个，其他语言的 r 类音只有一个或已没有了。r 类音的两个音 r、ɹ 形成了两组对应方式，但是这两个音在临近亲属语言嘉戎语中对应着同一个形式。嘉戎语卓克基话中 r 类音只有一个 r，卓克基话中的 r 在羌语中对应着 r、ɹ，而 r 和 ɹ 在羌语中各自形成一组对应，以是否有 [+ 塞] 动作特征为基础。表 16 中，“帐篷”“珊瑚”两词在两个语言里能建立对应，但可能是藏语借词。藏文中“珊瑚”记作 བྱུ་རུ（bjuru）、“帐篷”记作 གུར（gur）。

表 16 羌语麻窝话的 r、ɹ 对应嘉戎语卓克基话的 r

	麻窝	卓克基[4]		麻窝	卓克基
大前天	dʐərəsi	məʃətʂisni	马	ɹu	mbro
直	stər̥	kɑ−sto	角	ɹəq	tə−zur
铁丝	sər̥	ʃɑmri	野猫	təɹə	toru
帐篷	zgar	zgar	一夜	ə ɹə	tə−rjak
珊瑚	piru	pi ru			

4 讨 论

本文把羌语的 r 类音归纳为 r、ɹ，是基于以下特点：

1. r、ɹ 是舌尖部位发出的颤音和通音。

2. r、ɹ 的区别特征是发音动作 [塞]。这一区别特征是其在方言中有不同演变方式，形成了两组对应的基础，发音动作 [塞] 在藏缅语产生耦化音[5]中也起了很大作用。

3. r、ɹ 在羌语各方言中有不同的演变方向，分别对应 l、dʐ 和 j、ʐ。

4. ʐ 和卷舌元音也是舌尖部位的发音，且具卷舌色彩，与 r 类音语音相似，但两者是 ɹ 的方言对应形式，不形成对立。

第 1、2 条是把 r、ɹ 归为同一类的不同成员的语音基础；第 3 条是在羌语中提出 r 类的功能基础，可与基他藏缅语进行比较，探究语音演变方式；第 4 条补充说明为什么 r 类音成员中要把卷舌擦音和卷舌元音去掉。

r 类音的归纳分析需要在具体语言中进行，通过方言比较可以判定 r 类音是否有对立、与哪些音有演变关系等，而在处理文献材料时，也需要注意虽然都是同一个书写形式 r，但可能有不同的语音特质，对语音材料也需要谨慎使用，因为 r 类音语音相近，很容易用别的 r 类音去对应。如果找到 r 类音的对立，需要识别形成对立的区别特征，以及在语言中 r 类音的演变情况，这是确立其是一类及形成对立的基础。

附　注

［ 1 ］特征 [擦] 的本质是“边阻碍”（端木三 2018），即舌的两边上举，形成槽状（Stone & Lundberg 1996），气流集中输出。

［ 2 ］“其他特征”中的这些特征是为了标注发音器官的具体位置，如 [+ 前，－后] 表“齿间”，[- 前，－后] 表“齿龈”，[- 前，+ 后] 表“卷舌”。

［ 3 ］有的特征系统分析中，把半闭合的流音也作为 [+ 流音] 音。

［ 4 ］材料来自林向荣（1993）《嘉戎语研究》。

［ 5 ］在江荻（2000）中耦化指藏缅语中产生塞擦音的现象，即塞音和擦音 / 颤音耦化形成新的音，并非简单的合音现象。

参考文献

［美］本尼迪克特（1984）：《汉藏语言概论》J. A. 马提索夫编；乐赛月，罗美珍译；瞿霭堂，吴妙发校，中国社会科学院民族研究所语言室，北京。

陈保亚（1996）：《论语言接触与语言联盟 —— 汉越（侗台）语源关系的解释》，语文出版社，北京。

陈保亚（2006）：从语言接触看历史比较语言学，《北京大学学报（哲学社会科学版）》第 2 期，30−34 页。

陈保亚（2007）：非自然语言接触在词汇层面的无界有阶性 —— 上古汉语核心字在日语中的分布，《中国语与中国文化》2007 年 03 期，日本大学大学院文学研究科中国学专攻文理学部中国语中国文化学科，3−13 页。

端木三（2018）：复合音和“无序原则”，《语言科学》第 1 期，1−17 页。

江荻（2000）：《论汉藏语言演化的历史音变模型》，中国社会科学院研究生院博士学位论文。

江荻（2007）：《汉藏语言演化的历史音变模型 —— 历史语言学的理论与方法探索》，社会科学文献出版社，北京。

黄布凡、周发成（2006）：《羌语研究》，四川人民出版社，成都。

黄成龙（2007）：《蒲溪羌语研究》，民族出版社，北京。

黄成龙（2019）：《四川松潘羌语》，商务印书馆，北京。

铃木博之（2013）：云南维西藏语的 r 介音语音演变——兼论“儿化”与“紧喉”的交叉关系，《东方语言学》第 1 期，20–35 页。

刘光坤（1998）：《麻窝羌语研究》，四川民族出版社，成都。

孙宏开（1981）：《羌语简志》，民族出版社，北京。

孙宏开（1985）：藏缅语复辅音的结构特点及其演变方式，《中国语文》第 6 期，433–441 页。

孙宏开（1999）：原始汉藏语的复辅音问题——关于原始汉藏语音节结构构拟的理论思考之一，《民族语文》第 6 期，1–8 页。

孙宏开（2001）：原始汉藏语辅音系统中的一些问题——关于原始汉藏语音节结构构拟的理论思考之二，《民族语文》第 1 期，1–11 页。

孙宏开（2001）：原始汉藏语中的介音问题——关于原始汉藏语音节结构构拟的理论思考之三，《民族语文》第 6 期，1–12 页。

汪大年（2008）：缅甸语方言中的复声母后置辅音 r、l、j，《缅甸语与汉藏语系比较研究》，北京：昆仑出版社，179–196 页。

王洪君（2008）：汉语非线性音系学：汉语的音系格局与单字音（第 2 版，增订版），北京大学出版社，北京。

王双成（2011）：古藏语 -r- 的音变问题，《西藏大学学报（社会科学版）》第 1 期，114–120 页。

吴宗济、林茂灿（1989）：《实验语音学概要》，高等教育出版社，北京。

《藏缅语语音和词汇》编写组（1991）：《藏缅语语音和词汇》，中国社会科学出版社，北京。

Chomsky, N. & M. Halle（1968）The Sound Pattern of English. New York: Harper & Row. Paperback reprint 1993, Cambridge, Mass., MIT Press.

Dickey, L. W.（1997）The Phonology of Liquids. Ph. D. Dissertation, University of Massachusetts.

Duanmu, S.（2016）A Theory of Phonological Features. Oxford University Press.

Emeneau, M.（1939）The Vowels of the Badaga Language. Language, 15（1）, 43–47.

Evans, J. P. (2000) Introduction to Qiang Phonolgy and Lexicon: Synchrony and Diachrony. Dissertation Abstracts International, Section A: The Humanities and Social Sciences.

Hall, T. A. (1992) Syllable Final Clusters and Schwa Epenthesis in German. In Peter Eisenberg, Karl-Heinz Ramers and Heinz Vater, Ed., Silbenphonologie des Deutschen, 208-245. Tübingen: Narr.

Hankamer, J. & J. Aissen (1974) The Sonority Hierarchy. Papers from the Regional Meetings, Chicago Linguistic Society, 131-145.

Hoard, J. E. (1975) The New Phonological Paradigm. In Goyvaerts, D. L. and G. K. Pullum, Ed., Essays on the Sound Pattern of English, 21-62. John Benjamins Publishing Co.

Maddieson I. & S. F. Disner (1984) Patterns of Sounds. Cambridge University Press.

Li, Z. (2014) The Origin and Evolution of Retroflex Finals in Naish Languages. Journal of Chinese Linguistics, 42 (2), 309-329.

Lindau, M. (1985) The story of /r/. In Victoria A. Fromkin, Ed., Phonetic Linguistics: Essays in Honor of Peter Ladefoged, 157-168. New York: Academic.

Matisoff, J. A. (2003) Handbook of Proto-Tibeto-Burman: System and Philosophy of Sino-Tibetan Reconstruction. University of California Press.

Ladefoged P. & I. Maddieson (1996) The Sounds of the World's Languages. Blackwell.

Sagey, E. C. (1986) The Presentation of Features and Relations in Non-Linear Phonology. Massachusetts: The MIT Press.

Schiller, N. (1999) The Phonetic Variation of German /r/. In Matthias Butt and Nanna Fuhrhop, Ed., Variation and Stabilitä in der Wortstruktur: Untersuchungenzu Engwicklung, Erwerb und Varietäten des Deutschen und anderer Sprachen, 261-287. Hildesheim u. a.: Olms.

Steriade, D. (1982) Greek Prosodies and the Nature of Syllabification. MIT Dissertation.

Wiese, R. (2000) The Phonology of German. Oxford: Oxford University Press.

Wiese, R. (2001) The Phonology of /r/. In: T. Alan Hall, eds.), Distinctive Feature Theory, 335-368. Mouton de Gruyter.

（董瑶：100081 北京，中央民族大学中国少数民族语言文学学院 20400162@muc. edu. cn）

后　记

本书收入16篇原创性学术论文，围绕词句法、语篇、语言演变、语言接触等方面的核心问题，基于具体语言材料的实证分析，展开语言学理论的反思与讨论。

陈保亚教授曾经把理论语言学的治学思想总结为两句话：“材料建构理论，理论照亮材料。”材料需要理论来赋予意义。语言学的实证研究，并不是材料的堆积；必须有严密的方法论，材料才能成为证据。只有积累了足够的普通语言学理论素养，经过严格的方法论训练，观察和分析材料才能具备实证性、科学性，进而发现隐藏在材料背后的规律。这种理论观照下的实证研究传统一直影响着北大语言学的研究。

本书各篇文章的作者都曾在北大语言学专业受过严格的理论和方法论训练，因此本书在一定程度上也反映了语言与人类复杂系统研究平台的教师与学生在语言学理论方法上的思考，也可看作是平台近十几年来在此方向上研究成果的一次汇总。特别是在语言单位与语言规则的关系、语言接触与语言比较的理论与方法等长期研究的领域，本书体现了一些最新的研究进展。适逢陈保亚教授65岁寿辰，谨以本书向陈保亚教授致敬，也希望本书能弘扬“材料建构理论，理论照亮材料”的治学思想，推动理论语言学研究继续走向深入。

编　者

2021年7月